광야에 심다

김덕규

광야에 심다

초판 1쇄 2021년 01월 01일

지은이 김덕규
발행인 박남훈
제작대행 도서출판 지식공감

발행처 도서출판 세컨리폼
등록번호 607-19-79504
주소 부산시 수영구 망미로 30번길 23 7동 404호(망미동 삼성아파트)
전화 051-753-1583
팩스 051-558-6770
홈페이지 www.jooan.co.kr

가격 12,000원
ISBN 979-11-952540-8-8 03230

CIP제어번호 CIP2020051397
이 도서의 국립중앙도서관 출판예정도서목록(CIP)은 서지정보유통지원시스템 홈페이지(http://seoji.nl.go.kr)와 국가자료공동목록시스템(http://www.nl.go.kr/kolisnet)에서 이용하실 수 있습니다.

배낭 메고 오지를 찾던 의사 김덕규의 자서전적 수필

광야에 심다

김덕규 지음

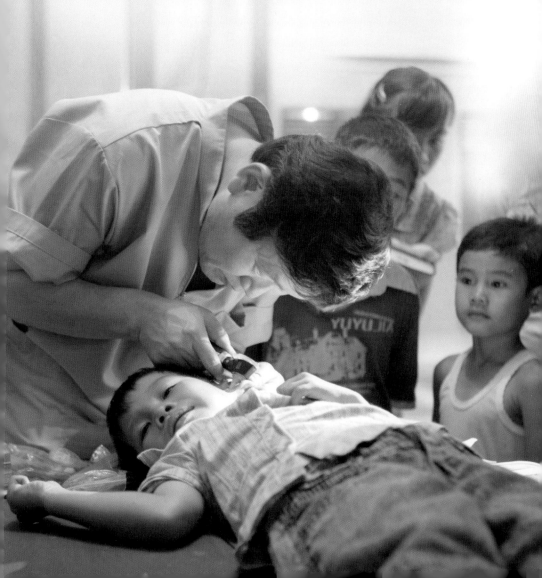

광야와 메마른 땅이 기뻐하며,
사막이 백합화처럼 피어 즐거워할 것이다.

—이사야 35:1(새번역)—

곁에서 지켜본
김덕규 교수의 인생 여정

추천사를 써 달라는 친구 김덕규 교수의 요청에 글을 쓰려고 하니 까마득한 옛날의 일이라 꿈과 같이 느껴지기도 하나 어렴풋이 그때의 장면들이 회상됩니다. 참으로 꿈도 많았고 의사로서의 열정을 키워나가고 있었던 시절이었습니다.

#1

1973년 따뜻한 5월 어느 봄날, 금정산이 내려다보고 있는 부산대학교 장전동 캠퍼스에서 문리대학 의예과에 입학한 신입생 네 사람이 기독학생회 "스텔라 마뚜띠나(라틴어로 새벽별 의미)"라는 동아리를 만들었습니다.

그리고는 시간이 날 때마다 같이 모여서 영국 남웨일스 탄광촌에서 일한 의사 A. J. 크로닌이 쓴 『성채』, 『천국의 열쇠』 같은 소설들을 읽고 의사로서의 삶이 어떠해야 하는지, 신과 인간, 구원과 삶에 관한 이야기들에 대해 진지한 고민을 하기 시작했습니다.

#2

1975년 8월 어느 더운 여름날, 남해안에 있는 어느 섬에서 햇병아리 예비의사로서 무의촌 봉사를 시작하고 매년 지도교수님이신 김동수 교수님의 지도로 무의촌 봉사활동을 하였습니다.

선배 의사들의 지시에 따라 혈압 측정도 해보고, 약도 처방을 해보고, 환자 상처에 소독도 하면서 의사로서의 꿈과 열정을 키워나갔습니다.

#3

1979년 3월 드디어 의사 면허를 취득한 후 부산 아미동에 있는 부산대학교병원에서 인턴과 전공의로 근무하면서 매년 여름이면 당당한 의사로서 의과대학 후배들과 함께 무의촌 봉사활동을 하면서 섬김과 봉사의 정신을 기르기 시작하였습니다.

#4

군의관 시절들을 보내고 1990년 3월 동아대학교 조교수로 발령받고 근무하면서 병원 내 직원들로 구성된 기독신우회를 조직하여 또다시 매년 여름이면 경상남도 여러 무의촌 지역을 선정해서 실질적인 섬김의 역할을 감당하기 시작하였습니다.

#5

2001년 이후, 국내의 의료 사정이 좋아져 무의촌들이 차츰 없어지면서 국외로 봉사활동 영역을 넓혀 가게 됩니다. 처음에는 중국, 몽골 다음에는 동남아시아 지역 필리핀, 인도네시아, 캄보디아 등이며, 그 다음으로는 중앙아시아 지역에 있는 카자흐스탄, 키르기스스탄으로 확대되었습니다. 의료봉사뿐만 아니라 현지 대학을 후원하는 사역을 오늘에 이르기까지 계속하고 있습니다.

#6

2020년 8월 31일 장장 30년간의 의과대학 교수 생활을 마치고 명예롭게 정년퇴직을 하고 평범한 일상으로 돌아가, 제2의 섬김의 삶을 준비하고 있는 요즈음입니다.

이것이 친구가 살아온 평범하면서도 평탄한 삶, 섬기는 삶의 이야기입니다.

이 세상에서 가장 위대한 종교는 '친절'이며, 가장 아름다운 말은 '사랑하다'라는 말이라고 합니다. 그리고 '사랑하다' 다음으로 가장 아름다운 동사는 이웃과 남을 '돕는다'입니다. 작은 친절과 따뜻한 몇 마디 말이 지구를 행복하게 합니다.

　지구를 따뜻하게 한다는 것은 지구 안에 사는 모든 사람이 그 행복을 누리게 됨을 의미합니다. 이러한 의미들을 일찍 깨달아 삶에서 실천하면서 살아야겠다고 결심한 이가 있었습니다. 사람들이 이 세상 밖 어딘가에 천국이 있다고 말들 하지만, 사랑하는 친구는 이 현실 세계에서 천국을 만날 수 있다는 꿈을 꾸고 오늘날까지 실천해 온 것입니다.

　30년의 세월을 묵묵히 구도자의 길을 걸어왔으며, 이제 의과대학 교수 역할을 마치고 명예로운 정년퇴직을 한 김덕규 교수에게 존경과 감사를 드립니다. 앞으로 진행될 친구의 새로운 섬김에 대한 기대로 마음이 설레는 요즈음입니다.

　감사합니다. 그리고 많이 사랑합니다.

허재택

신경외과 전문의 / 중앙보훈병원장

광야에 낙원의
씨를 뿌리는 환희로의 초대

　저는 김덕규 교수님을 1976년 3월에 처음으로 만났습니다. 제가 부산 의과대학에 갓 입학하였을 때 3년 선배 되시는 김 교수님은 후배들에게 '새벽별'이라는 동아리를 소개해 주었습니다. 그 '새벽별'은 저의 대학 생활을 매우 풍요롭게 해 주었고, 지금까지 수많은 의미 있는 친구와 선후배들을 연결해 주었습니다. 6년 의과대학 공부하며 선배님을 따르거나 모시고 7번의 농촌 의료봉사를 다녀오기도 하였습니다. 선배님이 전공의 시절에는 저와 친구들에게 내과학(內科學) 특별 과외를 시켜주기도 하였습니다. 이후 지금까지 늘 존경하는 선배님으로 저의 마음에 남아 있습니다.

　1992년 김해 복음병원에서 외과 과장으로 일하고 있을 때 네팔에 의료봉사를 다녀오게 되었고, 네팔 현지의 절실한 필요를 보고 한국을 떠나 장기의료봉사자로 살게 되었습니다. 네팔과 베트남에서 의료봉사를 할 때, 한국에서 온 단기 의료팀과 10회 이상의 의료봉사를 한 경험이 있어서인지 김덕규 교수님의 『광야에 심다』 초고를 매우 공감하며, 기쁜 마음으로 읽었습니다. 매우 좋은 영화를 볼 때 끝나지 않고 계속되기를 바라는 마음과 같이.

저는 책을 읽으며 선배님이 의과대학에 몸담고 계시면서도 2001년부터 20년 동안 19번의 해외 의료봉사를 통하여 이웃을 섬기는 DNA가 발휘되고 있었음을 발견하게 되었습니다.

키르기스스탄에서 만난 소아 당뇨를 앓는 아이를 진료하고, 인슐린 용량을 조절해 주고, 진료를 다 마친 뒤 휴대용 혈당 측정기와 남은 혈당측정시험지(strip)를 모두 다 주고, 한국에 돌아와서도 그 아이에게 충분한 시험지를 보내서 한 가정에 결정적인 도움을 주었습니다. 또 할머니와 같이 사는 15살 장애 소년에게 기저귀가 꼭 필요한 것을 발견하고는 의료봉사를 마치고도 지속적으로 공급하여 할머니가 손자를 돌보는 어려움을 덜어주는 사랑을 베풀기도 하였습니다. 단기 의료봉사를 가서 이렇게 결정적인 도움을 주는 일이 흔하지는 않지만, 강도 만난 사람을 구해주고 끝까지 돌보아준 선한 사마리아 사람의 역할을 한 것이라고 생각합니다.

모든 것이 익숙하고, 잘 갖추어진 한국을 떠나서, 의료 혜택을 받지 못하는 사람들을 도우려고 그들 가까이 가는 것은 결코 쉬운 일이 아닙니다. 비행기를 타고, 긴 시간 기차나 버스를 타고, 배를 타고 강을 거슬러 올라가거나 바다를 건너 작은 섬으로 가기도 하고, 심지어는 말을 타야 하고, 때로는 우여곡절 끝에 그들에게 갈 수 있습니다.

잘 준비된 숙소에서 숙박할 수도 있지만, 때로는 학교 교실에서나 야외의 텐트에서 잠을 자야 하기도 합니다. 소외된 이들을 찾아 그들에게 도움을 주는 일은 결코 쉬운 일이 아닙니다. 대부분 의료봉사자나 단원들이 일 년에 한 번밖에 낼 수 없는 휴가를 투자하게 됩니다. 그리고 대부분 필요한 경비는 참여하는 봉사자들이 자비로 충당합니다.

이렇게 엄청난 투자를 하는 것은 그만한 가치가 있기 때문입니다. 실제 경험해 보면 다른 사람의 필요를 채워줄 때 기쁨이 배가 되기 때문입니다. 채움을 받는 사람들에게도 기쁨이 있지만, 타인의 필요를 채워주는 사람에게는 더 큰 기쁨이 있습니다.

돈을 많이 벌어서, 승진해서 가지게 되는 기쁨과는 차원이 다른 기쁨입니다. 우리가 다른 사람을 섬기게 되면, 김덕규 교수님이 경험해왔듯이, 광야에 낙원의 씨를 뿌리는 자가 누리게 되는 환희를 느끼게 되는 것 같습니다.

봉사를 마쳐서 임무를 완수했다는 성취감을 봉사단원들은 "뿌듯함, 상쾌함, 즐거움"으로 표현하였습니다. 지나온 20년의 봉사를 회고하며 김 교수님은 자신의 마음속에 일어났던 감동을 아래와 같이 표현합니다. "생각이 여기까지 미치자 감사하는 마음이 생겼다. 감사하는 마음은 이내 행복을 연결해 준다. 남을 위해 헌신하는 것이 결국 나에게 행복을 가져다준다는 진리를 다시 한번 체감한다." "해외 봉사를 하고 나면 일에 대한 보람이 매우 많다. 성취감과 만족감으로 희열을 느낄 수도 있다. 남에게 도움을 주므로 자신이 행복해진다는 것을 체험하기 때문에 그러하다."

우리 자신이 대단한 인격자들이 아니더라도, 나의 유익을 위해 열심히 노력하는 것보다 다른 사람의 유익을 위해 수고하는 일에 우리는 더 큰 희열을 느끼게 되는 것 같습니다.

김 교수님과 봉사단원들이 세계 곳곳을 누비며 사랑의 씨앗을 뿌렸습니다. 20년이 지났지만, 아직 눈에 뚜렷이 보이는 열매들을 수확하지는 못하였습니다. 우리가 뿌린 씨앗이 자라나 열매를 우리 눈으로 볼 수 있으면 매우 다행이겠으나, 우리가 뿌린 씨앗이 맺게 될 열매는 아마 20~30년이 더 지나 다른 사람들이 누리게 될 가능성이 더 큽니다.

제가 사역하였던 네팔에서는 1954년부터 뿌려졌던 씨앗의 열매가 30년이 지난 후부터 가시적으로 나타나기 시작하였으며, 1911년부터 베트남에 뿌려졌던 씨앗의 열매는 80년이 지나서야 가시적으로 나타나기 시작한 것으로 보입니다.

저는 소망합니다. 이제 은퇴하신 김 교수님께서 잘 성장한 봉사팀과 함께 어려운 이웃들이 사는 세계의 구석구석을 찾아가 사랑의 씨앗을 계속 뿌리시길 고대합니다. 이 책을 읽으시는 독자분들도 이웃들을 섬기는 삶을 통하여 삶의 희열을 느끼는 낙원을 누리시기 바랍니다.

양승봉
외과 전문의 / 네팔, 베트남 의료봉사자

끝나지 않은 사명

평소에 학문적으로나 높은 덕망으로 전문 분야의 후배들로부터 존경을 받고 계신 김덕규 교수님께서 정년을 맞이하는 시점에 지난 19년 동안의 해외 의료봉사에서 있었던 경험들을 글로 남기셨습니다. 교수님께서는 2010년 3월 천안함 피격사건 때 '772함 수병은 귀환하라'란 시로 온 국민의 심금을 울린 시인이시기도 합니다. 몇 차례 의료봉사를 다녀온 것은 알고 있었으나, 거의 매년 봉사하셨다는 것을 이번에 추천사를 준비하면서 알게 되었습니다.

외국 선교사들의 값진 희생 위에 근대식 병원과 학교가 세워졌던 우리나라는 이제 원조를 받던 나라에서 원조를 베푸는 나라로 변했습니다. 그동안 많은 의료봉사단이 해외로 나가서 무료진료를 하였습니다. 이러한 의료봉사에 대하여 현지 보건의료 수준을 향상하지 않는 일회적 처방과 치료라고 비판하거나, 환자들에 대한 지속적인 후속 관리 불가, 현지 의료진과의 협력 부족, 현지 의료환경에 대한 정보 부족 등과 같은 문제제기가 많았습니다. 그러나 교수님의 글을 대하고 나서는 단기 의료봉사가 가지고 있는 장점과 순기능을 잘 알 수 있게 되었습니다.

교수님께서는 2001년 필리핀 세부에서의 첫 의료봉사 경험을 시작으로 봉사단 단장으로서, 봉사단장직을 내려놓은 후에는 섬기는 과정을 통하여 광야에서 사랑을 심는 자의 역할을 상세히 보여주고 있습니다.

이 글을 통하여 의료봉사는 '씨를 뿌리는 것'이라는 것과 그분의 계획하고 준비하신 일임을 알게 될 것입니다. 교수님은 이 글에서 의료봉사에서 가장 중요한 것은 '가는 것'임을 강조하고 있습니다. 우리 복음병원도 매년 4~5개 팀이 단기 해외 의료봉사를 하고 있습니다. 봉사단을 조직하고, 물품을 준비하고, 각 나라의 세관을 무사히 통과하기 위한 계획을 세우며, 단기간에 많은 환자를 진료하는 등으로 힘든 사역을 마치고 온 그들의 얼굴은 피곤함보다 오히려 성취감과 만족감으로 충만했습니다. 그러므로 '해외 의료봉사를 한 번도 안 해 본 사람은 있지만 한 번만 한 사람은 없다'라는 구절은 아마도 봉사를 해 본 사람들이라면 모두가 공감할 것입니다. 특히 해외 의료봉사를 함에 있어 부모와 자녀들이 같이 섬김으로써 얻는 유익에 대해 잘 보여주고 있습니다.

활발히 행하여 오던 해외 의료봉사가 지금 전 세계를 강타한 코로나-19 대유행의 영향으로 전면 중단된 '막간(intermission)'의 시점입니다. 이 책은 단기 의료봉사에 대한 경험을 가진 분들에게는 지난날의 감동적인 순간을 떠오르게 할 것이고, 끝나지 않은 사명을 다하기 위해 새로운 각오로 해외 의료봉사를 계획하는 분들은 책을 덮을 때 그 각오가 더 분명해질 것이므로 꼭 권하고 싶은 책입니다.

최영식
내과 전문의 / 고신대학교 의무부총장

목 차

3부 씨를 뿌리다(2012년~2019년)

글머리에

과거를 기록하는 이유는 기억 혹은 추억하기 위함이다. 한편, 자신의 업적을 자랑하기 위함일 수도, 잘못을 고백하여 용서를 구하기 위함일 수도 있다. 그러나 그러한 것만을 위해서라면 글쓴이의 성격상 이렇게 거창하게 책으로 만들지는 않았을 것이다.

글쓴이는 약 30년간 의대 교수로 봉직하면서 방학 때면 첫 10년을 제외하고는 거의 매년 해외로 나가서 의료봉사를 하였다. 첫 봉사를 필리핀에서 하였고, 그 이후 몽골, 중국, 캄보디아, 인도네시아를 거쳐 최근에는 키르기스스탄에서 봉사하였다.

책은 그 봉사 이야기를 들려줄 것이다. 그리고 그 현장 혹은 배경을 잘 드러내는 사진들도 보여 줄 것이다. 그렇지만 글쓴이가 이야기꾼이 아니기에 그것들을 재미있고 구수하게 풀어내기는 어려울 것 같다.

이 책의 재미가 별로라면 독자들에게 유익은 할까?
글쓴이와 독자는 분명히 구분되지만, 글쓴이에게는 첫 번째 독자라는 특권도 있다. 그 첫 번째 독자로서 다음과 같은 독서 감상을 말할 수 있다. "글쓴이와 함께 책의 마지막 페이지까지 걸어가 보면 자신도 모르게 책의 주인공이라고 할 수 있는 봉사단원들의 도전 정신이 자신에게 전이

되고 있음을 알게 된다. 또한, 이 땅에 낙원을 회복하려는 사람들의 끈질긴 활동을 통하여 그들이 누렸던 즐거움에 대해서는 동경심을, 긴 호흡을 이어갔던 그들에 대해서는 부러움을 느끼게 된다.”

이 책을 통하여 우리가 했던 '그 처음'을 처음으로 해 보는 이들이 여기저기 나타난다면, 아니 한 사람이라도 생긴다면 이 글을 쓴 목적은 달성하고도 남을 것이다.

마지막으로 글쓴이가 속했던 봉사단의 명칭이나 우리 봉사단을 초청해 준 분들의 실명을 여러 가지 이유로 인하여 언급하지 않았다. 이를 양해하여 줄 것으로 믿는다.

2020년 8월 31일
글쓴이

1부

첫걸음 내딛다
(2001년~2004년)

의료봉사 첫걸음마
(세부, 필리핀/2001년)

　그 모든 것은 다 처음이 있다. 처음은 다 서툴다. 영아의 첫걸음이 있는가 하면 외과 의사가 처음으로 집도하는 수술이 있다. 동아대학교 의과대학 교수 12년 차 되던 해에 처음으로 해외 의료봉사를 하였다. 그 처음이 없었다면 지금의 회고는 존재하지 않았을 것이다.

　해마다 여름방학이 가까워지면 묘한 갈등을 느꼈다. 그 갈등은 의대 선배인 김상순 교수님(동아의대)과 연관이 있다. 김 교수님은 시골 아저씨처럼 수더분한 인상에다 늘 웃음이 넘쳐서 흔히 말하는 외과 의사의 고정적인 이미지와는 거리가 멀었다. 상대방을 편하게 해 주고 말을 잘 경청해서, 그를 접해 보는 사람들은 호감을 느낄 수밖에 없었다.

　김 교수님은 병원 내 신우회(信友會)를 조직하여 회를 잘 이끌고 있었다. 글쓴이도 그 회에 참석하여 미력하나마 힘을 보태었다. 신우회 활동을 함께 하면서 김 교수님은 부산지역 기독 의료인 모임의 주축이 되어 매년 해외의료 봉사를 주도하고 있다는 것을 알게 되었다.

대부분의 의대 교수들처럼 김 교수님 역시 많은 일을 감당하고 있었다. 수술은 물론이고 학생 강의와 연구 외에 병원 행정 업무까지 맡고 있었다. 평소 개인 시간도 턱없이 부족할 터인데 여름 휴가를 해외에서 의료봉사를 하며 보냈다. 그것도 해마다.

이러한 김 교수님의 삶은 현실에 안주하며 자신과 가족의 일상적인 행복을 꿈꾸며 살아가는 글쓴이의 소시민적인 삶과 극명하게 대조되었다. 나도 저러한 삶을 살아야 하지 않는가 하는 생각을 한두 해 하다 보니 정신적 부담을 느끼고, 심적 갈등까지 겪게 되었다.

김 교수님이 주는 부담감(사실 스스로 부담감을 느꼈지 김 교수님은 결코 내게 부담을 준 적이 없었다)을 더 무시할 수 없는 일이 생겼다. 김 교수님이 단장을 맡은 의료봉사단이 글쓴이의 큰 형이 사역하는 곳을 봉사지역으로 선정했기 때문이었다.

글쓴이는 그 의료봉사단에 지원하였다. 봉사도 봉사지만 이참에 형님이 살고 계신 곳에 가보자는 생각이 더 앞섰기 때문이다. 혹 이번 한번 봉사에 참여함으로써 앞으로는 글쓴이가 가졌던 그 부담감에서 영원히 벗어날 수 있을 것이라는 얕은 생각을 무의식적으로 했을지도 모른다. 그래서 글쓴이가 봉사단에 속하여 간 곳은 필리핀의 제2 도시, 세부(Cebu)였다.

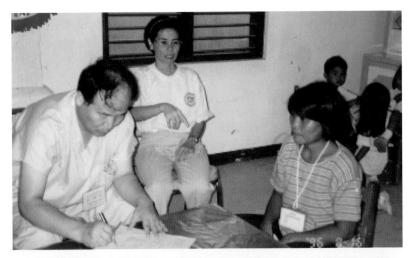

봉사지역에서는 가정집이든 교실이든 가리지 않는다. 어느 곳에서든지 진료를 시작하면 그곳이 바로 임시진료소가 된다. 김상순 교수가 교실에서 진료하고 있다. 중앙에 앉아 있는 이는 통역자이고 한쪽 편 구석에서는 아이들이 놀고 있다. 해당연도 사진이 없어서 1996년 필리핀 세부에서 의료봉사하는 사진으로 대체하였다.

body language와 봉사자의 역설

글쓴이는 의예과 시절부터 본과 3학년 때까지 거의 모든 여름방학마다 의대 기독학생회가 주관하는 무의촌 진료 봉사활동에 참여하였다. 그러한 경험이 있었기에 의료봉사를 한다는 것 자체는 부담이 되지 않았으나 외국에 가서 외국인 환자를 진료해야 한다는 것이 적지 않은 부담이 되었다.

환자와 의사 사이에 오고 가는 말을 통역하는 것은 일반적인 대화를 통역하는 것과는 완전히 다른 차원의 일이다. 통역을 맡은 이가 의학 기초 지식을 가지고 있어야 하며 의학용어를 수월하게 구사할 수 있는 능력도 갖춰야 제대로 된 통역을 할 수 있기 때문이다. 그러한 전문성을 갖춘 사람들이 그곳에 있을까.

실제로 현지에 가서 진료해 보니 역시 통역의 문제는 예상했던 바와 같았다. 일상적인 의사는 잘 소통이 되었으나 환자가 호소하는 그 미묘한 증세들을 통역자가 자신이 아는 단어만을 사용하여 영어로 옮기므로 환자의 호소가 정확히 전해질 수 없었다. 또한, 그 반대의 경우도 마찬가지였다. 나의 의사 표현 역시 통역자에 의하여 환자들에게 정확하게 전달되는 것을 기대하기 어려웠다.

그러나 나의 형편없는 영어 구사 능력에도 불구하고 통역하는 이는 내가 하는 말을 거의 다 알아듣는 것 같았다. 나 역시 환자들의 표정, 몸짓으로 그들의 아픔을 호소하는 것, 원하는 것을 거의 직감적으로 알 수 있었다. 흔히들 말하는 'body language'가 현지에서는 훌륭한 소통의 도구로 잘 사용되었다. 참으로 감사한 일이었다.

진료소를 개설하기도 전에 진료를 받으러 온 사람들이 접수대 앞에 길게 늘어섰다. 대부분 아이와 여성들이다. 필리핀 여성은 대부분 조기 결혼을 한다. 따라서 초산 나이도 어리고 낙태도 엄격히 금지되어 있기에 자녀들이 많다. 내과 전문의라고 해서 소아 진료를 안 한다고 할 수 없다. 진료를 받으러 오면 한 사람도 돌려보내지 않고 진료해야 하기 때문이다. 전문적 치료도 물론 중요하지만 봉사하러 온 것이 아닌가.

감사하게도 글쓴이가 소아 환자를 진료하는 데 큰 어려움이 없었다. 심각한 소아 질환을 가진 환자들이 없었고 약사가 처방약을 잘 살펴서 용량과 용법에 착오가 없도록 해 주었기 때문으로 생각되었다.

이곳에 와서 보고 느낀 것 중 가장 인상적인 것은 진료받으러 온 사람들이나 시장통에서 만난 사람들이 한결같이 밝은 표정을 보여주었다는 사실이다. 작은 얼굴에 비해 큰 눈망울을 가진 어린이들이 웃음꽃을 활짝 피우는 것을 쳐다보노라면 나 자신도 덩달아 슬며시 웃지 않을 수 없다.

이들의 경제적 수준을 보면 분명 우리보다 어려운 것 같은데 얼굴에는 항상 미소가 있고 행동에는 여유가 있다. 그 이유는 무엇일까. 이들은 선천적으로 낙천적인 성품을 가지고 태어나는 것일까. 그것만은 아닐 것이다.

아마도 풍족하지는 않지만, 주위 자연환경이 주는 혜택으로 인해 하루하루 먹고사는 데는 별 문제가 없기 때문이 아닐까? 기후가 무더운 지역이니 옷도 그렇게 많이 필요하지 않을 것이다. 또한, 사는 집도 한낮의 더위와 비를 피할 수 있는 공간만 있으면 가장 기본적인 삶은 영위될 수 있을 것이다.

생각이 여기까지 미치자 이들의 행복에 대한 눈높이가 우리와 다른 것이 아닐까? 라는 의문으로 발전하였다. 그러나 사람이라면 행복에 대한 생각이 비슷할 터인데 행복의 상대성만으로 이들의 여유를 설명하기는 어려울 것 같다.

특별히 무엇이라고 딱 집어서 말하기는 어렵지만, 이들이 어쩌면 봉사하러 간 우리보다 더 행복한 삶을 살고 있을지도 모른다는 생각은 일회성으로 그친 것이 아니라 그 이후에도 계속 떠올랐다. 봉사하러 간 자들이 현지인의 행복을 부러워하는 이런 현상을 '봉사자의 역설'이라고 불러야 할지도 모르겠다.

집단 식중독으로 고생하다

봉사단의 봉사일정은 6박 7일이었다. 그중 출발지에서 도착지까지 왕복으로 걸리는 시간 등을 제하면 실제 진료 봉사는 사흘과 반나절 동안 하게 된다. 글쓴이는 그 기간 가진 의료지식과 기술을 동원하여 정말 열심히 환자를 진찰하고 약을 처방하였다.

예정된 진료 일정을 무사히 다 마치고 나서 우리는 멋진 백사장을 끼고 있는 숲속 호텔에서 반나절의 휴식을 즐겼다. 열심히 봉사하였다고 봉사단 집행부는 점심을 특별식으로 마련하였다.

점심 식사는 호텔식 뷔페였다. 많은 종류의 음식이 차려져 있었는데 그중에서도 삶은 새우 요리가 기가 막히게 맛있었다. 모두 새우를 실컷 먹었다. 그런데 숙소로 돌아오자 봉사단원들이 하나둘 열이 나더니 설사를 하기 시작하였다. 거의 모든 단원이 드러누웠다.

글쓴이는 식중독의 원인으로 지목된 그 새우 요리를 적게 먹은 탓인지 가벼운 설사 외에는 특별한 증상이 없었다. 단원들에게 항생제와 지사제를 주었다. 증세가 심한 단원들에게 수액제를 주사하였다.

정말 하늘의 도움으로 귀국하기 전에 단원 대부분이 회복되었다. 만약 비브리오 식중독이나 세균성 이질에 걸렸다면 심각한 문제들이 초래되었을 것이다. 현지 병원에 가서 입원치료를 받아야 하는 상황도 생길 수 있고 그에 따라 귀국도 늦어져서 직장인들은 큰 낭패를 당하게 되었을 것이다. 만일 그렇게 되었다면 그것은 봉사단 차원의 문제가 아니라 외국인 봉사단의 집단 발병이라는 사회적인 문제로 비화하였을 것이다.

현지 봉사를 다 마친 후 봉사단원들이 식중독이란 뜻밖의 손님을 만나게 되었다. 음식을 조리하는 과정, 혹은 보관하는 과정에서의 문제로 인하여 식중독이 발생하였을 것이다. 원주민들은 이미 면역이 되어 있기에 그 정도 상한 음식은 아마 아무런 탈을 일으키지 않았을 것이다.

그 집단 식중독 사태 덕분에 식품위생이 얼마나 중요한가를 철저하게 경험하였다. 이와 연관해서 풍토병에 대해 새로운 인식을 하게 되었다. 즉 외지인이라면 그 누구도 현지에서 위생 문제와 풍토병을 완벽하게 피할 수 없다는 것, 그러하기에 위생 문제나 병이 생기면 이를 부정적으로 여기기보다는 외지인이라면 누구나 겪어야 하는, 현지 적응 과정이라고 긍정적으로 여길 필요가 있다는 것이다.

만약 글쓴이가 이러한 인식이 없었다면 다음 해외 봉사에 선뜻 나설 수 있었을까? 아니 만약 봉사하러 갔다가 세균성 이질에 걸려 며칠간 고생했다면 다음 봉사가 가능했을까?

아기는 엄마가 붙들어 주면 아장아장 걸을 수 있다. 메스를 처음 잡는 집도의는 숙련된 의사가 옆에서 잘 지도해 주면 수술을 무사히 끝낼 수 있다. 글쓴이는 베테랑 봉사자들의 도움으로 첫걸음을 잘 뗄 수 있었다. 그러나 그 당시에는 그 봉사가 해마다 이어지는 봉사의 첫걸음마일 줄은 몰랐다.

나는 몽골인?
(울란바토르, 몽골/2002년)

———

1973년 따뜻한 봄날, 부산대학교 문리대 의예과 학생 네 사람(글쓴이, 정태원, 송인무, 허재택)이 의기투합하여 동아리를 만들었다. 동아리의 이름은 당시 의예과 라틴어 강사였던 독일 수녀님의 도움을 받아 'Stella Matutina'로 정하였다. stella matutina를 라틴어로 번역하면 새벽 별이다.

네 사람은 대학에 들어와서 서로 알게 되었다. 각자의 취미와 개성은 서로 달랐지만, 뜻이 통하여 아주 급속도로 친해지게 되었다. 그러한 우정이 대학을 졸업하고 나서도 여전하여 지금까지 좋은 관계로 유지되고 있다.

'새벽 별' 동아리 친구인 송인무 원장에 관한 이야기로 시작해야겠다. 송인무 원장은 의대를 졸업하고 모교 병원에서 수련과정을 마친 후 이비인후과 전문의가 되었다. 현재는 개업의로 지역사회 주민의 건강을 위해 일하고 있다.

송 원장은 3년 전인 1999년에 평소 같은 뜻을 가진 의사들과 함께 의료봉사단을 조직하여 단장을 맡았다. 봉사단은 그 해부터 매년 여름 휴가 기간을 이용하여 몽골에 가서 의료봉사를 해왔다.

친구가 의료봉사단 단장인데, 친구가 요청하지 않더라도 한 번은 자원해 봐야 하지 않겠는가? 한 번의 필리핀 의료봉사 경험을 믿고 용감하게 친구에게 의료봉사 자원 의사를 밝혔다. 그래서 4차 몽골 의료봉사단의 단원이 되었다.

봉사단은 치과의사들을 중심으로 구성되어 있었으며 내과, 이비인후과, 방사선과 의사와 한의사 및 약사, 간호사, 의료기사로 구성되어 있었다. 진료 지원인력까지 합치면 모두 24명이었다. 봉사 기간은 7월 30일(화)부터 8월 6일(화)까지 7박 8일간이었다.

난생처음 방문한 몽골의 수도(首都) 울란바토르는 밀집된 집들로 인하여 몹시 답답한 느낌을 주었다. 그러나 도심을 조금만 벗어나니 광활한 평원이 눈에 확 들어왔다. 8월의 초원은 푸른색이 아니라 누런색에 가까웠다. 하늘은 정말 한없이 맑고 푸르렀고 높았다. 우리나라 가을 하늘만큼 아니 그보다 더 높고 맑은 하늘이 그곳에 있었다. 어깨 위로 그 무게가 느껴질 만큼 햇살이 강렬하였다. 원초적인 햇빛을 그곳에서 처음 만났다.

왠지 고향에 왔다는 느낌이 들었던 까닭은 무엇일까? 전에 한 번도 그곳에 간 적이 없는데 말이다.

Nalaikh 진료 이야기

날라흐구는 울란바토르에서 동남쪽으로 약 42km 떨어진 곳에 있다. 날라흐구에서 이틀간(7월 31일, 8월 1일) 진료를 하였다. 첫째 날은 주민들이 밀집하여 사는 지역에 있는 보건소에서 진료하였다. 둘째 날은 외곽으로 이동하여 초등학교에서 진료하였다. 첫날 진료 때도 그러하였지만 둘째 날 진료 시에도 아이보다 어른이 더 많이 왔다.

진료를 받기 위해 온 여자들은 마치 유행인 양 머리에 선글라스를 걸치고 있었다. 나중에 선글라스를 걸친 사람이 왜 그렇게 많은가 하고 현지인에게 물어보았다. 이에 건조하고 맑은 기후 탓에 일조량이 많아 눈이 부시고 백내장이 많이 생기기에 이를 예방하려고 선글라스 착용이 생활화되어 있다는 대답을 들었다.

몽골인들은 시력이 좋기로 유명하다. 진료를 받으러 온 아이 중에 안경을 쓴 아이들은 찾아볼 수 없었다. 시력을 직접 측정해보지는 않았지만, 자료를 찾아보니 대개 평균 시력이 2.9 정도 된다고 한다. 아주 좋은 사람은 7.9까지도 나온다고 한다. 어떻게 시력을 재었는지 궁금하기도 하다.

그들의 시력이 좋은 것은 어쩌면 당연할 것이다. 저 멀리 평원에서 말을 타고 전력을 다하여 달려오는 자들이 적군인지 아군인지 구별해야 한다. 물론 저 멀리 나가 있는 양이나 소가 자신의 것인지 이웃의 것인지 구별해야 하는 필요성도 있을 것이다. 아무튼, 그들에게 아주 좋은 시력은 생존과 삶에 직결되는 매우 중요한 생존 전략 중의 하나임이 틀림없을 것이다.

봉사 3일 차(8월 1일), 날라흐구에 사는 많은 원주민이 진료받기 위해 임시진료소가 개설된 초등학교 교실을 찾아왔다. 진료대기 중인 이들의 표정을 보면 햇살이 얼마나 강렬하였는지 알 수 있다. 아마도 투명한 하늘로 인하여 빛이 감쇄되지 않고 그대로 내리쪼였기 때문이리라. 풍부한 자연광을 담뿍 받은 교사(校舍)의 푸른색 창틀과 덧칠된 연보라색 벽이 라틴 아메리카의 집들을 연상시켰다.

진료받으러 온 아이들을 보고 두 번 놀랐다. 우선 얼굴 모습이 우리네와 너무나 흡사해서 그랬다. 그 반대로 몽골인과는 전혀 다른, 서구인처럼 보이는 아이들도 섞여 있어서 놀랐다. 이 지역에는 카자크인이 많이 살고 있다고 들었는데 저 아이들이 바로 카자크인인 모양이었다.

진료를 받으러 온 날라흐구 주민이다. 몽골인(위의 사진)과 카자크인(아래 사진)은 누가 보아도 구분이 될 정도로 생김새가 다르게 생겼다. 글쓴이는 아무래도 몽골인과 더 닮았다.

요통 환자가 되어 치료받다

봉사 4일 차(8월 2일)에 울란바토르에서 북쪽으로 200km 떨어진 만달(Mandal) 지역을 방문하는 일정이 있었다. 봉사단이 후원하고 있는 만달 지역 주민들과 교제하고 그들의 형편을 살펴서 도울 수 있는 일이 있으면 돕고자 하는 취지였다.

봉사단은 울란바토르 역에서 기차를 타고 만달 지역으로 출발하였다. 기차 여행은 항상 새롭고 무엇인가 기대를 자아내기 충분하였기에 다들 즐거운 마음으로 기차를 탔다. 빈 좌석이 제법 있어서 대부분 앉아 갈 수 있었다.

그런데 문제가 있었다. 좌석에 앉자마자 이내 허리가 불편하였다. 이유는 좌석 등받이 때문이었다. 등받이는 철판이었는데 그것이 좌석에 직각으로 붙어 있었다. 그 용도가 등받이라기보다는 뒷좌석과 구별하는 칸막이라고 하는 것이 더 좋을 것 같았다. 배낭을 쿠션 대용으로 등 뒤에 넣으니 불편함이 다소 줄어들었다.

만달역에 도착하여 모두 내렸다. 봉사단이 하루 묵을 숙소는 역에서 제법 떨어져 있었다. 모두 역에서 숙소까지 걸어갔다. 공용품이 들어있어 제법 무게가 나가는 큰 이민 가방 하나를 다른 남자 봉사단원과 함께 지고 날랐다. 차도와 인도가 구분되지 않는 넓은 길이 숙소까지 나 있었으나 비포장도로여서 바퀴가 달린 이민 가방을 끌고 갈 수 없었기 때문이다.

숙소는 초등학교 교실처럼 보이는 건물이었다. 방안에는 초등학교 학생들이 앉는, 어른들이 앉기에는 너무 낮은 의자가 몇 개 있었다. 점심시간이 되어 준비해온 도시락을 나누었다. 일부 단원들은 의자에 앉았지만, 대부분 단원은 교실 나무 바닥에 앉아서 먹기 시작하였다. 의자에 앉아 식사하려는데 허리 뒤쪽에 뜨끔하면서 통증이 생겼다. 그것이 시작이었다.

식사를 다 하고 허리를 펴니 통증이 본격적으로 느껴졌다. 마을 주민들과 함께 하는 행사가 바깥마당에서 시작되었지만 나는 허리 통증으로 교실 안 한쪽에 누워있었다. 그런데 이것은 잘못된 선택이었다. 바닥이 평평하지 않아서인지 깔아 놓은 이불 위에 누웠으나 편안하지 않았고 오히려 더 불편하였다.

좀 누워있으면 나아지겠지 생각하고 계속 누워있었으나 통증은 더 심해졌다. 그동안 쌓였던 피곤함 탓에 잠이 쏟아졌다. 제법 잠을 잔 모양이었다. 그사이에 해는 지고 밤이 되었다.

밤하늘에 별이 쏟아진다고 하면서 송 단장은 나와서 별을 보라고 몇 차례나 나를 불렀지만 나는 교실 바깥으로 나갈 수 없었다. 이제는 꼼짝도 못 할 정도로 허리가 아팠다.

다른 단원들에게 폐를 끼치지 않으려고 혼자 전전긍긍하였다. 단 한 가지 소망은 내일 날이 밝기 전에 허리 통증이 완화되는 것이었다. 이를 위해 얼마나 기도했는지 모른다. 새벽 기상 시간이 되었으나 나는 일어날

수가 없었다. 나의 고통 신음은 단원을 다 깨우고도 남았다.

한의사인 문정훈 원장이 침 여러 대를 통증이 제일 심한 부분에 놓아주었다. 또한, 나를 부축하여 일으켜주었다. 송 원장은 급히 마을로 내려가 차를 소유하고 있는 사람을 수소문했다. 그 사람을 깨워서 차를 구해왔는데 그 차는 트럭이었다. 나는 그 트럭 조수석에 비스듬히 누워 만달역까지 후송되었다.

역에 내릴 때는 조금 걸을 수 있을 정도로 통증이 다소 완화되었다. 기차를 기다리는 동안 모든 단원이 나를 위해 간절히 기도해 주었다. 감사하게도 만달에서 내려올 때는 등받이가 제대로 되어 있는 기차를 타게 되었다.

의료봉사를 하러 간 의사가 현지에서 응급 환자가 되었으니 모두에게 당혹스러운 일이 발생하였다. 모르긴 해도 송 박사가 이끄는 4차례 의료봉사 중에서 처음 생긴 일이었을 것이다. 봉사 단원도 현지에서 환자가될 수 있다는 교훈을 모두에게 각인시켜 준 사건이었다.

사건의 주인공은 지금도 동료 단원들에게 죄송한 마음이 남아 있다. 이 자리를 빌려 글쓴이의 회복을 위해 기도해 준 모든 단원들에게 다시한번 감사를 드린다. 특히 침을 놓고 나를 부축해 일으켜서 계속 걷도록 독려해 준 한의사 문정훈 원장의 도움을 잊을 수 없다.

간단테그치늘렌 사원 무료입장

봉사 5일 차(8월 3일) 새벽에 봉사단은 만달에서 울란바토르로 돌아왔다. 늦은 아침을 먹은 후 봉사단은 숙소에서 휴식을 취하였다. 이날은 토요일이기도 하여 오후에 진료 일정이 없었다. 모든 단원은 울란바토르의 명승지로도 이름이 나 있는 간단테그치늘렌 사원(흔히 간단 사원으로 불리며 한자는 甘丹寺, 영어로는 Gandantegchinlen Monastery로 표기된다)에 가보기로 하였다. 허리 통증도 조금 나아졌고 누워있는 것보다 자꾸 걸으니 통증이 줄어드는 것 같아 함께 가기로 하였다.

내국인들과는 달리 외국인들은 입장료를 내야 들어갈 수가 있었다. 그때 글쓴이는 무슨 심정으로 그렇게 했는지 모르겠지만 일행과 멀찌감치 떨어져서 혼자 입장료를 내지 않고 들어가기를 시도하였다.

결과는 어떻게 되었을까?

물론 입장료를 사서 들어오라는 제지를 받지 않고 유유히 입장할 수 있었다. 글쓴이로서는 평소에 도저히 생각조차 해볼 수 없는 일탈 행동을 감행하였다.

왜 그런 돌출행동을 하였을까?
초등학교 때 넓적이라는 별명이 붙을 만큼 얼굴이 넓었다는 것, 눈 또한 작아 이러한 얼굴 생김새가 그들과 아주 흡사하여 나를 몽골인으로 봐 줄 것을 자신하였기 때문일까? 아니면 우리 중 대부분이 태어날 때

가졌던 그 푸른 몽고반점이 그러한 자신감을 키웠던 것은 아닐까?

실제로 한국인과 몽골인의 유사성은 곳곳에서 발견된다. 체질인류학적으로 유사한 것은 물론 언어학적으로 보아도 몽골어와 한국어는 만주 퉁구스어와 튀르크어와 함께 알타이어족으로 분류된다. 또한, 몽골인을 비롯하여 중국인, 일본인의 미토콘드리아 DNA 염기를 한국인의 그것과 비교한 결과 몽골과 일본인은 중국인보다 한국인과 더 유사하다는 보고도 있다.

아무튼, 객기에 가까운 시험을 실험으로 봐 준다면, 그 실험이 성공한 것으로 보아 내 속에는 어딘가 조금이나마 몽골인의 DNA가 섞여 있을 수도 있다는 생각을 하게 되었다. 이러한 가설을 더욱 확대해 본다면 내 속에는 몽골인뿐 아니라 다른 인종의 DNA도 존재할지 모른다.

이러한 가설을 제시해 보는 것은 나의 선조를 욕되게 하거나 조상이 난잡했다는 의미가 아니다. 세대를 거슬러 계속 올라가면 궁극적으로 한 사람을 만나게 될 것이다. 그 사람은 나의 조상, 즉 한민족(韓民族)의 시조이기도 하지만 동시에 다른 민족의 시조일 수 있다. 이를 달리 표현하면 모든 사람은 같은 한 사람의 시조를 가지고 있다는 의미이다. 만약 이러한 가설이 맞는다면 온 인류는 결국 한 형제자매이다.

해외로 나가서 어려운 환경에 처한 타국민이나 타민족을 돕는다는 것도 내 국민과 내 민족을 돕는 것과 같은 일이며 결국 형제자매를 돕는 일이라고 할 수 있다. 그러나 당시에는 이러한 깨달음이 없었다.

봉사에 대한 열정과 열심

봉사 6일 차(8월 4일)에는 울란바토르 시내에 있는 밝은 미래 교회당에서 진료하였다. 교회당 공간은 제법 넓어서 모든 과가 한 자리에서 진료를 해도 불편함이 없을 정도였다. 글쓴이의 허리 통증은 상당히 호전되어 앉아서 진료 볼 수 있는 정도는 되었다.

임시진료소 한편에서 송 단장은 휴대용 진료 의자에 환자를 앉혀놓고 열심히 진료하고 있었다. 환자가 앉아 있는 진료용 의자와 그 옆에 놓여 있는 진공 흡입기는 평소 병원에서 보던 것과는 많이 달라 보였다. 특히 진료용 의자가 그러하였다. 나중에 물어보니 의료봉사를 위해 특별히 제작한 것으로 송 단장이 직접 설계하여 철공소에 의뢰하여 휴대용 진료 의자와 진공 흡입기를 만들었다는 것이다.

진공 흡입기는 바퀴가 달린 알루미늄 가방 안에 고정되어 있어서 이동하며 사용하기 편하게 고안되었다. 그런데도 자체 무게가 있어서 들어보니 상당히 무거웠다. 송 단장 부인은 그 진료 의자와 진공 흡입기를 옮기느라고 허리가 아파서 둘이 고생을 많이 하였다는 말을 했는데 그 말을 들으니 가슴이 찡했다.

개업의가 일주일 휴가를 내어 봉사하는 것은 정말 큰 결단이 없으면 가능한 일이 아니다. 가족의 이해와 협조가 필요한 것은 물론이다. 이번 봉사에는 송 단장의 딸도 진료보조 인원으로 참여하여 약국의 일을 도왔다.

송 단장은 매사에 그래왔듯이 의료봉사도 열정적으로 하였다. 열정은 그를 아주 잘 드러내는 단어임이 틀림없다. 그가 가진 열정은 언제 보아도 부러웠고 지켜보는 사람에게 전염되었다.

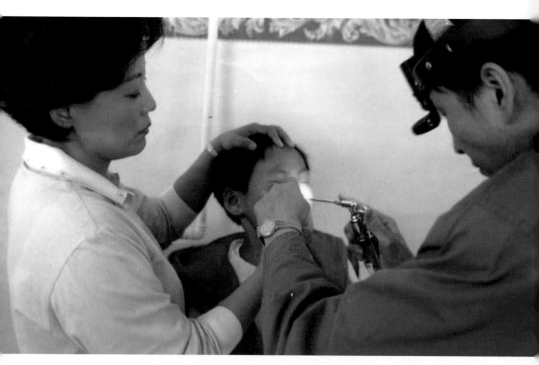

진료 스케치 #1. 진료 마지막 날(8월 4일) 송 단장은 밝은미래교회당에 차린 진료소를 찾아온 아이의 코를 치료해 주었다. 부인과 한 팀을 이루어 봉사하는 모습을 보고 있노라면 이 부부는 참 행복하게 사는구나 하는 생각이 든다.

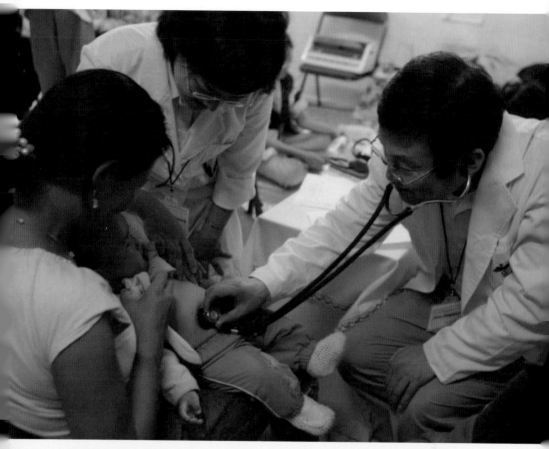

진료 스케치 #2. 글쓴이는 카자크인 아버지와 몽골인 어머니 사이에서 태어난 아기를 진찰했다. 이 아이가 건강하고 씩씩하게 자라서 이 나라에 훌륭한 일 군이 되었으면 참 좋겠다.

진료 스케치 #3. 문정훈 한의사는 요통 환자 두 사람을 눕혀놓고 치료를 하였다. 무릎을 꿇고 환자를 섬기는 모습이 참 보기 좋았다.

이번 봉사를 통하여 글쓴이는 많은 것을 깨달았다. 아픈 사람을 도우러 갔다가 도로 아픈 사람이 되어 도움을 받았다. 첫걸음마를 배웠기에 이제는 자신이 가고 싶은 대로 어디든지 걸어갈 수 있을 것으로 생각했는데 그것이 아니었다. 아직도 배워야 할 것이 많이 있었다. 그중 가장 시급히 배워야 할 점은 봉사한다는 것이 진정 무엇인가 하는 것이었다.

제일 확실하게 배우는 방법은 자신이 스스로 체험해 보는 것이다. 도움을 받아 보니 봉사활동을 어떻게 해야 하는가를 깨닫게 되었다. 이는 스위스 정신과 의사 칼 융의 "상처 입은 자만이 치유할 수 있다."라는 견해와 일맥상통한다고 해도 되는 것일까?

현지에서 갑자기 발병한 요통은 시련이었지만 동시에 성숙한 봉사단원이 되기 위한 시험이기도 하였다.

봉사단 단장이 되어
(뚜게가라오, 필리핀/2003년)

—

　두 번에 불과한 해외 의료봉사의 경험을 가진 글쓴이를 주축으로 하는 의료봉사단이 만들어졌다. 글쓴이가 과분하게 그 봉사단의 단장이 되어 해외 의료봉사를 준비하게 되었다. 솔직히 고백하건대 앞선 두 번의 의료봉사는 남을 돕고자 하는 순수한 마음보다는 다분히 면피하려는 마음에서 시작되었다. 그뿐만 아니라 첫 봉사에서 동료 단원과 함께 식중독을 앓았고 둘째 봉사에서는 혼자 심한 허리 통증으로 고생을 하였다. 이러한 사람이 세 번째 봉사를 자원하게 된 이유를 설득력 있게 설명하기란 쉽지 않을 것이다.

　글쓴이는 두 차례 봉사에 참여하면서 동료 단원이 원주민들을 위해 헌신하는 모습들을 보고 많은 것들을 생각하게 되었다. 그러한 헌신들을 보면서 나 역시 저렇게 봉사하면 좋겠다는 마음이 자연스럽게 내 속에서 자리 잡았다. 동료 단원이 내게 끼친 영향력이 주요한 이유라고 할 수 있다.

해외 의료봉사단 창단되다

의료봉사단은 평소 친하게 지내고 있던 건축회사 진영덕 대표와 마음이 통했기에 만들어졌다고도 볼 수 있다. 또한, 한선희 약사와 한소명 자매, 그리고 김권용 사장의 흔쾌한 참여가 의료봉사단이란 옥동자를 낳았다.

의료봉사단 창단구성원이 집행부가 되어 봉사를 계획하였다. 진 대표가 부단장을 맡았다. 한 약사는 약국 팀장을, 김 사장은 총무와 기록을, 한소명 자매는 회계를 맡았다. 앞에 언급한 두 번의 봉사 때에는 계획된 일정에 따라 주어진 임무만 하면 되었으나 이제는 단장이 되었으니 봉사의 시작부터 끝까지 전 과정을 계획하고 진두에서 지휘를 해야 했다.

집행부는 제일 먼저 봉사지역과 봉사 날짜를 결정해야 했다. 물론 이보다 먼저 결정해야 할 것은 봉사의 목적과 봉사의 대상 그리고 봉사의 한계를 정하는 것이었으나 해외 의료봉사란 대원칙이 이미 서 있었기에 이들을 정하는 것은 별로 어렵지 않았다.

봉사지역은 예상외로 쉽게 결정되었다. 마침 집행부가 봉사 후보지를 물색하고 있을 때 봉사요청을 받게 되었다. 필리핀에서 미션 스쿨을 설립하여 운영하는 교장 선생님과 연결되었다. 교장 선생님은 학교가 있는 뚜게가라오(Tuguegarao)와 시 외곽에 있는 라굼(Lagum) 마을에서 봉사해 주기를 원하였는데 특히 라굼은 정말 오지(奧地) 중의 오지라고 하였다. 우리 봉사단은 고생하더라도 이왕이면 오지에 가서 봉사하자는 철학을 가지고 있었기에 그 요청을 수락하였다.

봉사 날짜를 결정하기는 쉽지 않았다. 가능한 많은 사람이 지원할 수 있는 날을 선정하였으나 봉사지역으로 가는 항공편이 매일 있는 것이 아니어서 항공편의 출발과 도착 날짜에 맞추어 선정된 날짜를 조정할 수밖에 없었다.

봉사지역과 봉사일정이 결정되니 출발 날짜로부터 두 달도 채 남지 않았다. 그때부터 본격적인 봉사 준비에 돌입하였다. 준비하는 중에 그 지역에서 봉사했던 경험이 있는 타 봉사단과 연결이 되어서 그곳 지역 사정에 대한 상세한 정보를 얻을 수 있었는데 그들이 알려준 정보와 들려준 체험담이 얼마나 도움이 되었는지 모른다.

의료봉사의 성공 여부는 의료진의 구성에 달려 있다고 해도 과언이 아니다. 창단구성원 중에서 의료인은 글쓴이와 한선희 약사뿐이었다. 지금 회고해 보니 의료인 둘이서 의료봉사단을 창단했으니 용기가 대단했거나 무모했거나 둘 중 하나였던 것 같다.

단장으로 시급하게 해야 할 일은 의료진을 보강하는 작업이었다. 단장이 내과 의사이므로 그다음으로 필요한 의사는 외과 의사였다. 외과 의사 여러 사람을 섭외하였으나 여의치 않았다. 할 수 없이 이를 포기하고 대신 소아과(현 소아청소년과) 의사를 섭외하기로 하였다.

제일 먼저 생각나는 사람이 바로 신우회를 통하여 알게 된 정진아 교수(동아의대)였다. 날짜가 너무 촉박하여서 참여가 쉽지 않을 것이라는 생각이 들었지만 그래도 부탁은 해 보기로 했다. 봉사 기간에 선약이 있어 어떻게 될 줄 모르겠다고 하였으나 며칠 후 동참하겠다는 연락이 왔다. 훌륭한 동역자를 구해서 얼마나 기뻤는지 모른다.

글쓴이는 혼자서 내과 진료를 감당할 수 있겠다고 생각했으나 준비하면 할수록 그러한 생각이 현명하지 못한 것임을 깨닫게 되었다. 우선 단장이 진료에만 몰두하다 보면 봉사의 전반적인 현황을 파악하는 것이 힘들어져서 문제 발생 시 발 빠른 대응이 어려울 것이라는 생각이 들었다.

그래서 부랴부랴 내과 의사를 구하기 시작하였다. 다른 병원에 부탁도 해 보았지만, 성과가 없어서 내가 지도하고 있던 정동식 선생(동아대병원)에게 부탁해 보기로 하였다.

마침 정 선생은 그 기간에 여름 휴가를 신청해 놓고 있었다. 아내의 출산일에 맞추어 휴가를 내어 놓았다. 개인 사정으로 보면 봉사에 참여하기가 매우 힘든 상황이었지만 정 선생은 흔쾌히 이를 수락하였다. 이는 아내의 적극적인 권유 없이는 불가능한 일이었다.

의료봉사에서 간호사의 역할도 무척 중요하다. 노련한 간호사가 보조해 주면 진료업무를 거의 두 배로 해낼 수 있다. 윤은수 간호사를 만난 것은 정말 우리 봉사단의 행운이었다. 윤 간호사는 침례병원 응급실 수간호사직을 끝으로 명예퇴직을 하였다. "23년 4개월이라는 세월을 다람쥐 쳇바퀴 돌듯 집과 병원만을 오가며, 그 굴레를 벗어나면 죽을 것 같아 꼭 붙잡고 살았다. 은퇴 후 시원섭섭함과 배신감으로 마음이 복잡하였는데 해외 봉사 가자고 해 주어서 고맙다."라고 하면서 봉사단에 합류하였다.

또한, 박소연 간호사(부산대병원)도 합류하였다. 박 간호사는 당시 청년부에 속하여 열심히 신앙 활동 중이었는데 의료봉사단이 창단된 것을 알고 자원하였다. 박 간호사는 8박 9일 휴가를 받기 위하여 거의 매일 직장에서 야간 근무를 하였다.

마침내 내과 전문의와 전공의 두 사람, 소아과 전문의 한 사람, 간호사 두 사람, 약사 한 사람으로 의료진이 구성되었다. 또한, 아홉 사람이 진료보조 인원으로 자원하였다. 더욱더 고무적인 것은 청년부 여름 봉사단이 현지에서 합류하여 의료봉사단과 함께 봉사하기로 한 것이었다. 청년부는 인솔자 포함하여 열한 명이었다. 그래서 스물여섯 명의 대규모 봉사단이 탄생하였다.

무엇보다도 모두 봉사할 자세가 되어 있어서 감사했다. 우리는 마치 전부터 잘 알고 있었던 사람들처럼 처음부터 친하게 잘 지냈다. 누가 뭐라고 해도 우리는 dream team임이 틀림없었다.

구명복 준비하다

봉사 준비 기간에 마침 다른 일로 국내에 들어온 미션 스쿨 교장 선생님을 초청하여 현지 사정에 대한 특강을 들었다. 특강 후 집행부원들과 이런저런 이야기를 하던 중에 교장 선생님은 조심스러워하며 하던 말을 이어 갔다.

"그런데 단장님, 수년 전 라굼으로 가는 강을 건너던 사람이 익사하는 사고가 있었습니다."

미션 스쿨이 있는 뚜게가라오는 필리핀 루손섬 최북단에 있는 가가얀(Gagayan) 주에 속하는 도시이다. 가가얀 주의 동쪽 경계는 남북으로 길게 뻗은 시에라 마드레(Siera Madre)산맥이다. 그 산맥의 급한 동쪽 비탈은 태평양 바다로 떨어진다. 한편 가가얀 주의 북쪽은 중국해 바닷물이 넘실거리는 해안으로 끝이 난다.

뚜게가라오는 가가얀 주의 남서쪽 구석에 있고 라굼은 뚜게가라오 북동쪽에 있다. 뚜게가라오에서 라굼 마을에 가려면 우선 차를 약 1시간 정도 타고 선착장으로 가서 그곳에서 배로 갈아타야 한다. 배를 타고 시에라 마드레에서 발원하여 남서쪽으로 흐르는 피나까냐완(Pinnacanauan) 강의 상류로 거슬러 올라가야 한다. 약 30분 정도 배를 타고 가서 강어귀에 닿으면 이번에는 말로 바꾸어 타고 가야 최종 목적지에 도달할 수 있다.

"수년 전 폭우로 인하여 강물이 갑자기 많이 불어난 적이 있었습니다. 그때 라굼 마을로 가던 배가 급류로 인해 전복되었습니다. 학교 교사 한

명을 포함하여 여섯 명이 익사하였습니다."

'불어난 강물', '급류', '전복', '익사'라는 단어가 머릿속에 들어오는 순간 갑자기 머릿속이 하얗게 되었다.

글쓴이의 기억은 지금도 생생하다. 아마도 예닐곱 살 때의 일이다. 여름 장마로 불어난 강물을 건너던 나룻배가 전복되어 많은 고향마을 사람들, 아마도 이삼십 명이 되는 사람들이 익사한 사건이다. 평소에는 저 멀리 있던 강물이 지금은 서 있는 둑 언저리 바로 발 앞까지 와서 남실거린다. 저 급하게 흐르는 황토빛 강물이 빚어낸 그 비극적 사건 말이다.

글쓴이의 안색이 창백한 것을 보았는지 교장 선생님은 황급히 꺼내 놓은 말을 마무리하느라고 애를 쓴다.

"물론 그때 한 번뿐이었고 그 이후 지금까지 한 번도 그런 일이 재발하지는 않았습니다."

봉사지역으로 가는 길에 그러한 비극적 사건이 발생한 것에 관하여 집행부는 심도 있게 논의하였다. 논의하면서도 글쓴이는 개인적인 경험과 의견을 꺼내지 않았다. 봉사 장소와 봉사 기간은 이미 정해져 있었기 때문이기도 하지만 교장 선생님이 참고하라고 들려준 사건의 내용이 봉사 지역을 변경해야 할 결정적인 요인이라고는 판단하지 않았기 때문이었다 (사실 그때 맨정신이 아니었던 것 같다!). 그러나 집행부원이나 단원 중에서 한 사람이라도 반대하면 봉사 예정 지역을 다른 곳으로 변경해야 하는 중요한 사안이 발생한 것은 분명하였다.

집행부의 용기는 대단하였다. 집행부는 우선 이 사실을 전해 들었던 그대로 지원한 모든 단원에게 알리기로 하였다. 또한, 만일을 대비하여 구명복을 준비하되, 봉사지역에 대한 이의가 있으면 장소를 변경할 것을 결정하였다.

참으로 감사하게도 봉사 지원자 중에서 그 누구도 지원을 철회하거나 봉사지역에 대하여 이의를 제기한 사람도 없었다. 정말 이들의 봉사 정신은 더 놀라운 것이었다.

그 이후로 준비과정은 순조롭게 진행되어 예정된 날짜에 봉사대는 출발할 수 있었다. 봉사 기간은 8월 13일(수)부터 8월 21일(목)까지 8박 9일이었다. 2003년 8월 13일 글쓴이 개인으로서는 세 번째 해외 의료봉사이자 우리 봉사단의 첫 번째 봉사를 위해 필리핀 마닐라로 향하는 비행기를 탔다. 최종 도착지는 뚜게가라오!

12시간의 버스 여행

봉사단은 무사히 필리핀 수도 마닐라에 도착하였다. 최종 목적지인 뚜게가라오 시(市)는 마닐라에서 비행기로는 한 시간, 차로는 약 12시간 걸리는 거리에 있다. 봉사단은 버스로 뚜게가라오까지 이동하기로 미리 결정해 두었다. 항공기를 이용하는 것이 훨씬 편리했으나 check in 할 때 소지한 약품이나 의료기구가 문제가 되었다는 다른 봉사단의 경험담을 들었기 때문이었다.

우리 봉사단을 태운 전세버스는 매우 번잡한 마닐라 도심을 빠져나와 북쪽으로 나 있는 도로로 달렸다. 차창 밖으로는 비슷한 느낌의 풍광이 반복되었다. 장시간의 비행기 이동 탓인지 잠에 빠져들었다.

차가 몹시 흔들린다는 느낌이 들어 잠에서 깨었다. 엄청나게 세게 틀어주는 에어컨 냉기로 단원들은 담요를 머리까지 덮어쓰고 잠들어 있었다. 몇몇 단원은 S자 곡선 차도를 따라 버스가 돌고 있는 까닭에 차멀미로 고생하고 있었다. 우리 단원 중에 제일 튼튼한 전창환 단원마저 멀미기가 있다고 했다.

조수석으로 다가가서 앞을 보니 버스는 S자 곡선 길을 따라 내려가고 있었다. 앞좌석에 앉은 윤준호 단원은 벌써 두 시간 째 곡선 길을 달리고 있으며 이제는 산 중턱을 넘어 내려가고 있는데 그것도 제법 되었다고 알려주었다. 우리가 타고 가는 전세버스는 낡아 보이지는 않았지만 그래도 최소한 5년 이상 된 것 같았다.

그 순간 글쓴이는 우리 모두 위기의 순간을 통과하고 있음을 직감하였다. 잠이 확 달아났다. 약간 느꼈던 어지럼증도 함께 사라졌다.

"하나님, 우리들의 생명이 버스의 브레이크에 달려 있습니다. 제발 브레이크가 파열되지 않도록 지켜 주십시오."라는 기도가 저절로 나왔다. 단원 한 사람 한 사람의 이름을 부르며 그들의 안전을 위해 간절히 기도하였다. 다행히 버스는 무사히 산에서 내려와 평지를 달리기 시작하였다. 몇 시간 후 봉사단을 태운 전세버스는 뚜게가라오 시에 아무런 어려움 없이 도착하였다.

라굼으로 가는 길

진료 봉사는 원래 계획하였던 대로 차질 없이 진행되었다. 첫째 날(8월 14일) 진료는 뚜게가라오 외곽에 있는 Roma에서 행해졌다. 둘째 날(8월 15일) 진료는 뚜게가라오 북쪽에 있는 Afarri에서, 셋째 날(8월 16일)에는 본거지인 뚜게가라오에서 시행되었다.

넷째 날(8월 17일), 드디어 모험과 위험이 기다리고 있는 라굼으로 출발하였다. 우리 봉사단은 지프니 두 대와 교장 선생의 승용차를 타고 선착장으로 이동하였다.

정말 다행히도 강의 물살이 그렇게 세지는 않았다. 강폭은 넓은 곳도 300~400m를 넘지 않았다. 우리를 강의 상류 저편으로 데려다줄 배는 길이가 7~8m 정도로 10명 남짓 인원을 태울 수 있는 목선이었다. 선미에는 조그마한 모터가 달려 있었다.

　우리 단원 모두는 구명복을 착용하고 네 척의 배에 나누어 탔다. 배들은 차례로 출발하였다. 피나까냐완 강물을 헤치고 배들은 마치 한 전대(戰隊)인 양, 한 줄로 힘차게 전진하였다.

　선수에는 두 선원이, 선미에는 선장인 듯 보이는 사람이 있었다. 상류로 올라가다가 하상이 낮은 곳에 이르면 선장은 스크루를 배로 들어 올렸고 선원들이 장대로 강바닥을 저어 배를 이동시켰다. 가다가 더 얕은 곳에 이르면 장대를 내려놓고 아예 물속으로 내려가 배를 밀어 상류로 나아가게 하였다.

　자그마한 체구에 근육이라고는 보이지 않는 야윈 몸을 가진 선원들의 어디에서 그런 힘이 나오는지 모르겠으나 배는 강 흐름에 밀리지 않고 전진했다. 우리가 탄 배들은 마침내 하상이 깊어진 여울목에 도달하였다. 선장이 스크루를 물속으로 다시 내리자 배는 제 속력을 내면서 강의 완만한 흐름을 거스르며 나아갔다.

    강물은 협곡 사이로 거침없이 흐르고 있었다. 주위를 둘러싼 협곡의 풍광은 원시림 바로 그것이었다! 배가 좁은 협곡을 지날 때는 서 있는 열대 우림의 큰 나뭇가지들이 손에 잡힐 듯하였다. 급류가 만들어낸 석회암 동굴의 시꺼먼 입구가 보였다. 계속하여 쳐다보고 있으니 그 속으로 빨려 들어갈 것만 같았다. 밀림 속에서 들리는, 처음 들어보는 새들의 울음이 신비함을 더하였다.

    찬탄과 감탄을 하는 사이에 우리가 탄 배는 강어귀로 다가가고 있었다. 나루터에 수십 명의 마부가 우리를 기다리고 있었다. 갑자기 말을 타야 한다는 생각이 만들어 낸 긴장감이 비경에 몽롱했던 우리를 현실 세계로 돌아오게 했다.

    단원 한 사람마다 마부가 정해졌다. 말은 키가 작았고 여위었다. 말을 처음 타보는 것에 대한 두려움이 다소 옅어졌다. 등자(鐙子)가 매우 작아 신발을 신은 채로는 발을 끼울 수가 없어서 신발을 벗었다.

고삐를 잡은 마부가 이끄는 대로 나아갔다. 자갈밭을 지나갈 때는 별 문제가 없었으나 곧 언덕배기로 올라가게 되었다. 뒤로 떨어질 것 같아 본능적으로 몸을 앞으로 숙였다. 경사길에서는 몸의 균형을 잘 잡지 않으면 위험하겠다는 생각이 사라지지 않았다. 긴장한 탓인지 얼마나 말을 타고 갔는지도 몰랐는데 멀리 마을이 보였다. 드디어 라굼에 도착하였다. 아무도 낙마하거나 다치지 않아 얼마나 감사한지!

라굼 진료 이야기

필리핀은 어디를 가나 어린이들이 많다. 현지에서 합류한 청년부들은 현지 어린이들을 위한 프로그램들을 많이 준비해 왔다. 재미있는 놀이가 있으면 심하게 아픈 아이들을 제외하고는 대부분 그쪽으로 몰려간다. 그래서 꼭 진료를 받아야 할 아이들만 남아서 진료를 받기 때문에 의료봉사가 한결 수월해진다.

라굼 의료봉사는 어린이 위주로 진행되었다. 외과 의사를 섭외하지 못하여서 대신 소아과 의사를 섭외하였는데 이것이 결국 묘수가 되었다. 그곳은 외과 의사가 아니라 소아과 의사가 필요한 지역이었다.

소아과 환자의 진료는 당연히 정진아 교수의 몫이었다. 정 교수는 보고

서에서 라굼에서의 첫날 진료에 관하여 다음과 같이 언급하였다.

"의사가 된 이후 이렇게 많은 환자를 진료한 것은 처음이었다. 숫자도 많았지만, 중한 질환이 의심되는 환자가 생각보다 많았다. 결핵에 의한 임파선염이 의심되는 남매의 농양을 치료하느라고 첫 진료부터 진땀을 흘렸다.

선천성 심장병에 의한 심부전증으로 호흡곤란이 심한 6세 남아, 소에서 떨어져서 팔이 골절된 환자, 선천성 질환이 의심되는 파란 눈을 가진 난청 환자, 두피에 농양이 생겨 지속적으로 열이 나는 영아도 있었다. 준비해간 항생제 연고가 모자랄 정도로 심한 이차 피부감염환자도 많았고, 특히 호흡기 질환 환자가 가장 많았다.

대부분은 약으로 치료할 수 있는 질환들이었지만, 심각한 질환을 앓는 환자의 경우 내가 당장 해 줄 수 있는 것이 별로 없어서 매우 안타까웠다."

정 교수는 이번 봉사단이 발굴해낸 보물 중의 보물이었다. 지칠 줄 모르는 에너지로 봉사 기간 내내 아픈 어린아이들을 따뜻하게 보살피는 정 교수를 보고 모두 감동하였다. 이러한 주위의 칭찬에 대해 정작 본인은 처음 해 보는 해외 의료봉사여서 출발하기 2주 전부터 단단히 마음의 준비를 했다고 대답하였다.

내과 전공의로 참여한 정동식 선생 또한 열심히 봉사하였다. 정 선생은 현지에서 내과 환자 진료는 물론이고 간단한 외과적 처치도 필요한 경우 환자를 위해 마다하지 않았다. 그의 보고서 중 일부를 그대로 인용한다.

"예상했던 대로 이 지역에는 결핵, 피부병 등 열악한 집단거주지서 흔히 발생하는 질환을 앓는 환자가 많았다. 보건소를 통한 정부의 지원이 없는 것은 아니었지만 약값을 본인이 부담해야 하기에 비싼 약을 사 먹지 못해 병을 키워가는, 안타까운 빈민 환자도 많았다.

또한, 상처에 대한 이들의 관리는 너무나 부족하여 단순한 열상이 있는 아이를 내버려둔 결과 아이가 자라면서 그 상처 부위가 더욱 갈라져 큰 상처로 남아 있는 것을 보았을 땐 너무나 안타까웠다. 30~40여 분에 걸쳐 소독과 봉합으로 간신히 응급조치는 했지만 추후 관리가 필요한 아이였다."

 현지는 최전방과 같아서 일단 환자를 담당하게 되면 그 환자를 다른
의사에게 부탁하거나 미룰 수 없다. 자신의 손으로 치료를 해야 한다. 정
선생은 그 역할을 아낌없이 해내었다. 그게 가능하였던 것에 대해 누구
는 용기 때문이라고 하고 누구는 책임감 때문이라고 할 것이다. 용기든
책임감이든 하늘은 스스로 돕는 자를 돕는 법이다.

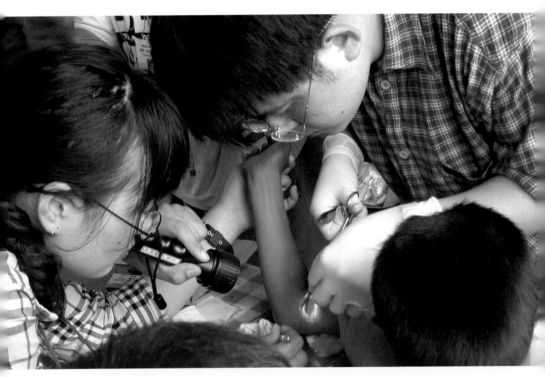

정동식 선생은 원주민 아이의 우측 팔에 생긴 피부 결손을 봉합해 주었다. 박
소연 간호사는 시술을 보조하였다. 박 간호사는 예지적인 능력을 받았나 보
다. 그녀는 우리 중에서 처음으로 "필리핀 해외 봉사를 1차로 규정하였고 앞
으로 2차, 3차로 계속 쭈~~욱 되어야 할 것"을 주장하였다.

봉사 7일 차 (8월 19일) 임시치료소로 사용하고 있는 라굼교회당으로 어린 아이들이 몰려왔다. 진료 대상이 될 아이들이 이렇게 많을 줄은 예상하지 못했다. 다음부터는 어린이 치료 약을 더 많이 준비해 와야겠다.

약국팀 이야기

한선희 약사는 우리 봉사단의 초대 약국장이다. 한소명 씨와 박주현 군이 약국팀으로 한 약사를 보조하였다. 소명 씨는 한 약사의 동생이고, 주현이는 한 약사의 아들로 초등학교 5학년이다. 사실 해외 의료봉사 지역에 초등학생인 자녀를 데려오기는 정말 쉽지 않은 일이다. 그런 힘든 일을 결정한 한 약사도 대단하고 함께 가겠다고 작정한 주현이도 대단하다.

주현이는 성격이 활발하여 다른 단원들과 친하게 지냈고 모든 단원으로부터 사랑을 받았다.

한 약사는 "주현이가 봉사에 참여한 이후로 많이 바뀌었다."라고 하였다. 가정생활과 학교생활 등 모든 면에 더욱 적극적인 성격이 되었다고 한다. 또래 아이들보다 더 성장하고 성숙했다고 할까.

봉사단에 초등학생들이 참가하면 여러 가지로 좋은 점이 있다. 우선 봉사 정신을 배우게 된다. 그로 인해 부모 세대가 가지고 있는 봉사 정신이 다음 세대로 전승된다. 또한, 실제 봉사를 하는 중에 협동심, 책임감 등 많은 것들을 배우게 된다. 더 중요한 것은, 주현이도 그러했던 것처럼 세상을 보는 눈이 생긴다. 어려운 형편에 처한 사람들도 보게 되어 자신을 새롭게 보는 눈도 생기게 된다.

첫 봉사 때부터 있었던 한 약사 가족 참여로 인하여 그것이 한 약사 개인에게는 흐뭇한 유산이 되었고 우리 봉사단으로서는 멋진 전통이 되었다.

한소명 단원은 남편 몫으로 해외 봉사에 참여하였다. 해외의료 봉사 자원을 한 사람은 남편이었는데 정작 참석은 그 아내가 하였다. 한 단원은 약국 접수를 담당했다. 통역자를 통해 기본적인 의사소통은 되었지만, 자신의 마음을 전달할 수가 없는 것이 제일 안타깝다고 했다. 한 소명 단원은 "최대한의 미소와 선한 웃음이 본인으로서는 할 수 있는 것의 전부"라고 겸손하게 말했지만 사실 그것만큼 현지 사역에서 중요한 것은 없다.

봉사단원 각각 다 바쁘고 힘들지만, 그 중에서도 한선희 약사(위 사진 우측)의 업무가 가장 고되다. 오전 진료를 통하여 발행된 그 많은 처방전을 일일이 확인하여 조제를 하다가 보면 더위와 피로로 이내 뻗기 일보직전이 된다. 다행히 lunch break가 있어서 숨통이 트인다. 그 길지 않은 휴식시간에도 한 약사는 생각이 많다. 약이 부족하지는 않은지, 약이 떨어지면 어떤 약으로 대체할지 등등이다. 그 와중에 열심히 일하고 있는 동생(아래 사진 좌측)과 아들(아래 사진 우측)에게로 눈길이 간다. 그들이 너무 고맙고 대견하기도 하다. 우리가 함께 일하는 이 고된 시간이 언젠가는 행복한 시간으로 기억될 것을 생각하면 피로는 벌써 저만치 물러가고 있다.

마을 잔치로 끝난 의료봉사

라굼 마을에서 잔치가 벌어졌다. 봉사 마지막 날 오전 진료를 끝으로 모든 의료봉사 일정이 끝났다. 교장 선생님은 진료받으러 온 모든 사람을 점심 식사에 초대하였다. 봉사단과 통역자까지 모두 잔칫집의 손님이 되었다.

잔칫상은 매우 조촐하였다. 무엇보다도 잔칫집 문턱이 낮아서 좋았다. 모든 사람이 환영을 받았다. 선물을 가져오지 않아도 아무 문제가 없어서 좋았다. 의복에 구애받지 않아서 좋았다. 밭에서 일하던 차림으로, 말을 타다 흙탕물이 튀어 바지가 진흙투성이어도 아무런 제재가 없었다.

당신은 이곳 사람이 아니니까 들어올 수 없다고 가로막는 사람은 없었다. 낙원이 있다면 아마 이런 곳이 아닐까?

잔치 끝에 멋진 행사가 있었다. 그동안 수고하였다고 떠나는 우리의 손에 쥐여 준 마음의 선물, 우리는 그것들을 결코 잊지 못한다. 그리고 고마워한다. 우리가 갖고 있었으나 잃어버렸던 것을 상기시켜 주어서 정말 고마웠다.

봉사 7일차 (8월 19일) 라굼 진료를 끝으로 의료봉사는 끝났다. 이날 라굼 주민이 잘 치료해 줘서 고맙다고 하며 윤준호 단원(중앙)에게 암탉 두 마리를 선물로 주고 갔다. 우리 모두 이 선물을 받고 그 마음 씀씀이로 인해 얼마나 기뻤는지 모른다.

첫 임무를 끝내고

8박 9일의 의료봉사가 끝났다. 봉사 단원 모두 건강하고 안전하게 귀국하였다. 봉사단원 중 단 한 사람도 현지에서 아파서 드러눕는 일이 없었다. 또한, 단 한 건의 안전사고도 없었다.

성공은 이것뿐만이 아니었다.

출발할 때 걱정한 것 중 하나는 봉사용 약품들이 필리핀 공항 세관을 아무런 어려움 없이 통관할 것인가 하는 것이었다. 많은 약을 가지고 갔기에 세관에서 문제가 생길 수밖에 없는 여건이었으나 가져간 약 모두 우리가 원하는 바대로 통과되었다.

현지에서 행하였던 간단한 수술과 약물 투여에 대한 특별한 부작용이 없었다. 이 모든 일이 다 감사할 일이었다. 하늘의 도움이 없었다면 이러한 성공은 결코 없었을 것이다.

봉사단은 큰 시험을 멋지게 통과하였다. 모두가 성취감이라는 상을 받았고 끈끈히 하나됨이란 선물도 받았다. 내년에도 봉사를 가자는 요구가 쏟아졌다!

광야에 심다

부성애를 깨닫다
(리짱, 중국/2004년)

—

　중국에 거주하고 있는 교포로부터 중국에서 의료봉사를 해 주면 좋겠다는 제안을 받게 되었다. 우리 봉사단은 만들어진 지 일 년밖에 되지 않은 신생단체인데도 봉사를 해 달라는 요청을 받게 되니 봉사단원들이 상당히 고무되었다. 더구나 공산주의 체제하에 있는 중국 국민을 위한 봉사여서 더욱더 기대감이 부풀었다. 그러나 의료봉사를 하다가 혹시라도 무엇인가 잘못되면 어떻게 하나라는 불안감도 없지 않았다.

　여러 가지 생각들이 많았지만, 필리핀 봉사를 통하여 얻게 된 기쁨과 성취감이 이미 마음속에 자리잡고 있었기에 그러한 두려움은 문제가 될 수 없었다. 우리에게 그곳으로 오라고 간곡하게 요청하고 있는데 어떻게 그것을 거절할 수 있겠는가. 집행부는 중국 의료봉사를 결정하였다.

　봉사지역인 룽싼샹(龍山鄉) 삼고촌(三古村)은 윈난성(雲南省) 리짱시(麗江市)에서 동쪽으로 약 32km 거리에 있다. 삼고촌은 높은 산지에 닦아 놓은 지방도로에 접하여 형성된 마을이었다. 평지를 구하지 못한 이들은 지방도로를 따라, 비탈의 경사가 많지 않은 쪽에 집을 짓고 살았다. 그

비탈지조차 얻지 못한 사람들은 도로 밑으로, 즉 산 밑으로 내려가 군데군데 집을 짓고 살았다. 도로에서 저들이 사는 집까지 작은 길이 나 있었으나 산길이라 좁고 또한 가파르기까지 하여 특별한 용무가 있지 않은 사람은 내려가고 싶은 생각이 별로 들지 않을 것 같았다.

마침 당국이 진료 봉사를 위해 사용하도록 내어준 건물 바로 옆에 여관이 있어 그 여관에서 숙식하기로 하였다. 그 여관은 도로에 인접하여 서 있는 중국 정통 건물이었다. 여관 건물이 산비탈 면에 서 있어서 집의 설계가 참 재미있었다. 앞마당에서 보면 분명 단층 건물인데 뒷마당에서 보면 이층 건물이었다.

위층은 앞마당 쪽으로 처마를 길게 뽑아내고 그 밑에 기둥을 세워 제법 넓고 긴 회랑을 만들어 놓았다. 그 회랑에 식탁을 차려서 앞마당의 개방감을 자연스럽게 느끼며 식사할 수 있도록 해 두었다. 회랑 안쪽에는 큰 방을 만들어 놓았는데 평상시에는 사용하지 않는 것 같았다. 위층에서 아래층으로 내려갈 때는 실외 계단을 이용하였다.

인상적인 의료봉사 안내 방문(榜文)

촌장은 동네 요지에 세워둔 게시판에 방문(榜文)을 써 놓아 우리 봉사를 안내해 주었다. 분필로 멋지게 써놓은 글을 번역하면 다음과 같다.

"좋은 소식,

마을 농민 여러분,

7월 13일 오후, 한국의 의료단체가 친히 우리 촌을 방문해서 무료진료봉사를 하게 됩니다. 이 일은 상급 정부 기관이 주관하여 빈곤 지역의 군중 건강을 위하는 구체적인 활동입니다. 많은 분이 오셔서 무료진료도받고 상담도 하시기 바랍니다. 두루 서로 알려 주시기 바랍니다.

삼고촌장"

윈난성(雲南省)에는 소수민족 중의 하나인 나시족이 많이 살고 있다.

원주민은 대부분 키가 작은 편이었다. 햇볕에 탄 짙은 갈색 피부를 가지고 있었다. 살이 적어서 그런지 뼈대의 돌출이 현저하여 야위어 보였다. 여자들은 그들이 입고 있는 전통적 복장으로 인하여 한눈에 나시족임을 알 수 있었다.

여자들 대부분이 등에 두꺼운 천으로 만든, 큰 앞치마 같은 것을 걸치고 다녔다. 그것은 티자 형태로, 위쪽에 넓은 천으로 만든 끈 두 개를 좌우에 각각 붙여놓았다. 그것을 등에 걸치고 좌우의 끈을 어깨너머 앞가슴에서 교차시킨 다음 우측 끈은 좌측 허리에서, 좌측 끈은 우측 허리에서 뒤로 넘어가 매듭을 지어 묶은 듯 보였다.

글쓴이는 처음에는 그것을 산지에 사는 그들이 물건을 등에 지고 다니기 위한 것으로 생각했다. 그런데 한 사람도 그것을 이용하여 물건을 등에 지고 다니지는 않았다. 아이를 업고 온 것을 두 번 보았는데 그것을 이용하여 아이를 업지 않았다. 젊은 여성들은 언뜻 보면 마치 공작 깃털을 연상하게 하는, 화려하게 꾸며진 것을 걸치고 다녔다. 나중에 구글에 검색해 보니 이는 "칠성피견이라는 어깨걸이 옷"이라는 설명이 있었다.

선거투표장에 차린 진료소

첫째 날(7월 13일)과 둘째 날(7월 14일) 진료는 면사무소의 별관에서 행하여졌다. 별관 안에는 큰 방이 하나, 그 옆에 작은 방이 있었는데 작은 방에는 여러 가지 물건들로 거의 차 있어서 큰 방만 임시진료소로 사용할 수 있었다. 큰 방 한쪽 벽면 붉은색 종이 위에 검은색 먹물로 '용산향 삼고지부 차기 선거대회'라는 한자어가 큼직하게 쓰여 있는 것으로 보아 이 방이 선거장으로도 쓰이는 것 같았다.

큰 방이라고 해도 세 과가 사용하기에는 좁아 보였다. 약국의 용도로 쓸 마땅한 공간이 없었기에 어쩔 수 없이 약국도 한 방에 차려야 했다. 접수처는 당연히 건물 밖에 두었다. 다행히도 건물 외벽에 따라 양철판으로 차양을 멀리 달아서 그 아래를 회랑처럼 사용하고 있었기에 접수 공간은 어느 정도 확보되었다.

큰 방은 가로가 길어, 세로보다 거의 네 배가 되어 보였다. 입구로 들어가서 마주 보이는 벽면 쪽으로 소아과, 외과, 내과 진료 책상과 약국의 조제 책상을 놓았다. 그리고 그 반대편 벽면을 따라 장의자를 놓아 환자들이 대기하도록 하였다.

촌장이 "좋은 소식(好消息)"이라며 많이 알려 준 까닭인지 환자들이 몰려왔다. 환자들은 대부분 어른이었고 남자들 또한 적지 않았다. 오히려 어린이들이 거의 없는 것이 다소 의아스러웠다.

환자들이 몰려들자 이내 진료소는 시장통처럼 소란스러워졌다. 환자들이 떠들어서가 아니라 한 방안에 세 개의 과와 약국이 모여 있어서 환자와 의사, 통역자 사이에 소통하는 대화가 서로 섞였기 때문이었다. 제대로 진료하기가 쉽지 않은 상황이 지속하였음에도 불구하고 모두 짜증 내지 않고 진료에 임해 주었다. 봉사하러 왔기에 이 모든 불편함을 기꺼이 감수하는 것이다.

원주민 여성, 여의사에게 진료받다

부인과 환자들은 별도의 건물에서 진료받을 수 있게 되어 다행이었다. 진료소가 있는 건물 앞, 길 건너편에 면사무소 건물이 있는데 그 건물 안에 있는 방 한 개를 부인과 진료를 위해 지원받았다. 진료소가 면사무소의 별관에 개설되었다면 부인과 진료실은 본관에 차린 셈이었다.

면사무소 정문 좌측에 부과(婦科)라고 쓴 종이를 붙여 놓아 부인과 진료소
가 있음을 알렸다. 전통 복장을 한 나시족 여성들이 부인과 진료를 받기 위
해 많이 찾아왔다. 나시족 여성들에게 전통 복장은 일상복이었다.

목에 걸고 있는 진찰권만 없다면 그 누구도 이들이 진찰을 받으려고 대기하고 있다는 것을 알아채지 못했을 것이다. 아마도 이들은 태어나서 처음으로 부인과 진찰을 받았을 것이다. 진찰실 앞에서 기다리고 있는 이들의 모습은 마치 어린이날 선물을 받을 것을 기대하는 모습처럼 보인다.

이들 원주민 여성들을 진료하기 위하여 여의사가 찾아왔다. 평소 의료 봉사를 하고 싶은 마음이 있었으나 기회를 얻지 못했던 송근아 산부인과 전문의가 첫 해외 의료봉사로 이곳에 왔다.

멀리서 찾아온 환자들이었지만 투약 경과를 보아야 하였기에 다음날 한 번 더 오라고 할 수밖에 없었는데 다음날 내원한 환자를 보고 송근아

의사는 놀랐다고 한다. 평소 항생제에 노출된 약물력이 없어서인지 하루 투약으로 병소가 너무 많이 호전되었기 때문이었다.

어떤 환자는 수십 년 가지고 있었던 혹을 깨끗이 제거하고 얼마나 좋아했는지 모른다고 했다. 그 전에 부인과 전문의에게 한 번이라도 진찰을 받았으면 그 고통에서 해방되었을 터인데 그 한 번의 만남이 없어서 수십 년 동안 고통받고 있었다.

송근아 전문의는 봉사 정신이 몸에 밴 의사이다. 6~7년 후 이태석 신부가 남수단의 톤즈에 세웠던 진료소를 찾아갔다. 가난하고 아픈 자들을 섬겼던 이태석 신부의 삶의 궤적을 따라가 본 것이리라. 송 의사는 석 달 정도 봉사하고 거기서 나올 수밖에 없었다. 더 봉사하고 싶었지만, 말라리아 증세가 심해서 몸을 가누기 힘들었기 때문이었다.

아픈 사람을 낫게 하는 것은 보람 있는 일이다. 가난한 사람을 돕는 것은 귀한 일이다. 가난하고 아픈 사람을 무료로 치료해 주는 일은 하늘의 상을 쌓아두는 일일 것이다.

송근아 전문의(좌)와 김미림 간호사(우)는 한 조가 되어 부인과 진료를 하였
다. 환자는 정맥 주사를 처음으로 맞는 듯 잔뜩 긴장하였다.

눈물겨운 텐자이예 이야기

우리가 2004년에 있었던 그 오지에서의 봉사를 지금도 잊을 수 없는 것
은 진료 중에 만난 원주민 텐자이예(全在乂) 때문이다. 그는 여섯 살 된 아
들을 키우는 40대 중반으로 보이는 홀아비였다. 부인은 생계를 유지하기
위하여 돈 벌러 나갔다가 그 길로 연락도 없고 돌아오지 않았다고 한다.

진료 둘째 날에, 그는 혼자 진료를 받으러 왔다. 아니 우리 의료팀이
자신의 집으로 가서 아들을 진찰해 달라고 부탁하러 왔다. 내용인즉 아
들은 장애가 심하고 자신 외에는 다른 사람의 낯을 가려서 진료를 받으
러 올 수 없으니 대신 집으로 가서 아이를 진찰해 달라는 것이었다.

가서 봐 주고는 싶지만, 그 사람이 사는 곳이 우리의 진료소로부터 상당히 멀리 떨어져 있었을 뿐 아니라 가는 길이 험해서 평소 산길에 익숙하지 않은 사람들은 가기가 힘든 곳이라고 하였다. 또한, 진료소에 모여든 사람들을 진료하기도 바쁜데 진찰 중인 의사 한 사람을 빼내는 것은 전체 진료 봉사일정에 차질을 가져오는 것이었다.

그래서 이러한 우리들의 사정을 자세히 설명하고 진료소로 아이를 데려오면 좋겠다고 하였다. 그런데 텐자이예의 반응이 자못 심각하였다. 아이를 데려오면 치료해서 낫게 해 줄 수 있느냐는 것이었다. 참 당돌하고 어이없는 질문이었지만 너무나 심각하고 진지하게 말하였기에 우리 역시 심각해지지 않을 수 없었다. 우리는 우리가 고칠 수 있는 병이면 최선을 다하여 치료해 주겠다고 하면서 아이를 데려오면 좋겠다고 하였다. 그는 반신반의하면서 돌아갔다.

그런데 그날 오후 진료를 거의 마칠 때쯤 그는 땀을 뻘뻘 흘리며 아이를 등에 업고 진료소에 나타났다. 등에 업힌 그 아이는 진료소에 있는 모든 사람의 시선을 끌었다. 우리는 텐자이예가 왜 자기 아들을 이곳으로 데려오기를 원하지 않았는지 금방 이해할 수 있었다.

지금도 그 아이의 생김새가 잊히지 않는다. 모두 그 아이가 사람일까 하는 의문이 들 정도로 아이의 모습은 짐승에 가까웠다. 이렇게 무례한 표현을 하는 것을 용서해 주기 바란다. 처음에 보았을 때 그런 느낌을 들었다고 말하는 것이 나의 솔직한 마음이다.

아이는 아버지의 등에 착 달라붙어 떨어지지 않으려고 하였다. 선천성 소두증과 신체발달장애를 가지고 있었고 말을 할 줄 몰랐다. 지능 장애가 있었고 피부에는 심한 전신 피부병이라고 생각할 만큼 무엇인가가 잔뜩 나 있었는데 나중에 보니 그것은 그동안 아이를 목욕시키지 않아서 그렇게 보인 것으로 판명되었다. 손톱은 한 번도 깎은 것 같지 않아 보였다.

아버지의 등에서 아이는 계속해서 울었다. 울음소리, 그 울음소리는 사람의 울음소리라기보다는 짐승의 울음소리처럼 들렸다. 그 아이는 갑자기 자신이 처음 보게 된 주위 환경과 처음 보는 그 모든 사람을 두려워했다. 아마도 태어나서 이제껏 아버지 외에는 다른 사람을 본 적이 없는 것 같았다. 이제 텐자이예가 아들을 데려오지 않으려고 한 이유는 분명하였으며 충분하였다. 우리는 모두 정말 미안하였고 우선 할 말이 없었다.

진찰보다 더 시급한 것은 아이를 목욕시키는 것이었다. 처음에는 피부병으로 생각하고 피부를 소독하면서 살펴보니 다행히 피부병이 아니라 그동안 목욕을 시키지 않아서 때가 달라붙어 있는 것으로 판단되었기 때문이다.

따뜻한 물을 채운 통에 들어가기를 겁내며 울어대던 아이를 텐자이예가 달래고 또 달래서 마침내 물속에 넣었다. 따뜻한 물이 주는 좋은 느낌 때문인지는 모르지만 이내 아이는 울기를 그쳤다. 윤은수 간호사가 자신의 몸을 씻겨 주자 밀어 내치던 것도 수그러들었다. 아니 잠잠해졌다. 몸을 씻어 주는 그 손길, 지금은 도저히 기억나지는 않지만 언젠가 자신이 태어났을 때 엄마가 자신의 몸을 씻겨 주던 그때가 불현듯 되살아나서 그런가, 아이는 웃는 듯하였다.

성공적인 목욕을 마친 후 손톱을 깎아주고 머리와 몸에 피부약을 발라주고 상당한 기간 먹을 수 있는 양의 어린이 영양제를 주었다. 텐자이예는 아이가 기대 이상의 치료를 받았다고 확신하였는지 연신 우리에게 흡족한 얼굴로 미소를 지으며 감사하다는 말을 여러 번 하였다. 모든 조치가 끝나자 그는 아이를 익숙하게 등에 업었다. 그리고 다시 한 번 우리에게 고맙다는 인사를 하고 집으로 돌아갔다.

우리는 그 아이의 병을 낫게 해주었는가?

물론, 그렇게 해 주지 못하였다. 그 아이는 선천성 소두증(小頭症)을 가지고 태어났으며 이미 엄마 자궁 속에서 있을 때부터 문제가 있었다고 보아야 할 것이다. 비가역적인 뇌장애가 발생한 상태이기에 설혹 전문 병원에 데려가더라도 완치시킬 수는 없다.

우리는 그 아이의 병을 낫게 해주지 못하였지만 텐자이예는 그것에 대해 언급하지 않았다. 윤 간호사가 아들의 몸을 씻길 때, 아들의 얼굴에서 웃음을 확인한 순간 그는 자신이 우리에게 했던 그 질문조차 잊어버렸는지도 모른다.

텐자이예는 아이에게는 목욕이 필요하다는 가장 기본적인 육아법조차 모르는 아버지였으나 내 평생에 그러한 부성애(父性愛)를 가진 사람을 본 적이 없었다. 아니, 그렇지 않다. 내가 방금 한 말은 결코 사실이 아니다. 그 말은 내가 텐자이예가 몸소 보여주었던 바로 그러한 부성애를 받고 자란 사람이라는 것을 미처 깨닫지 못했다는 말에 불과하다.

텐자이예는 우리가 그동안 가지고 있었던 아버지에 대한 섭섭한 마음, 즉 아버지의 사랑을 받아 본 적이 없다는 부성애 결핍감은 오해에서 기인한 것임을 증명해 주었다. 아버지의 그 과묵한 사랑을 인지하지 못한 우리의 미성숙함이 문제였다.

텐자이예는 우리가 가지고 있던 아버지에 대한 그 모든 의구심을 깨끗하게 치료해 주었다.

이 순간 고백할 말이 있다.

"아버지, 사랑합니다.

저를 낳으시고, 기르시고, 이러한 사람으로 키워주셔서 고맙습니다."

산 밑에 사는 사람들 방문하다

셋째 날 오전 진료를 끝으로 진료 봉사는 끝났다. 남은 일정은 오후 반나절을 이용하여 산 밑에서 어렵게 살아가는 세 가정을 방문하여 가정 상비약과 준비한 선물을 주는 것이었다.

잘 포장된 지방도로를 따라 걸어갔다. 한참 걸어간 후에 산 밑으로 내려가는 길에 접어들었다. 길은 군데군데 가파른 부분도 있었지만, 그런대로 내려갈 수는 있었다. 방문할 집이 보이는 곳에 도달했을 때 약간의 어려움이 있었다. 길이 상당히 험하여 누군가 손을 잡아야 안전하게 건널 수 있는 협로를 만났기 때문이었다.

그런데 나중에 놀란 것은 우리가 첫 번째 방문한 집에 할머니, 삼십 대 후반의 부부, 자녀들이 살고 있었는데 부인은 한쪽 다리가 불편하여 목발을 사용하고 있었다. 저 목발로는 우리가 지나온 저 험로를 도저히 지나갈 수 없을 텐데 어떻게 했을까 의문이 생겼다.

두 번째 방문한 집은 치매가 심한 어머니를 모시고 사는 부부의 집이었다. 자녀가 없는지 아이들은 보이지 않았다. 산 밑의 삶은 산 위의 삶과 다를 바가 없었다. 단지 차이가 있다면 좀 더 소박하다는 것이었다. 달리 표현하면 더 불편한 것처럼 보였다. 부엌이 더욱 그러하였다.

봉사단은 산 밑에 사는 원주민 가정을 방문하였다. 그 가정에서는 아들이 치매가 심한 노모를 모시고 살고 있었다. 봉사단을 대표하여 송근아 선생이 선물을 그 아들에게 주었다. 아들은 선물을 받고 모두에게 감사를 표하였다.

삼고촌에는 촌락에서 떨어진, 외진 곳에 사는 사람들도 많았다. 이들 대부분은 산 밑에서 살고 있었다. 마을을 관통하는 도로에서 그리 멀리 떨어지지 않은 곳에 집들이 있었다. 그러나 산 밑으로 한참 내려가야 하는 곳에도 집들이 군데군데 있었다.

외과 의사의 봉사 참여기

의료봉사단에 외과 의사가 참여하면 내과 의사는 한층 마음이 놓인다. 아니 든든하다. 외상 등으로 인한 출혈 환자가 오면 응급처치를 더 잘 할 수 있기 때문이다. 외과 전공인 김민찬 교수(동아의대)는 "작년에 사역 초청을 받았으나 여러 사정으로 인하여 참여하지 못해 죄송스러웠는데 그것에 대해 속죄하는(?) 마음으로 올해 봉사에 참여하였다."고 하였다.

김 교수는 진료 봉사에 대한 체험을 글쓴이에게 들려주었다. "몇 명의 치질 환자들에게 따뜻한 물로 항문을 잘 씻고 처방한 치질 연고를 바를 것을 교육하였는데 그것이 이들에게 얼마나 비현실적인 처방이었는지는 직접 이들이 사는 집을 방문하고 나서야 알게 되었다. 집 안의 거실, 침실 모두 신을 신고 생활하게 되어있었는데 방바닥은 흙으로 되어있었고 욕실은 어디에도 없었다. 나무 침대가 방마다 있었는데 그 위에 놓여 있는 이불은 세탁을 안 한 지 족히 2~3년은 되어 보였다. 이런 상황인데 내가 낸 처방이 이들에게 얼마나 황당한 처방이었을까 하는 생각이 들어 가슴이 답답했다."

이어서 김 교수는 "가난의 대물림을 운명으로 받아들이며 평생을 이렇게 사는 나시족들이 너무 불쌍하다."라고 안타까움을 토로하였다. "우리들의 봉사가 이들에게 희망의 빛을 비추는 시발점이 되기를 바라는 마음이 생겼다."라고 하였다.

김민찬 교수는 통역자가 전해 주는 환자의 증세를 진료부에 상세하게 적었다. 환자의 증세를 듣고 있노라면 환자가 살았던 삶의 무게가 자신에게 전해져 무거움을 느끼게 된다. 병의 치료는 공감하는 것에서부터 시작되는지도 모른다.

김 교수는 봉사에 대한 소감으로 "그동안 봉사하고픈 마음은 있었는데 이번에 봉사를 실제로 해 보니 해외 의료봉사에 대한 개념을 정립하는 데 도움이 되었다."고 하였다. 그리고 "크고 작은 어려움과 아픔에도 불구하고 헌신하는 봉사단원의 모습에 감동하였다."라고 하였다.

그렇다. 봉사단원 개개인에게 여유가 있고 모든 것이 다 갖추어져 있어서 남을 돕는 것이 아니다. "크고 작은 어려움과 아픔"이라는 김 교수의 표현이 이곳 삼고촌의 나시족을 섬기려고 온 봉사단원이 어떠한 사람들인가를 가장 잘 설명하는 말로 글쓴이의 가슴에 남는다.

이어지는 모자(母子) 참여 전통

지난해에 있었던 필리핀 의료봉사에 이어 이번 봉사에도 모자가 참여하였다. 김미립 간호사(동아대병원)와 함께 참여한 열한 살, 초등학교 4학년 백승엽 군이 그 주인공이다.

김 간호사는 당시 내과 병동 주임 간호사였는데 글쓴이의 부탁을 받고 선뜻 우리 봉사단에 지원하였다. 김 간호사는 그 이후 2006년 캄보디아 봉사에도 참여하였다. 또한, 2017년 글쓴이와 함께 타 의료봉사팀에 속하여 필리핀에서 의료봉사도 하였다. 김 간호사의 참여로 글쓴이가 얼마나 많은 힘을 얻었는지 모른다.

승엽 군은 여름방학을 맞이하여 놀러갈 곳도 많은데 이렇게 오지에 와서 고생을 체험하게 되었다. 사실 아이들은 우리가 얼마나 잘살고 있는가(경제적으로 얼마나 윤택한가)를 모른다. 이곳에 와서 경제적으로 어려운 사람들의 모습을 보게 되므로 자신의 유복함을 체험하게 된다. 이로써 남을 돕겠다는 마음이 생기게 된다. 아이들에게는 해외 의료봉사가 바로 체험 학습장이 되는 셈이다.

봉사 후 승엽 군에게 달라진 것이 있었다. 감사하는 마음이 생겼다. 자신을 낳아 준 부모님에게도 감사하고, 자신을 가르쳐 준 선생님에게도 감사하였다. 그 전에는 감사하는 마음이 없었는데 이제는 그 모든 것이 다 감사하였다.

삼고촌 봉사는 순탄하게 잘 마무리되었다고 자평할 수 있다. 처음 봉사 제안을 받았을 때 생각했던 우려스러운 일은 발생하지 않았다. 봉사하는 곳이 오지였기 때문인지, 혹은 봉사단을 초대한 분이 일을 잘 처리해 준 까닭인지 우리의 사역을 방해하거나 억압하는 일들이 생기지 않았다.

우리 봉사단은 이제 겨우 두 번 사역하였음에도 불구하고 단장이 보기에는 우리 단원 모두가 베테랑처럼 보였다. 정말 이들이 자랑스러웠다.

2부

———

낙원을 꿈꾸다
(2006년~2011년)

보석의 땅을 찾아가다
(파이린, 캄보디아/2006년)

———

우리 봉사단은 2005년 여름 사역을 하지 못했다. 글쓴이가 2004년 8월 부터 2005년 7월까지 일 년간 미국에서 연구년을 보냈기 때문이었다. 봉사를 한 번 빠진 것 때문인지 봉사에 대한 단원들의 열망은 매우 고조되어 있었다. 그래서 통상적인 봉사 기간인 8월까지 기다릴 수가 없었다. 우리는 설날 연휴 기간을 이용하여 봉사하기로 하였다. 그래서 결정된 것이 캄보디아 의료봉사이다.

의료봉사는 2006년 2월 7일부터 2월 15일까지 캄보디아 파이린(Pailin)에서 행해졌다. 파이린은 행정적으로는 파이린 주에 속한 시(市)로 주도(州都)이다. 캄보디아 수도 프놈펜에서 북서쪽으로 약 367km 거리에 있다. 파이린 주는 태국과 국경을 면하고 있다. 파이린 시에서 서쪽에 있는 국경검문소까지의 거리는 약 25km이다. 태국의 수도 방콕에서 국경검문소까지의 거리는 약 317km이다.

봉사단은 부산 김해공항에서 대한항공편으로 태국 방콕까지 이동하였다. 방콕에서 전세버스를 타고 국경검문소로 이동하였다. 입국 절차를 밟고 나서 트럭을 타고 파이린 시로 이동하였다. 방콕까지는 비행기로 약 4시간, 방콕에서 국경검문소까지는 차로 4시간 반 걸리지만, 운전기사가 국경검문소 가는 길을 제대로 찾지 못해 한 시간 이상 지체되었다.

Kingdom of Cambodia

캄보디아는 "살육의 땅(killing field)"이라는 별명 아닌 별명을 가지고 있었다. 폴포트 정권이 자행한 반문명적이고 반인륜적인 무자비한 대량학살로 인하여 캄보디아 전 국토가 피로 얼룩진 바 있다.

자기 국민 육십만(혹은 백칠십만)을 죽인 폴포트 정부는 오래 갈 수 없었다. 크메르루주의 장교였으나 베트남에 망명했던 헹 삼린을 앞세워 베트남은 크메르루주가 세운 민주 캄포치아를 침공하였다. 미군과도 싸워 이긴 베트남군의 공격을 크메르루주군은 막아 낼 수 없었다. 크메르루주군은 후퇴를 거듭하다가 태국 국경에 가까운 밀림 지역까지 쫓겨났다. 크메르루주는 그곳을 거점으로 삼아 게릴라전으로 삼린 정부의 군대와 싸움을 지속하였다. 그곳이 바로 지금의 파이린 주 지역이다.

폴포트 정권의 권력서열 세 번째이자 민주 캄포치아의 외무장관을 했던 이앙 사리가 크메르루주군의 지도자였다. 크메르루주군은 중국군의 지원을 받아 베트남군의 지원을 받는 삼린 정부군과 지루한 전쟁을 이어갔다. 1979년 UN 중재 하에 내전의 당사자들은 서로가 통일

전쟁이라고 주장했던 내전을 끝내고 캄보디아 왕국을 재건국하는 데 합의하였다.

역사는 참으로 역설적이다. 국왕으로 추대된 시아누크 왕은 이앙 사리를 사면하고 크메르루주군 점령지역이었던 파이린을 특별자치구로 지정하여 그가 종신토록 그곳을 통치할 수 있게 해주었다.

평온했던 마을에 난입한 크메르루주군에 의하여 몰살당한 원주민의 뼈가 무수히 묻혀 있는 그 땅, 빼앗은 땅을 빼앗기지 않으려는 자와 그 땅을 점령하려는 자들이 지뢰를 요소요소에 헤아릴 수 없을 정도로 심어놓았던 그 땅, 파이린에 들어가려고 우리는 태국 국경을 넘었다.

'Kingdom of Cambodia'

검문소에서 여권에 찍어 준 stamp에 뚜렷이 인쇄된 캄보디아의 공식 이름이다. 국기 한가운데 있는 문양은 앙코르와트. 그 웅장한 사원을 세웠던 왕국의 전통이 지금도 계승되고 있는 나라. 그렇다. 그 stamp는 캄보디아가 왕국이라는 사실을 자연스럽게 상기시켜 주었다.

캄보디아 입국시 국경에서 받은 비자. 당해 연도 것이 없어서 2012년 비자
로 대체하였다.

우리 봉사단 일행은 입국 절차를 마치고 대기하고 있던 세 대의 트럭에
올라탔다. 트럭은 짐과 함께 우리 봉사단원을 싣고 먼지를 풀풀 날리며,
여기저기 움푹 팬 비포장도로 위를 달렸다. 누군가 손수건을 꺼내 코로
먼지가 들어오는 것을 막았다.

국경 지역의 건물과 주위 환경은 방금 거쳐 왔던 태국의 그것들과는
너무 달라서 금방 비교가 되었다. 프랑스 유학 중 공산주의에 눈을 뜬
후, 귀국하여 마오이즘으로 정신무장을 하고 자신이 태어난 땅에 공산사
회를 건설하고자 했던 폴포트 정권의 실력자들, 그들이 파이린 땅을 손
에 넣은 지 27년이 되었으나 이방인이 보기에 그들의 해방구는 변방 중
의 변방이었다.

mine, mine, mine

파이린이라고 발음되는 캄보디아어를 우리말로 번역하면 '보석'이다. 과거에 루비광산(ruby mine)이 발견되어 도시 전체가 한창 잘나가던 적이 있었다고 한다. 지금은 예전 같지 않다고 한다. 광산을 곁에 둔 탓에 루비를 좋은 가격으로 살 수 있다.

봉사단의 숙소는 뜻밖에도 호텔이었다. Hang Meas Pailin Hotel은 50명 정도 묵을 수 있는 규모인데 광산에서 루비 원석이 신나게 발굴될 때 세워졌다고 한다. 대규모 봉사단의 숙식을 한꺼번에 해결하려면 호텔 외에는 마땅한 장소가 없을 것이다. 다행히 하루 숙박비가 2인 1실 기준으로 한 사람당 미화 10불이어서 봉사단의 호텔 숙박이 부담되지는 않았다. 우리는 과거의 활황과 현재의 불황을 동시에 감사했다.

영어 단어 'mine'이 가장 많이 사용되는 경우는 아마도 '내 것'이라는 의미로 쓰일 때일 것이다. 노다지를 발견하면, 먼저 본 사람이 임자이기에, "mine!" 하고 외치면 자기 것이 되는 세상이 있었나 보다. 그랬기에 광산도, 갱도도 mine으로 표기하지 않았을까.

'mine'은 지뢰 혹은 기뢰로도 번역된다. 파이린에서는 캄보디아 내전 때 묻어 놓은 지뢰를 유엔 소속의 지뢰 제거 팀이 발굴하는 현장을 쉽게 볼 수 있다. 또한, 차를 타고 가다 보면 철조망이 처져 있고 지뢰 지역임을 알려주는 경고 표가 붙어 있는 지역도 자주 지나치게 된다.

UN 보고에 의하면 캄보디아에서 지뢰가 가장 많이 묻힌 곳도 이곳이
요, 지뢰 사고로 장애인이 가장 많은 곳도 이곳이라고 한다. 하루빨리 다
발굴하여 특히 가난한 사람들이나 아이들이 다치는 불상사가 더는 없어
야 하겠다.

파이린 병원에서 진료소를 열다

봉사단은 파이린 병원의 건물 한 동을 통째로 사용하도록 허락받았다.
그 건물은 본관 좌측에 연결된 것으로 기역자 모양으로 생겼다. 건물은
최근 내·외벽을 새롭게 칠했는지 신축 건물처럼 깨끗하였다.

파이린 병원은 정말 부러울 정도로 넓은 대지를 차지하고 있었다. 정
문으로 들어가면 좌측과 우측에 큰 주택 세 채가 각각 멀리서 서로 마주
보고 있다. 이들의 도열을 지나 더 걸어가면 정면에 본관 건물이 나온다.
그 옆으로 봉사단이 사용할 신축 건물이 이어져 있다. 주택처럼 보이는
집은 검사실 등으로 사용하고 있다고 한다. 구내에 세워진 건물들 뒤로
제법 넓은 공터가 확보되어 있고 그 끝에 담이 연결되어 큰 사각형이 완
성되어 있었다.

위에서 보면 중앙에 한없이 넓은 공간을 남겨 두고 그 가장자리에 병
원 건물들이 서 있는 모양이 될 것이다. 왜 병원은 이렇게 넓은 면적을
차지하고 있으며 왜 중앙에는 여지를 남겨 놓았을까?

파이린 병원 본관 건물 중앙 출입문 위에 붙어 있는 간판에는 병원 이름과 함께 적십자가 그려져 있었다. 이로 인해 잘 모르는 사람은 적십자 병원으로 착각할 수도 있을 것 같았다. 병원 정문에서 제법 걸어와야 본관에 다다를 수 있을 정도로 중앙은 비어 있었는데 이는 마치 군부대의 연병장을 연상시켰다.

때는 1983년 초여름, 장소는 전방 육군 00사단 00연대 본부. 의무중대장이었던 김덕규 대위는 선임하사의 긴급한 보고를 듣고 긴장하지 않을 수 없었다. 군의(軍醫) 훈련을 마치고 대위 임관 후 이곳에 부임한 지 몇 달 되지 않은 초임 군의관에게는 너무나 엄청난 사건 발생이 보고된 탓이었다.

전방 경계에 방해가 되는 수풀을 제거하는 작전에 투입된 부대에서 대전차 지뢰로 추정되는 폭발 사고로 인하여 수명의 장교와 사병이 사상하였다는 보고였다. 지휘하던 중대장은 현장에서 사망하고 이십여 명의 부상병들이 의무중대로 이송되고 있었다.

얼마 지나지 않아서 연대 본부 의무실 앞 그리 넓지 않은 연병장은 이내 혼잡해졌다.
부상병과 위생병, 이송된 병사들과 이송 차량들로 뒤섞였다.

경상자와 중상자를 분류하였다. 경상자들을 연대 의무실에 입실 조치하였고 중상자들을 다시 사단 의무대로 후송하였다. 그중 한 명은 큰 부상이어서 사단 의무대에서도 치료가 어려운 상태였다.

연대 군의관은 부상병을 사단 의무대로 후송하면 자신의 임무는 끝난다. 그런데 군의관 김 대위는 중상환자를 직접 후송병원까지 데리고 가겠다고 자원하였다. 사단 의무대장은 이를 허락하였고 군의관 김 대위는 중상자를 헬기에 태워 제51 후송병원으로 데리고 갔다.

크메르루주군은 파이린 산지와 밀림을 지형지물로 이용하여 전쟁 경험이 많은 베트남군의 지원을 받는 삼린 정부군의 공격을 겨우 막아내고 있었다. 화력 또한 정부군보다 열세였다. 크메르루주군은 중국군이 지원한 무기로 무장되어 있었지만, 정부군은 베트남 종전 시 미군이 남겨 놓고 간 무기들을 베트남으로부터 지원받았기 때문이다.

전투가 치열해질수록 크메르루주군에서 더 많은 사상자가 나왔다. 부상자들은 전선에서 후방으로, 중상자들은 후송병원으로 후송되었다. 후송병원의 연병장이 넓어야 하는 이유는 하나다. 전선에서 중상자들이 끊임없이 후송되기 때문이다. 그 넓은 연병장에 세워진 무수한 야전 막사들은 이내 중상자들로 가득 채워진다. 야전 막사가 바로 수술실이고 병실이다. 삽시간에 그 넓었던 연병장은 삶과 죽음이 종이 한 장을 사이에 두고 서로 당기는 곳이 된다. 캄보디아 내전 당시 파이린 병원의 열린 공간이 바로 이런 모습이지 않았을까 하고 상상해 본다.

우리는 진료소로 사용하도록 허가받은 건물의 각 방들을 청소부터 하였다. 건물이 준공된 이후 한 번도 사용한 적이 없었던 것 같았다. 비로 쓸고 먼지를 털어내고 물걸레질을 하였다. 모두 땀을 흘린 보람이 있어 이내 방치되었던 병실들이 쓸모 있는 진료소로 변하였다.

진료에 필요한 책상과 의자, 침상 등을 요청하였더니 병원 측에서 제공하여 주었다. 내어준 것들은 하나같이 낡은 것들이었으나 우리로서는 감지덕지해서 감사하게 받아 잘 사용하였다.

그 사이 사람들이 어떻게 소문을 들었는지 병원 구내 마당에 많이 모였다. 번호표를 나누어주고 접수를 시작하였다. 이 땅 파이린에서 의료봉사가 마침내 시작된 것이다.

암울한 시대도 역사 속으로 사라졌고 세월이 제법 흘렀지만, 내전의 상흔이 아직도 남아있었다. 발목지뢰로 인하여 발이 절단된 어른들이 간혹 눈에 띄었다. 놀라운 것은 발이 절단된 어린아이들도 여러 눈에 보였던 것이었다. 이들은 물론 내전 중에 부상당한 것은 아니었고 종전된 이후 아이들이 미확인 지뢰 지역에 모르고 놀러 들어갔다가 변을 당한 것이었다.

파이린은 앞서 말한 것처럼 폴포트 정권의 실력자였던 이앙 사리의 왕국이었다. 여기에 진료를 받으러 온 어른 중에는 크메르루주에 속하여 살인을 직접 지시한 사람이나 혹은 지시를 받고 살인을 실행한 사람들도 있을지 모른다. 치료를 받기 위해 온 어린아이 중에는 그 살인자들의 후손도 있을 수 있을 것이다.

그들은 정말 그들의 잘못에 대해 용서를 구했을까?

글쓴이는 관련된 그 모든 사람이 다 용서를 구하였을 것으로 생각하지는 않는다. 그 사람 중에서 누구는 용서를 구했고 누구는 구하지 않았다는 것을 현실적으로 구분할 수 없다. 사실 실제로 구분해야 할 필요성도 느낄 수 없다.

설령 구분해낸다고 하자. 아프다고 온 그들을 돌려보낼 것인가? 그럴 수는 없다. 그들이 (혹은 그들의 부모 세대가) 무엇을 어떻게 하였든지 그들은 우리에게 치료받기 위해 찾아왔다. 우리는 그들이 누구인가와는 관계없이 아픈 사람들을 치료하기 위하여 이곳에 찾아왔다. 이 진료소는 그 만남의 접합점이다. 우리가 어느 한정된 사람을 치료하려 하였다면 애초부터 이곳에 오려고 하지 않았을 것이다. 우리는 우리를 필요로 하는 사람이 있기에 이곳에 온 것이다.

흔히들 상대방이 용서를 구해야 비로소 용서할 수 있다고 생각한다.

그것이 용서임은 틀림없지만 온전한 용서, 아니 용서 그 자체는 아니다. 상대방의 사죄 의사 표현 여부와 관계없이 상대방을 용서하는 것이 진정한 용서이다.

죽음과 증오의 땅이었던 곳이 점차 생명과 사랑의 땅으로 복원되어가고 있다는 것을 느낀다. 아니 그렇게 보고 있다. 우리가 오기 전부터 그 복원은 시작되고 있었다. 우리가 그 복원에 도움이 되었으면 참 좋겠다. 모든 것을 뛰어넘는 사랑만이 파이린의 아픔을 치유할 수 있다는 깨달음을 이곳 주민들도 언젠가는 얻게 될 것으로 굳게 믿는다.

치과 진료 시작하다

의료봉사단이 창단되고 세 번째 사역 만에 경사가 났다. 치과 진료를 개시하게 되었기 때문이다. 치과 팀장인 이은주 치과 원장은 "1차부터 함께 가려고 하였다. 여러 가지 사정이 여의치 않아 합류하지 못했는데 드디어 오게 되어 참 감사하다."라고 한다. 개업의의 경우 이처럼 봉사를 위하여 따로 시간을 내기가 정말 쉽지 않다. 휴가를 대신하여 봉사에 참여하기로 한 그 결단을 우리는 오랫동안 기억할 것이다.

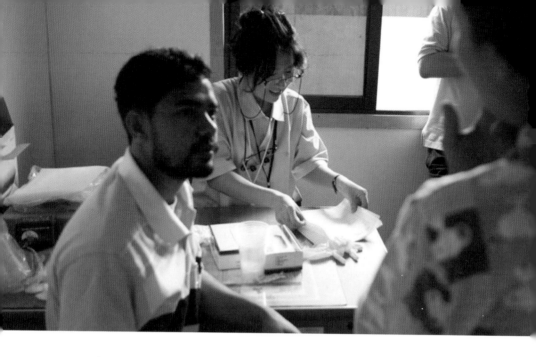

이은주 치과 원장이 참여했다는 것은 봉사단에 치과팀이라는 새로운 진료과가 하나 더 생겼다는 것 이상의 의미를 가진다. 의료봉사단은 크게 세 범주로 나눌 수 있다. 흔히 major과라고 부르는 내과, 외과, 산부인과, 소아청소년과 의사가 핵심이 되는 봉사단이 있다. 이를 A 범주라하자. 우리 봉사단이 A 범주에 속하였다. 또 하나의 부류는 치과 의사가 핵심인 봉사단이다. 이를 B 범주라고 하자. 2002년 글쓴이가 자원한 봉사단이 B 범주에 속한다. 다른 하나는 minor과 (안과, 이비인후과 등) 의사가 핵심인 봉사단도 있는데 이를 C 범주라고 하자. 마지막으로 major과 의사와 치과 의사, 혹은 minor과 의사가 공동 중심인 경우가 있는데 이를 D 범주라고 하자.

일반적으로 의료봉사단은 A, B 혹은 C 범주로 시작하여, D 범주로 발전한다. 특히 A 범주인 경우, 창단한 지 몇 년이 지났음에도 불구하고 A

범주에 머무르고 있다면 봉사단의 발전 관점으로 보면 더 발전해야 할 소지가 있다고 봐야 할 것이다. 그러나 백내장 수술이나 심장 수술 등으로 봉사영역을 한정하고 특화한 경우 굳이 D 범주로 확대 개편할 시도를 할 필요는 없을 것이다.

글쓴이는 봉사지역 상황에 따라 A, B, C 범주에 속하는 봉사단이 서로 연합하여 사역하면 더욱 좋은 결과가 있을 것으로 생각한다. 이론적으로는 연합사역이 매우 바람직하지만, 현실적으로는 쉽지 않다. 이는 봉사단이라는 한 공동체가 가지고 있는 유기적 성격 때문이다.

해외에 가서 봉사하는 것 자체도 중요하지만, 그 봉사를 준비하는 과정, 실제 봉사하는 과정, 봉사를 마친 후 성과를 평가하는 과정에서 서로 돕고 교제하는 가운데 생성되는 유대감과 일체감, 동지애가 제일 중요하다. 이것들이 바로 다음 봉사를 자원하는 이유이자 봉사단이 가지고 있는 에너지의 근원이기도 하다.

연합사역은 이러한 유대감과 일체감을 충족시키기 어려워서 봉사 단원 개개인이 기쁨을 만끽하는 데는 한계가 있기 마련이다. 똑같은 이유로 봉사단이 너무 비대해지는 것도 그러하다. 단원들이 너무 많아지면 같은 팀원 사이에는 유대감과 동지애가 형성될 수 있어도 봉사단 전체의 끈끈한 일체감은 만들어지기 어렵다.

이은주 원장의 참여로 우리 봉사단은 D 범주로 도약할 발판을 만들었다. 의료봉사의 영역이 확대되었고 의료의 질을 높이는 계기가 되었는데 당시에는 이러한 이해가 없었다.

초등학교 일학년 학생 참여하다

이번 봉사단에 특이한 것은 초등학교 1학년 학생이 참여한 것이다. 그 주인공은 바로 변숙진 간호사의 둘째 아들 전병찬 군이다. 변 간호사는 두 아들과 함께 참여하였다. 병찬 군의 형인 우현 군은 초등학교 5학년이었다.

변 간호사는 병찬 군이 특히 어려서 봉사단에 민폐가 되지 않을까 매우 조심스러웠다고 한다. 또한, 아이들의 봉사 참여가 이벤트성으로 끝나지 않도록 매우 신경을 썼다고 한다. 이러한 마음 씀씀이로 인하여 병찬 군은 매년 의료봉사에 참여할 뿐 아니라 자신에게 주어진 임무를 더 잘하려고 노력하고 있다고 한다. 변 간호사 가족 참여로 인하여 우리 봉사단의 모자 동반 참여라는 전통이 꿋꿋이 계승되었다. 또한, 변 간호사는 우리 봉사단에서 두 아들과 함께 참여한다는 새로운 기쁜 소식을 만들어주었다.

의료 사역에 초등학교 학생이 할 일이 있을까?
사실 이러한 의문을 가진 이들이 많을 것이다. 우선 답부터 말하면, 할 일이 있다.

우선 의료 사역에 진료보조 인력이 필요하다는 것을 이해해야 한다.

진료는 주로 의사, 간호사, 약사에 의하여 행하여진다. 그러나 이러한 의료진이 있다고 해서 진료가 원활하게 되는 것은 아니다. 의료진이 일을 효율적으로 잘 할 수 있도록 이들을 도와주는 사람들이 필요한데 이들이 진료보조 인력이다.

진료보조 인력은 각 과에서 다 필요하지만, 특히 약국에서 가장 필요한 인력이다. 약사가 여러 명 있으면 아무리 많은 처방전이 수시로 접수된다고 해도 조제를 해낼 수 있다. 그러나 대부분 봉사단의 약국은 복수의 약사로 구성되기는 쉽지 않다.

또한, 복수의 약사로 구성된다고 해도 현지에서는 일일이 수작업을 해야 하기에 약사 인력만으로 조제와 복약지도가 가능하지 않다. 그래서 약사의 일을 도울 보조 인력들이 많이 필요하게 된다. 조제 과정 중 어느 부분은 단순한 작업이 반복되기에 이러한 일은 초등학생들도 할 수 있다.

이러한 단순 반복 작업은 약국 외에서도 있을 수 있다. 예를 들면 대기실에 기다리고 있는 환자들을 진료과로 안내하는 업무라든지 혹은 진료가 끝난 환자들을 약국으로 안내하는 일들이 그러하다. 이처럼 현지에서는 의료진의 책임 하에 초등학생도 힘을 보탤 수 있다는 것을 이해할 필요가 있다.

의료봉사에 초등학생들을 데려가는 이유는 진료 참여보다는 사실 교육적 목적이 더 크다. 봉사 활동을 통하여 아이들이 봉사 정신과 협동

정신을 배울 수도 있고 세상을 보는 눈을 뜰 수도 있다. 아이들에게 비전을 심어주는 좋은 방법의 하나라고 할 수 있다. 무엇보다도 봉사를 갔다 온 후에 아이가 감사하는 마음을 갖게 되었다는 것이 부모들이 이구동성으로 하는 말이었다.

진료 스케치 #1. 이번 봉사단도 청년부와 함께 사역하였다. 청년부는 원주민 아이들을 위하여 여러 가지 프로그램을 준비해 왔다. 그중 한 가지는 풍선으로 각종 모양을 만들어 주는 것이었다. 파이린 병원 별관 앞마당에서 변숙진 간호사의 장남 전우현 군(좌측)이 이를 보조하였다.

진료 스케치 #2. 접수팀의 한유진 대원과 한지연 대원은 활력 측정을 맡았다. 환자 안내 업무는 안사랑 대원과 박상진 대원이 담당하였다.

진료 스케치 #3. 내과 고병승 전공의는 주로 내과 환자를 담당하였다. 환자의
호소를 듣고 있는 통역자와 의사의 표정이 사뭇 심각해 보인다. 이에 반하여
아이는 모든 것이 신기한 듯 호기심 어린 표정으로 통역자의 얼굴을 빤히 쳐
다보고 있다.

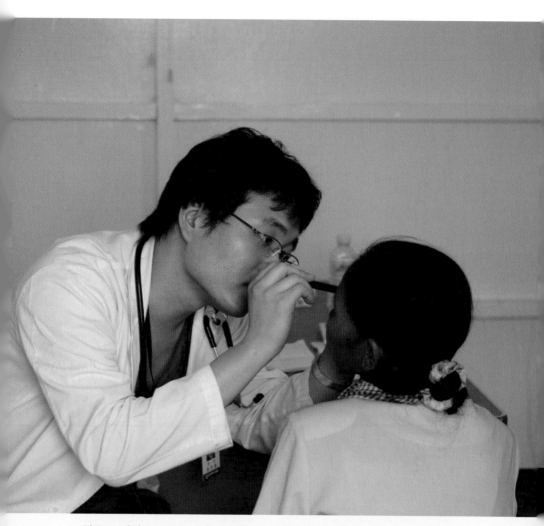

진료 스케치 #4. 외과 최찬중 전공의는 주로 외과계 환자를 진료하였다. 하나 라도 놓치지 않겠다는 의사의 진지함이 틀림없이 환자에게 든든한 신뢰감을 주었을 것이다.

진료 스케치 #5. 변숙진 간호사(중앙)는 주사를 담당했다. 주사 처방이 없는 경우 내과 진료를 보조하였다.

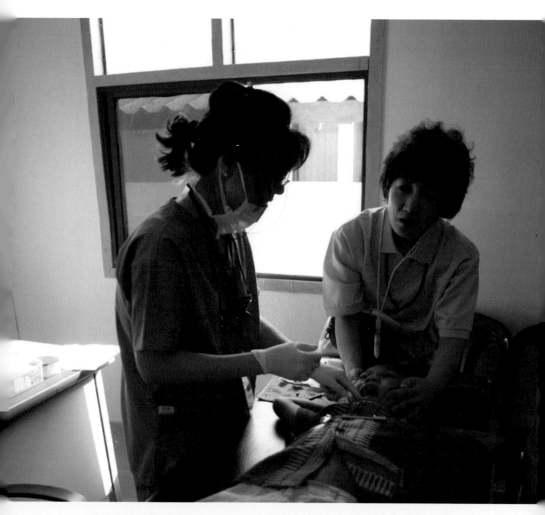

진료 스케치 #6. 김미림 간호사(우)는 수술 보조 및 dressing을 담당하였다. 치과 위생사가 시술을 준비하는 동안 김 간호사는 이은주 원장(좌)의 진료를 보조하였다.

진료 스케치 #7. 진료 첫날부터 파이린 주민들이 진료소로 몰려왔다. 진료를 받은 주민들은 약국 앞에서 자신의 약이 나오길 기다렸다. 원주민인 약국 도우미가 환자 이름을 확인하고 복약 안내를 하였다. 창구에 둘러서서 자신의 약을 기다리는 환자들의 표정 모두가 하나같이 진지하였다. 약 복용 방법을 너무 어렵게 설명하였을까?

　이번 봉사는 8월에 하였던 기존 봉사와는 달리 2월에 시행되었지만 별 어려움 없이 성공적으로 마무리되었다. 이는 두 차례 사역 경험이 축적되어 있었기에 가능했던 것으로 생각한다.

　또한, 이은주 원장이 치과 사역을 시작한 것은 특기할 만한 사건이었다. 그러나 여전히 부족한 의료진의 숫자를 메꾸는 숙제가 남아 있었다.

천산북로의 주자로 뛰다
(알마티, 카자흐스탄/ 비슈케크, 키르기스스탄/2006년)

—

대한의사협회는 2006년에 창립 100주년을 맞아 국제의료구호단체인 그린닥터스와 함께 기념될 만한 의료봉사활동을 수행하고자 하였다. 그 것은 실크로드를 따라 의료봉사를 하자는 것으로 이를 실크로드 의료대 장정(醫療大長征)이라고 이름을 붙였다.

이를 위해 5개의 한시적인 의료봉사단을 구성하고 이들을 후원하였다. 제1진은 중국 상하이에서, 제2진은 중국 신강 위구르 자치구 우루무치에 서, 제3진은 카자흐스탄의 알마티와 키르기스스탄의 비슈케크에서 진료 하기로 하였다. 나머지 2개의 의료봉사단은 인도네시아와 러시아에서 진 료를 이어받아서 하기로 하였다.

글쓴이는 그린닥터스의 의사들과 동아대학교 병원 의료진으로 구성된 제3진 의료봉사단의 단장으로 봉사를 하게 되었다. 봉사 기간은 2006년 9월 25일(월)부터 10월 2일(월)까지 7박 8일간이었다.

글쓴이가 속한 봉사단은 김해국제공항을 출발하여 카자흐스탄 수도 알마티(Almaty)에 도착하였다. 알마티는 우루무치에서 시작된 실크로드가 천산산맥 북쪽으로 경로를 잡아서 가는 소위 천산북로(天山北路)의 중간기착지이다. 이 천산북로를 따라 봉사단의 여정이 계획되었다.

카자흐스탄에서의 봉사활동

공항에 도착하니 늦은 시간이었음에도 불구하고 오래전부터 알마티에서 목회하고 계신 목사님이 직접 공항에 나와 우리 봉사단을 영접해 주셨다. 우리 일행과 의료기구, 약품을 실은 차는 공항을 빠져나와 목적지인 알마티의 인접 도시, 이시크(Ecik)를 향해 밤을 뚫고 달렸다.

긴장은 되었지만 피곤한 것은 어쩔 수 없는 모양이다. 승용차 안에서자다 깨다를 반복하다가 드디어 목적지에 도착하였다. 도시는 매우 조용하였다. 간간이 내리는 비가 찾아온 봉사단을 맞아주었다. 방을 배정하고 내일 계획을 잠시 의논한 다음 다시 잠 속으로 깊이 빠졌다.

다음날, 사전에 협조가 잘 된 탓에 우리는 일차 치료소의 진료실에서 진료 봉사를 할 수 있게 되었다. 일차 치료소라는 이름이 걸려 있지만 작은 규모의 공립 병원으로 생각됐다.

진료를 시작하기 전에 벌써 병원의 로비가 초만원을 이루었다. 사람들이 앞줄에 서서 먼저 진료를 받으려고 서로 다투었기에 매우 소란스러웠고 질서 유지가 쉽지 않았다. 그 와중에 한 가지 특이한 것은 흰

가운을 입은 병원 직원들이 먼저 진료를 받으려고 줄 앞에 서 있는 것이었다.

통역하는 교민에게 왜 저들이 저렇게 다투고 있는가 하고 물어보니 과거 공산주의 시절에 뒷줄에 서 있으면 불이익을 받았던 경험이 지금도 남아 있기에 앞줄에 서려고 저렇게 서로 싸우다시피 한다는 것이었다.

이 말을 듣고 나는 곧 그들 앞에 서서 통역을 통하여 여기에 오신 모든 분은 전부 다 진료를 해드릴 테니 제발 질서를 지켜달라고 호소를 하였다. 병원 로비의 소란스러운 분위기는 정리가 되는 듯했지만, 다시 원래대로 서로 다투고 야단이었다.

나에게 배당된 진료실은 2층에 있었다. 전면에 창문이 있어 진료실은 밝고 따뜻한 느낌을 주었다. 창틀은 오래되었지만 밝은 색깔의 페인트를 칠해서 깨끗하게 보였고 비교적 밝은 색깔의 커튼도 있었다.

글쓴이는 훌륭한 진찰실에서 진료하게 되어 기뻤다. 대개 의료봉사를 가면 학교 교실이나 교회당을 빌려 임시 진료실로 사용한다. 그러면 한 공간 안에서 여러 진료팀이 함께 진료하게 되어 환자의 프라이버시가 전혀 보호되지 못한다. 그러나 지금은 번듯한 진료실 하나를 단독으로 차지하고 있기에 정말 훌륭한 진찰실을 갖게 된 것이다.

환자들은 대부분 카자흐인이었으며 간혹 고려인들이 섞여 있었다. 이들 고려인은 북간도나 만주에서 살다가 이곳으로 강제 이주된 사람들의 후손이었다. 이들은 우리말을 거의 하지 못하였다. 이들 중에는 현지인들보다 교육을 많이 받아 사회 지도층 인사가 되어 지역사회에 영향력을 발휘하는 사람들이 많다고 한다. 스탈린의 이주 정책에 따라 강제로 이주하게 된 고려인들이 그 척박한 환경 속에서도 살아남았을 뿐 아니라 다른 민족들과는 달리 자식들의 교육에 남다른 정성을 쏟아 훌륭한 인재로 키웠다는 사실이 같은 뿌리를 가진 한국인으로서 매우 뿌듯한 마음을 가지게 하였다.

카자흐인들은 영락없이 코카서스 인종의 생김새를 가졌다. 이들은 몸집이 크고 흰 피부에 이목구비가 뚜렷한 사람들인데 그들에 비해 체구도 작고, 노란 얼굴에 검은 머리카락을 가진 한인 의사에게 그들이 진찰을 받는 모습을 사람들이 목격한다면 아마 여러 가지 생각이 들 것이다. 그중에 한 가지는 조상들이 아무리 잘 살았고 강대국을 이루었다고 하더라도 백성들이 지도자를 잘못 만나거나 공산주의를 택하면 결국 실패한 나라, 가난한 나라의 백성이 된다는 것이 아닐까.

오후 진료를 마치고 평소 교민사회에 많은 헌신을 하는 고려인의 집으로 왕진을 갔다. 그 집 주인인 할아버지가 몸이 아주 편찮아서 진료를 받으러 올 수 없다고 해서 우리가 찾아갔다. 환자는 오랜 고혈압과 합병된 심부전증으로 기력이 많이 약하였으나 자신이 불편한 증상을 상세하게 말하였다. 우리가 준비해 간 약과 가정에 필요한 응급약들을 주니 감사하다는 말을 여러 번 하였다.

진찰을 마치고 집 밖으로 나오니 환자의 딸을 비롯한 온 가족이 나와 배웅을 해 주었다. 그 짧은 만남임에도 불구하고 피가 같다는 동포애와 감사하는 마음이 마구 섞여서 헤어짐을 아쉬워하였다.

우리가 드린 약이 그 환자에게 도움이 되었으면 얼마나 되었겠는가? 결국, 우리의 방문 그 자체, 환자의 말을 경청해 준 것, 손을 잡아주고, 청진기로 진찰하고 하는 그 모든 행위가 결국 따스함으로 그 환자에게 다가가서 환자에게 편안함을 주고 치료받았다는 안도감을 주었으리라.

결국, 진료의 핵심은 사람이었다. 아픈 사람을 향한 발걸음과 따뜻한 마음씨였다.

고려인 할아버지 왕진을 마치고 나오니 전 가족이 나와 우리를 배웅해 주었다. 작은 섬김이 이렇게 큰 환대를 받는구나 하는 생각이 들었다. 현지 한인교회 사모(좌측 첫 번째)가 카자흐스탄 사역 내내 통역을 맡아 잘 해 주어서 얼마나 감사한지 모른다.

실크로드에 인술 흐르고…

2006년 10월 2일 조선일보 사회면에 위와 같은 제목으로 봉사단의 활동을 보고한 기사가 보도된 바 있다. 그 기사가 봉사단의 진료 사역을 아주 잘 요약하고 있어서 그것을 그대로 전재한다.

http://news.chosun.com/site/data/html_ir/2006/10/01/2006100160436. html

"아드나리야 빠오치리지."(한 줄로 서세요.)

1일 오전 카자흐스탄의 옛 수도 알마티시에서 차로 1시간 30분 거리에 있는 휴양지 이시크(ECIK)시. 인구 6만여 명인 이곳의 유일한 병원인 이시크중앙병원 입구에 걸린 '대한의사협회·그린닥터스 실크로드 의료봉사단' 플래카드 아래 주민 200여 명이 몰려들었다.

의사 6명과 간호사, 약사 등 20명으로 구성된 의료팀은 진료가 시작도 되기 전에 주민이 한꺼번에 몰린 것을 보고 입을 다물지 못했다. 지난달 27일부터 사흘째 이어진 진료지만 매일 수많은 환자들이 몰려들었다.

에두아르드(59, 회사원) 씨는 "배에 혹이 만져지는데 암에 걸린 것이 아니냐"며 김경택(金京澤, 52, 부산 동아대의료원 정형외과) 교수를 붙잡고 하소연했다. 김 교수는 김대철(金大哲, 38, 동아대의료원 해부병리과) 교수와 팀을 이뤄 국소마취를 한 뒤 종양 제거 수술을 했다. "다행히 암까지 발전하지는 않았지만, 위험할 수 있어 떼냈습니다." 김 교수의 설명에 에두아르드

씨는 "쓰 바시바"(감사합니다)를 연발했다.

다리를 절룩거리며 형수의 부축을 받고 들어온 미샤(44) 씨는 대뜸 깁스부터 해달라고 졸랐다. 작년 5월에 교통사고를 당해 다리가 부러졌지만, 깁스조차 제대로 해보지 못했다는 것. 김 교수는 "제대로 치료를 못해 수술을 다시 해야 하지만 우리가 가져온 장비로는 할 수가 없다."며 한숨지었다.

이곳 병원은 사회주의 국가답게 무료로 운영되지만 병원에는 시설이 엑스레이가 전부일 정도로 열악했다. 특히 의사들도 평범한 회사원의 월급 수준인 200달러에 불과할 정도로 주민들의 신뢰를 얻지 못하고 있었다. 이 때문에 이들은 실크로드 길을 따라 먼 길 찾아온 한국 의료진들에게 큰 기대를 걸고 있었다.

카자흐스탄에는 우리 동포인 고려인이 12만여 명이나 된다. 이시크 시에는 고려인이 거의 살고 있지 않았지만, 한국인 의사들이 왔다는 소식을 듣고 멀리서 찾아오는 이들이 있었다. 블라디보스토크에서 69년 전에 카자흐스탄으로 강제 이주되어 왔다는 이옐리나(81) 씨는 알마티시에서 찾아 왔다. 왼쪽 겨드랑에 혹이 있었지만 병원을 한 번도 찾지 못했다는 그는 마취한 뒤 작은 종양을 떼는 간단한 수술을 받았다. 그는 연방 "동포선생님들, 고맙습니다."라며 눈물을 떨구었다. 남편이 고려인이라는 아이굴(25·회사원) 씨도 딸(2)과 함께 소아과 진료를 받았다. "한국인 의사들이 친절해요. 남편이 한국 사람이라는 것이 자랑스러워요."라고 말했다.

가장 인기가 높은 곳은 안과였다. 노인들에게 돋보기를 선물하자, 서로 먼저 타려고 새치기도 불사했다. 부인과 함께 병원에 일주일간 특별 휴가를 내고 참여했다는 배문준(裵文晙, 51, 부산 서면메디칼센터 안과) 씨는 "왜 돋보기를 안 주느냐고 항의하는 사람이 너무 많았다."며 안타까워했다. 배 씨는 이틀 만에 준비한 돋보기 110개가 모두 동나 사흘째는 진료를 접어야 했다.

　단장 김덕규(金德圭, 52, 동아대의료원 내분비내과) 교수는 "사흘간 진료한 인원이 800여 명이 넘는다."며 "이곳 병원장이 '카레이스키 브라치 아틀리치나(한국인 의사 최고)'라며 내년에 다시 방문해 달라고 요청했다."고 자랑스러워했다.

(카자흐스탄=김동섭기자)

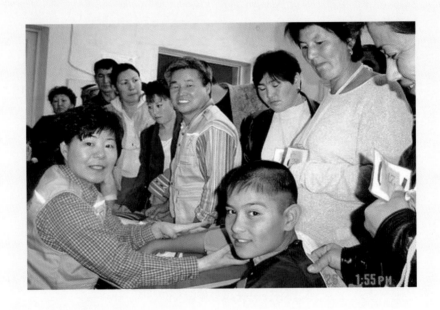

기사 내 사진 설명 : 봉사단이 어디를 가나 접수팀이 제일 수고를 많이 한다. 접수팀의 일손이 부족하여 정명옥 간호사(좌)도 투입이 되었다. 봉사단의 일정과 숙소를 연결해 주신 현지 한인교회 목사님(중앙)께서 접수팀의 통역까지 담당해 주셔서 너무 고마웠다.

키르기스스탄에서의 봉사활동

다음날 우리는 먼 길을 떠났다. 여러 가지 여건과 형편상 차편으로 국경을 넘어 키르기스스탄의 수도 비슈케크를 향하여 가기로 한 것이다. 저 멀리 천산산맥에는 만년설이 그대로 쌓여있었으나 우리가 달리고 있는 이 길 앞뒤 사방에 보이는 것이라고는 황량한 벌판뿐이었다.

과거에 이 길은 낙타에 물건을 싣고 사람들은 말을 타고 지나갔던 그 길이리라. 지금은 말 대신 우리가 타고 가는 이 차처럼 승합차가 달리고 낙타 대신 짐을 잔뜩 실은 트럭들이 달린다. 트럭은 주로 중국에서 만든 값싼 생활용품들이 잔뜩 실려 있다고 하며 그 물품들이 중앙아시아 여러 나라로 운송되고 있다고 한다. 과거 역사로만 존재하였던 것으로 생각하였던 그 실크로드가 지금도 여전히 존재하며 과거처럼 지금도 화상(華商)들이 그 길을 독점적으로 운용하고 있구나 하는 생각이 들었다.

몇 시간을 달린 끝에 우리는 키르기스스탄의 수도 비슈케크에 도착하였다. 키르기스스탄은 카자흐스탄에 비해 나라 면적도 작고 부존자원도 거의 없어서 경제 수준이 매우 낮다고 한다.

우리는 정말 뜻밖의 장소에서 진료하게 되었다. 한국 정부가 그곳에 세운 직업학교의 교실이 바로 우리들의 진료소가 되었다. 현지인들에게 우리의 선진 농업기술을 전수하려고 직업학교를 세웠다. 키르기스스탄의 젊은이들이 이 학교를 통하여 직업교육을 받고 사회에 나가 키르기스스탄의 농업을 일으키게 될 것이었다. 그들이 자신의 조국을 섬길 수 있도록 우리나라가 돕고 있는 것이었다. 우리나라 국력의 신장을 실감하는 순간이었다. 아, 대한민국이여, 너는 얼마나 자랑스러운 나의 조국인가! 연신 휘파람을 불고 나는 교정을 돌아다녔다.

오전에 진료 준비를 마치고 합숙하는 학생들과 함께 점심을 먹은 다음 오후에 진료를 시작하였다. 우리 봉사단의 진료는 사람들에게 겨우 알음알음 소개됐기에 환자들이 그렇게 많지는 않았다. 직업학교 학생들이 통역에 큰 힘이 되었다.

그곳에서 글쓴이는 전공을 발휘할 기회를 얻었다. 30대 초반으로 보이는 여자가 아들을 데리고 왔었는데 그 여자의 표정은 매우 어두워 보였다. 아이는 3~4살 되어 보였다. 아이는 제1형 당뇨병을 앓고 있었으며 인슐린 주사를 맞고 있었다. 당시에는 휴대용 혈당 측정기가 지금처럼 보편화되어 있지 않아서 그런지 그 아이 엄마는 요당을 재고 있었다.

물론 요당검사를 하지 않는 것보다는 하는 것이 더 좋지만 요당검사 결과로 혈당치를 추정하는 것은 정확하지 않다. 따라서 요당 결과에 따라 인슐린 용량을 증감하다 보면 혈당의 고저가 심하게 되어 결국 혈당을 잘 조절할 수 없게 된다.

　아이 엄마는 아이의 혈당이 기복이 심한 것에 대해 매우 우려하고 있었다. 우리들은 아이의 혈당을 측정해 주었고 혈당치 결과에 따라 주사할 인슐린 용량을 조정해 주었다. 진료를 마친 후 아이의 엄마는 그 혈당 측정기를 자신에게 줄 수 있느냐고 조심스럽게 물었다. 우리도 같은 생각이었기에 기꺼이 주겠다고 하였다. 또한, 남은 혈당측정시험지(strip)를 다 주면서 귀국하여 충분한 양을 부쳐 주겠다고 약속을 하고 집 주소를 가르쳐 달라고 하였다. 기대 이상의 선물을 받게 된 아이 엄마의 얼굴이 확 밝아졌다.

　지금도 아이 엄마의 그 어두웠던 분위기와 자식을 위한 진한 모정이 생각난다. 그 아이는 지금 잘 자라고 있을까? 그 엄마는 우리의 조그마한 도움을 고맙게 기억하고 있을까? 우리 봉사단이 한국에서 온 사람들이라는 것을 알고 있을까? 여러 가지 생각이 꼬리를 문다. 어쩌면 그 아이와 그 엄마를 위해 우리 봉사단을 이곳에 보낸 것이 아닐까 하는 생각까지도 해본다.

　키르기스스탄 직업학교 국기 게양대 위에 태극기가 키르기스스탄 국기와 함께 멋지게 휘날리고 있었다.

봉사단원들은 모든 일정을 마치고 이식쿨에 있는 요양소에서 일박하면서 그 동안 쌓인 피로를 풀었다. 함께 사역하였던 본원 소속의 자랑스러운 단원들이 모처럼 다 모였다. 좌로부터 교육연구부 박옥규 선생, 김경택 교수, 박경옥 약사, 안유정 선생, 문은숙 간호사, 정명옥 간호사, 김성은 교수, 정대철 교수, 글쓴이.

다시 밟은 보석의 땅
(파이린, 캄보디아/2009년)

—

2007년과 2008년 여름 봉사는 단장의 개인적인 이유로 중단되었다. 두 번의 휴식이 오히려 더욱더 의료봉사를 갈망하는 원인이 되었는지 2009년 여름 봉사는 무려 42명이 참가하게 되었다. 이렇게 대규모 봉사단이 된 것은 2006년 여름 봉사 때와 마찬가지로 청년부가 합류하였기 때문인데 청년부만 해도 20명이 되었다.

봉사단이 40명을 넘은 것은 창단 이래 처음 있는 일이었다. 의료진으로는 내과 전문의, 치과의사, 간호사 각각 2인과 외과 전문의, 소아청소년과 전문의, 약사, 치과 위생사, 치과기공사 각각 1인으로 전부 11명이었다.

봉사일정은 8월 8일(토)부터 15일(토)까지 7박 8일이었다. 사역지는 2006년에 다녀온 바 있는 캄보디아 파이린이었다. 이번에도 파이린 병원에서 진료할 수 있도록 허용되었다. 가보니 옛날에 봉사단이 사용하였던 'ㄱ'자 건물과 본관 건물은 그대로였으나 원래 병원 본관이었던 건물 앞에 산뜻한 삼 층의 새 건물이 우뚝 서 있었다. 우리는 새 병원 건물 2층에서 진료 봉사를 하였다.

급성장한 의료봉사단

이번 봉사단 의료팀은 인적 구성에 있어서 과거보다 여러모로 차이가 있었다. 가장 두드러진 변화는 치과였다. 김귀재 치과 원장이 합류하여 치과의사가 두 사람이 되었다. 또한, 강태주 치과기공사까지 합류하여 치과 부분은 그야말로 최강의 드림팀을 구성하게 되었다.

의료봉사의 베테랑인 이은주 원장은 몇 차례 봉사할 때마다 안타까웠던 것이 앞니가 빠진 젊은 환자들에 대한 대안이 없는 것이었다고 한다. 앞니 결손은 자존심과도 연결되고, 삶의 질에도 상당한 영향을 미친다. 그런 환자들을 볼 때마다 부분 틀니를 해 주고 싶다는 소원이 있었다. 그러한 소원이 이번 강태주 기공사가 합류함으로써 이루어지게 되었다.

또 다른 발전은 진료팀의 인적 자원이 더 풍부해진 것이다. 해마다 글쓴이와 함께 일할 내과 의사를 섭외하기가 힘들었는데 권성일 내과 원장이 자원하여 주어서 얼마나 감사한지 모른다.

의료진 구성에 있어서 제일 힘든 것이 외과 의사 섭외이다. 이번에 외과 이상호 교수(고신의대)가 합류하여 얼마나 든든한지 모른다. 한편 강홍자 소아과 원장도 합류하였다. 강 원장은 이 교수의 부인이다. 두 분이 함께 참여한 것이 무척 고마웠다.

약국 또한 김혜영 약사의 합류로 향후 2인 약사 체제의 가능성을 열었다.

진료 스케치 #1. 봉사 첫날부터 봉사단이 진료소로 사용하는 파이린 병원 본관 건물에 많은 주민이 진료를 받으려고 몰려왔다. 일찍 온 이들은 순번 표를 받아 목에 걸고 1층 로비에서 대기하고 있었다. 대기 줄이 너무 길어 그 선두는 진료실이 있는 2층 계단까지 올라왔다. 이들 사이를 비집고 우리 봉사단 창단구성원으로 집행부를 맡아 수고해온 김권용 단원(우측 맨 앞)이 치과 수술 기구와 수술 조명등을 대신할 손전등을 들고 올라왔다. 김 단원 은 진료시간에 맞추랴, 무거운 장비를 옮기랴 땀을 뻘뻘 흘렸다.

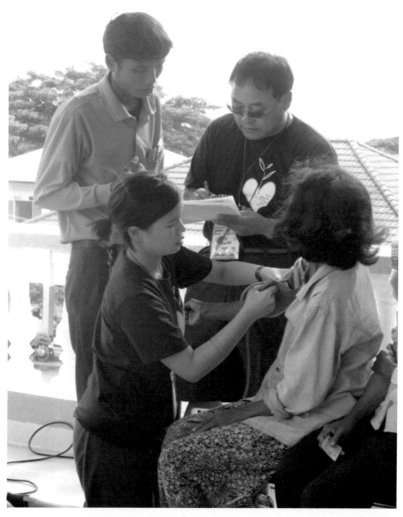

진료 스케치 #2. 접수팀은 2층 로비에 자리를 잡았다. 로비는 망루처럼 한쪽
면을 제외하고는 모두 개방되어 있어서 실내보다 시원하여 한결 사역이 수월
하게 되었다. 청년부의 최태옥 단원이 환자의 혈압을 측정하는 동안 접수팀
이형규 팀장은 통역의 도움을 받아 환자의 인적사항을 진료부에 기록하였다.
접수 대기자가 많을 때 시간을 절약하기 위해 접수팀이 개발한 새로운 방법
이었다.

진료 스케치 #3. 권성일 내과 원장의 합류로 인해 내과 환자 진료 적체가 해소되어 한결 원활해졌다. 진료의 질을 더욱 향상시키는 계기가 되었다.

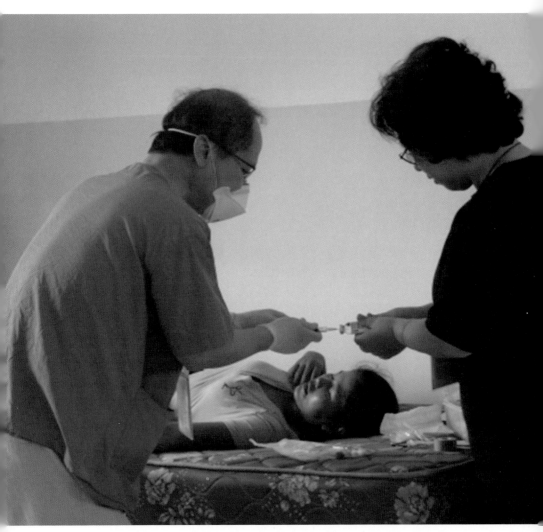

진료 스케치 #4. 이상호 교수의 합류로 인하여 외과 진료가 더욱 활발해졌다. 이 교수는 윤은수 간호사와 한 팀을 이루어 현지에서 할 수 있는 웬만한 수술은 다 하였다.

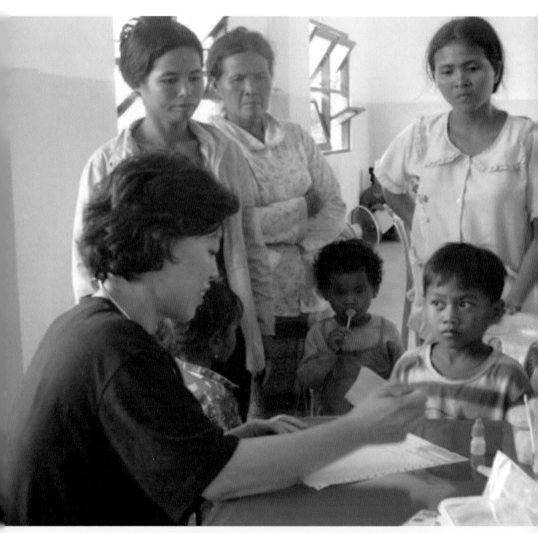

진료 스케치 #5. 소아과 환자는 진료 첫날부터 마치는 날까지 줄지도 않고 계속 많았다. 강홍자 원장은 쉴 틈 없었다. 소아과 의사는 환자와 보호자를 함께 'care'해야 하기에 진료 부담이 그만큼 더 크다. 그 와중에서도 강 원장은 미소를 잃지 않고 환자들을 잘 보살펴 주었다.

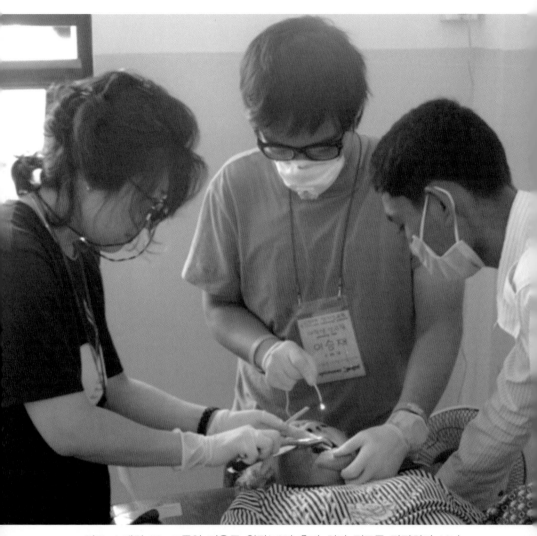

진료 스케치 #6. 그동안 이은주 원장(좌)이 혼자 치과 진료를 담당하다 보니 많이 힘들어했는데 이제 김귀재 원장이 합류하여 진료 부담이 제법 줄었다. 조명도 무거운 손전등 대신에 가볍고 밝은 LED 등을 사용하니 보조하는 이승재 단원(중앙)의 일도 한결 수월해졌다. 우측에 서 있는 이는 통역자이다.

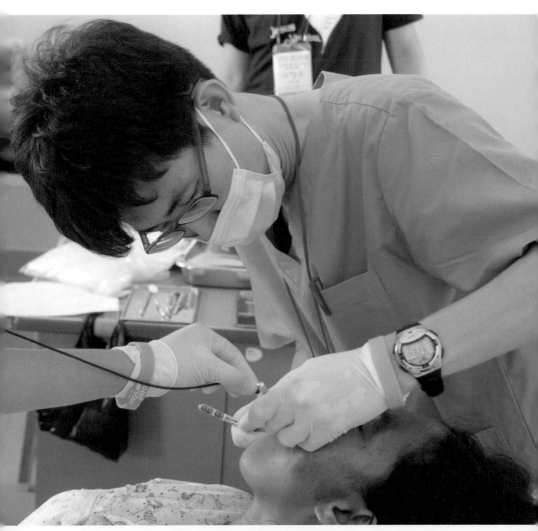

진료 스케치 #7. 김귀재 원장은 우리 봉사단에 처음으로 합류하였다. 현지에서 하는 진료는 아무래도 힘들기에 몸도 쉽게 피로해진다. 그동안 이은주 원장님이 고생 많이 하셨구나 하는 생각이 저절로 들었다고 한다.

진료 스케치 #8. 치기공사 강태주 단원(좌)은 현지에서 더 바쁘다. 틀니를 가능한 많이 만들어 주고 싶었기 때문이다. 틀니 서른 개 만드는 것을 최대 목표로 세웠다. 그러나 사실 그것도 혼자서는 벅찬 일이다. 이규성 단원(우)이 합세하였다. 이 단원의 도움이 없었다면 밤을 꼬박 새웠을 것이다.

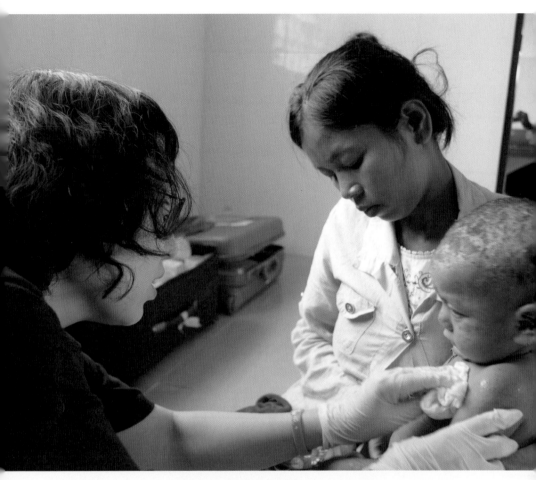

진료 스케치 #9. 이 지역에는 감염성 피부병을 앓는 어린이들이 많았다. 강홍
자 원장의 order에 따라 dressing 업무를 맡은 공명옥 간호사(좌)가 전신 피부
감염이 심한 어린이의 환부를 소독하였다.

진료 스케치 #10. 봉사에 처음 참여한 김혜영 약사(중앙)는 임시 약국이 몹시도 낯설었다. 어느 것 하나 익숙한 것이 없었기 때문이다. 약국 업무를 보조하고 있는 청년부 김지선(좌), 송안나(우) 단원 또한 낯선 일을 처음으로 해야 했다. 김 약사가 친언니처럼 잘 대해 주고 친절하게 가르쳐 주었기에 주어진 일을 제대로 잘해낼 수 있었다.

새로운 역사와 계승되는 전통

이번 봉사에 한 가족이 참여하였다. 이상호 교수 부부와 아들 승재(청년부 소속), 딸 소영이가 그 주인공이다. 이로 인해 이 교수 가족은 앞으로 전통이 될지도 모르는 새로운 두 가지 역사를 만들었다. 그 하나는 일가족이 함께 봉사에 참여한 기록이었다. 일가족(부부와 자녀) 참여는 이 교수 가족이 처음이었다. 물론 일가족 전원 참여라는 신기록을 수립하지 못했지만, 가족 다섯 명 중에서 네 명이 참여하였으니 일가족 참여라고 불러주어도 무방할 것이다. 또 하나는 부부 의사가 참여한 기록이다. 특히 강홍자 원장은 시간을 따로 내기 쉽지 않을 터인데 이렇게 봉사에 참여하여 헌신하는 것은 참으로 감사한 일이었다.

한편 권성일 내과 원장과 부인 송영미 씨는 이 교수 부부와 함께 부부 참여라는 새로운 역사를 만들어 내었다. 부부 참여도 좋은 전통으로 자리 잡을 것을 확신한다.

또한, 김혜영 약사와 아들 왕연이가 참여함으로써 모자 참여 전통이 이번에도 이어졌다.

파이린에 세워진 한글학교

캄보디아 국민의 약 90%가 크메르족이라고 한다. 크메르족은 어디서 왔을까. 학자들에 의하면 선사시대부터 북쪽(중국 동남부)에서 동남아시아로 이주하였다고 한다. 타이족보다 적어도 3000년 전에 이주했다고 한다. 크메르족은 몽골족과 연관이 깊다고 알려져 있다.

캄보디아 사람들은 크메르어를 사용한다. 크메르 문자는 남인도계의 아부기다계 문자이다.
자음이 33개, 모음 기호 27개를 자음의 상하좌우에 붙여서 사용한다. 독립 모음도 10개가 있다. 동족어라고 할 수 있는 태국어와 베트남어와는 달리 성조가 없다. 어순은 주어, 동사, 목적어 순이다.

캄보디아 사람들이 한국어를 배우면 어떤 생각이 들까. 모국어보다 배우기 쉽다고 느껴질까. 우리 봉사단을 초청했던 분은 그동안 한글학교를 세워서 캄보디아 아이들과 청소년들에게 한글을 가르쳐주었다고 한다. 그 한글학교는 이곳에서 아주 인기가 높다고 한다. 대부분 학생이 장학금을 받고 한글을 배우기에 이곳 주민들은 서로 자신의 아이들을 한글학교에 입학시키려고 애를 쓴다고 한다.

한글학교의 학생들은 약 백이십 명 정도 되었다. 이 한글학교를 통하여 상당히 많은 파이린의 청소년들이 우리말을 배웠는데 어떤 학생들은 우리말을 아주 잘 구사하고 있었다. 이들이 의료봉사 시에 훌륭한 통역자로서 우리를 도와준 것은 물론이다.

과거 선진국과 아시아의 여러 나라로부터 원조를 받았던 나라가 이제 다른 나라에 한글학교를 세워서 우리말을 가르쳐 줄 정도로 국력이 신장하였다. 이러한 대한민국이 얼마나 자랑스러운지 모른다.

2011년 1월 27일 인도네시아 멘타와이제도(Mentawai Islands) 시까갑, 우리는 모라의 집에서 진료를 하였다. 동네 사람들이 오토바이를 타고 와 진료를 받았다. 바닷가 외톨이 집이라 형광등을 켜자 주위에 있는 모든 나방이 다 몰려들었다. 통역자는 통역하랴 글쓴이에게 달려드는 나방을 쫓으랴 진땀을 뻘뻘 흘렸다. 다들 열심히 진료하느라고 저렇게 아름다운 노을이 열대 저녁 바다 위에 불타올랐는지도 몰랐다.

꿈을 만져보다
(시까갑, 인도네시아/2011년)

—

2010년에 여름 의료봉사 예정지는 인도네시아 멘타와이제도(Mentawai Islands) 중 하나인 우타라섬(Pagai-Utara), 시까갑 지역이었다. 그런데 봉사단이 가기에는 거리가 너무 멀었다. 섬에 들어가는 교통편(배편)이 일주일에 두 번만 있었기에 봉사하려면 최소한 8박 9일 일정을 계획해야 하였기에 기존 단원의 참여가 쉽지 않은 지역이었다. 그래서 집행부가 결정을 미루다가 그만 2010년 여름 봉사를 하지 못하고 넘기고 말았다.

이에 그곳에서 신학교를 운영하시는 교장 선생이 우리 봉사단이 꼭 와주기를 바란다고 재차 초청하였다. 다른 봉사단이 오려고 계획하였다가 길이 멀어 다들 포기하였는데 우리 봉사단만은 꼭 와달라는 말이었다. 우리가 한 말도 있었고 또 다른 봉사단의 전철을 밟지 말라는 요지의 말을 듣고 나니 꼭 가봐야겠다는 마음이 생겼다.

이에 집행부는 갈 수 있는 최소한의 사람으로 특별 의료봉사팀을 구성하여 가기로 하고 본진의 사역 장소는 다른 곳으로 알아보기로 하였다. 이 결정에 따라 특별팀이 조직되었고 본진의 사역 날짜와 중첩되는 것을 피해 2011년 설 연휴 기간을 이용하여 사역하기로 하였다. 특별팀은 여섯 명으로 구성되었는데 그중 의료인은 글쓴이와 윤은수 간호사 두 사람이었다.

이번 특별 봉사팀의 단장은 임영철 대표가 맡았다. 우리 봉사단은 지난 네 차례의 사역을 통하여 조직이 체계화되어 있었기에 누가 맡아도 문제가 없을뿐더러 봉사단의 발전을 위해 새로운 지도력이 필요한 시점이었다.

임 단장은 중소기업 대표이다. 지난 4차 봉사에 처음 우리 봉사단에 참가하였지만, 그 전부터 집행부를 비롯하여 대부분의 봉사단원과 아주 잘 아는 사이였다. 첫 사역부터 봉사단에 활력을 불어넣었을 뿐 아니라 형편이 딱한 현지 원주민들에게 따뜻한 사랑의 후원을 봉사 후에도 계속하여 봉사단에 깊은 인상을 남겼다. 글쓴이가 앞장서서 임 대표가 단장을 맡아 달라고 요구하였고 다른 집행부원들도 다 적극적으로 찬성하여 쉽게 교체가 이루어졌다.

현지 사역을 마치고 정리해 둔 사역 일지 중 몇몇 부분을 수정하여 전재한다.

2011년 1월 25일(화) 아침, 맑음

우리 봉사단 일행을 태운 가루다 항공기는 인도네시아 수도 자카르타가 있는 자바섬에서 북서쪽을 향하여 날았다. 한 시간 반 남짓 걸렸을까, 비행기는 수마트라섬 남서부의 제일 큰 도시 빠당(Padang)에 우리를 내려놓았다.

빠당 공항에 내려 쓰나미 난민들에게 나누어 줄 의약품과 구호품이 든 가방과 봉사단 일행의 여행가방을 찾아서 9인승 밴에 옮기고 또 한 시간 동안 차를 타고 달렸다. 빠당 항구는 생각보다 도심에서 떨어져 있었다. 차가 한참 달려 야트막한 산을 지나니 저 바다가 보였고 이내 항구에 도착하였다.

근대화되지 못한 부두의 설비와 시스템으로 인하여 선착장은 사람과 차와 화물과 porter들이 서로 엉켜서 매우 혼잡하였다. 우리가 차에서 내린 곳은 우리가 타고 가야 할 배와 제법 떨어진 거리에 있었다. 여기서부터 배까지 여객이든 화주든 자신의 물건들을 자신이 직접 들고 가든지 아니면 그곳에 상주하는 porter에게 맡겨야 했다. 우리 일행이 차에서 내리는 것을 보고 porter 대여섯 명이 몰려들었다. 그중 한 명에게 우리들의 짐을 옮기도록 한 다음 우리는 배표를 사러 매표소로 갔다.

그런데 전혀 예상치 못한 일이 생겼다. 일등실(침대칸)과 이등실 표는 이미 매진되었고 삼등실 표밖에 남은 것이 없다는 것이다. 일찍 승선해야 삼등실에서도 편하게 누워 갈 수 있는 좋은 자리를 잡을 수 있는데 지금 들어가서는 그러한 자리를 잡기가 어려우리라는 것이다.

우리가 탈 배는 정부가 직영하는 대형 연락선이다. 일등실은 예약되지 않는다. 공무원들을 위한 공무용이 우선이고 혹 남는 때에만 일반인이 이용할 수 있다고 한다. 간혹 팔렸던 일등실 표가 일반인에게 나오는 경우가 있다고 한다. 이 표는 선내 승무원을 통하여 나오기 때문에 일단 승선해서 알아보아야 한다고 한다. 우리 일행은 이러한 일등실이 제발 나와 있기를 바라며 삼등실 표를 끊은 즉시 배를 향하여 달려갔다.

선수 램프를 통하여 연결되는 화물창에는 이미 여러 대의 트럭과 건설장비 차량, 그리고 화물들이 산더미처럼 적재되어 있었다. 이 화물들로 인하여 승객들이 다니는 통로조차 확보하기 어려운 실정이었다. 선수 램프 양쪽에 주로 승객용 여행 가방을 싣는 화물창고가 있었다. 그 창고는 그리 크지 않았지만, 어느 정도 여유 공간이 남아 있었기 때문에 우리들의 짐들을 그곳에 다 실을 수가 있었다.

일등실을 얻기를 바라는 우리들의 기대는 그리 오래가지 않았다. 여객 담당 승무원이 빈 일등실이 없다는 말을 해주었기 때문이다. 우리는 선택이 없었다. 이제는 삼등실에서라도 자리를 잡아야 하는 엄연한 현실을 마주보아야 했다. 우리가 짐을 싣는 동안 일부 단원은 삼등실에 올라가서 자리를 잡기로 하였다.

화물창에서부터 2층 여객실 출입구로 연결되는 계단 입구에까지 화물로 꽉 차서 이동하기가 쉽지 않았다. 겨우 사람들과 화물들을 비켜서 2

층에 있는 삼등실에 들어가니 좋은 자리는 이미 다른 사람들이 차지하였다. 좋은 자리라고 해서 따로 있는 것이 아니고 앉아가다가 누울 수 있는 자리를 말한다. 우리 일행 중 한 사람이 다행히 그런 자리를 잡고 앉아 있는데 현지인 한 사람이 와서 무엇이라고 소리친다. 나중에 알고 보니 자신이 잡아 놓은 자리라는 것이다. 누군가가 잡아 놓은 자리를 우리 단원이 비어있는 자리인 줄 알고 잡았다.

그들이 "No!"라고 하기에 자리가 비어있는 것으로 알았는데 알고 보니 자기가 잡은 자리이므로 그곳에 앉지 말라는 뜻의 "No!"였다.

삼등실은 이내 초만원이 되었다. 젖먹이와 노인들, 여인들도 많았지만 남자들은 연신 담배를 피워 물었다. 담배 연기로 꽉 찬 삼등실 안에서 더는 앉아 있을 수 없었다. 우리는 선미 갑판으로 올라갔다.

그곳에도 이미 많은 사람들이 자리를 잡고 앉아 있었다. 다들 담배를 열심히 피우고 있었으나 삼등실만큼 담배 연기가 심하지 않아서 참을 만하였다.

오후 다섯 시가 조금 지난 시간, 우리가 탄 대형 연락선, Ambu-Ambu 호는 드디어 긴 뱃고동을 울리고 닻을 들어 올린 후 선착장을 떠나기 시작한다.

미지의 섬에 간다는 기대도 흥분도 가질 수 없었다. 단지 열네 시간의 항해를 해야 하는 동안 뱃멀미하지 않을까? 어디에서 누워 잠을 자야 하는가 하는 현실적인 문제로 고민하고 있었다.

삼등실에서도 변변한 자리를 잡지 못한 사람, 또는 담배 연기를 견디지 못한 사람 혹은 밤바다 위 밤하늘을 쳐다보기를 원하는 지극히 소수의 사람이 후미 갑판에 삼삼오오 모여 대화를 이어가고 있었다.

열 시쯤 되었을까? 갑판 위에 모여 이야기를 나누던 사람들이 잠을 자러 일부는 객실로 내려가고 나머지 사람들은 자신이 앉아서 담소를 나누던 바로 그 자리에 잠자리를 펴기 시작한다. 삼등실에서 밤을 지내기를 포기한 우리 일행도 저들처럼 갑판 위에 매트를 펴서 자기로 하였다. 사실 달리 선택할 수 있는 다른 곳이 있는 것도 아니었다.

갑판 난간에 구명보트와 구명 부이가 달린 것이 눈에 띈다. 유사시에 이렇게 개방된 공간에 있는 것이 선실에서 자다가 변을 당하는 그것보다는 그래도 안전하다고 스스로 위로하면서 돈 주고 빌려온 매트 위에 누워 잠을 청하였다. 온종일 이동하느라고 시달린 탓에 갑판 위 노숙(露宿)임에도 불구하고 잠을 쉽게 잘 수 있었다.

두세 시간 잤을까 신선한 바람들이 불어오는 것이 잠결에 느껴졌다. 그러나 시원한 바람이 주는 그 조그마한 즐거움도 그렇게 오래 가지 않았다. 점차 바람이 제법 세어지더니 급기야 비를 몰고 왔다. 황급히 일어나 매트를 접어 삼등실로 뛰어들어갔다. 그러나 삼등실의 복도도 이미 초만원이었고 심지어 계단에도 사람들이 쪼그려 앉아 새우잠을 청하고 있다.

　우리들의 몸을 눕힐 수 있는 유일한 공간으로서 남아 있는 곳은 침대 칸 복도이었다. 이미 많은 사람이 체면과 상관없이 그곳에 매트를 깔고 누워있었다. 선원들도 승객들이 그곳에 매트를 깔고 잠자는 것을 제지하지는 않았다. 겨우 한 자리를 차지하고 내 몸을 눕혔다.

　아무런 생각이 없었다. 정말 유일한 생각이 있다면 그것은 비를 피할 수 있는 공간이 있어서, 내 몸 하나라도 이렇게 누워서 잠 잘 수 있는 공간이 있어서 다행이라는 것이었다. 사람의 행복은 딴 것이 아니었다. 눈 높이를 낮추면 이렇게 행복해할 수도 있구나.

　비가 내려 한바탕 부산하였던 침대칸 복도는 잠시 깨었던 한밤중의 시간이 다시 연결되면서 인도양의 깊은 바다가 잠드는 것처럼 곧 조용해졌다. 내가 깔고 누운 매트는 결코 깨끗한 것은 아니었다. 사람들이 신발 신고 지나가는 침대칸 복도 역시 깨끗한 편은 아니었다. 그러나 신기한 것은 무슨 이상한 냄새로 인해 잠을 이루지 못한 일은 없었다. 분명히 역겨운 냄새들이 났을 터인데 당시에는 아무런 냄새를 맡지 못하였다.

　침대칸 승객들이 간혹 볼일 보러 지나갔지만, 자신들이 비싸게 돈을 주고 산 침대칸의 특권이 침해당한 불쾌한 내색을 보이지는 않았다. 복도에 자리 깔고 누운 사람들 역시 그 누구도 침대칸 승객에 대해 미안한 마음을 가지고 있지 않은 것처럼 보였다. 우리 일행은 이내 이런 상황에 익숙해졌다.

매트에 누웠지만 내 머리 위와 발아래에 다른 사람들이 누워있었기에 두 다리를 마음대로 펼 수 없었다. 배낭을 두 다리 밑에 넣어 무릎을 구부리자 제법 편해졌다. 선잠이기는 하지만 그 잠을 그래도 이어갈 수 있었다.

얼마나 잤을까?
비몽사몽 간에 나는 마치 초호화 크루즈 여객선을 타고 있다는 느낌이 들었다. 배는 아주 잔잔한 호수 같은 유리 바다 위를 미끄러지듯 항해하고 있었다. 간간이 부는 바람으로 인하여 배가 좌우로 미동하여 단조롭기 쉬운 항해에 재미를 더해 주는 것 같았다. 어디선가 아주 향긋한 냄새가 시원한 바람을 타고 날라 왔다. 침대칸 복도 바닥에 노숙하는 나에게 하늘이 베풀어 준 단꿈인가? 나는 그 꿈을 좇아 이 항해를 마치고 싶었다. 끊어졌던 잠이 이내 이어졌다.

2011년 1월 26일(수) 새벽에 비

침대칸 복도를 비집고 들어갈 수 없을 정도로 다닥다닥 붙어 자던 사람들이 하나둘 잠을 깨기 시작하였다. 복도가 어수선해졌다. 세수하러 복도 끝에 있는 화장실로 가는 사람들이 매트 위에 웅크리고 자는 사람들 곁을 조심스럽게 지나가 주었지만 그런 상황에서 복도에서 계속 새우잠을 잘 수는 없었다.

일어나 대충 잠자리를 정리하고 침대칸을 나왔다. 후미 출입구 계단 위를 밝히고 있는 전등불 밑으로 비가 제법 내리고 있었다. 후미 갑판은 텅 비어있었다. 우두커니 비 내리는 바깥을 쳐다보았다. 새벽은 시간상 분명 바로 지척에 와 있었는데 하늘과 바다는 같은 색깔이었다. 아니 세상은 온통 어두움의 색깔뿐이었다. 불을 밝혀 둔 전등만이 암흑 속에서 빛을 비추고 있었다.

그렇게 지루하기만 하던 시간이 고맙게도 흐르더니 저 먼바다가 아주 조금씩 밝아온다. 수평선이 보이기 시작하였다. 그 사이 비도 그치고 저 멀리 육지, 아니 섬이 보이기 시작하였다. 멘타와이제도(Mentawai Islands) 중의 하나인 우타라섬이 드디어 맨눈으로 보이는 곳에 우리가 가 있었다.

우리를 태운 배는 늠름한 모습으로 우타라섬의 중심지인 시까갑(Sikakab) 포구에 도착하였다. 무사 항해를 자랑하는 듯 배는 연신 뱃고동을 울렸다. 하선하는 승객들, 마중 나온 사람들, 짐을 부리는 사람들 모두가 바쁘게 움직였다. 밤새 지친 잠을 잔 것이 틀림없었을 터이지만 하선하는 사람들의 얼굴에는 피곤한 기색은 보이지 않는다. 무사히 도착했다는 안도감이 그 모든 피곤함을 다 쫓아내었기 때문일까?

약품 가방과 구호품이 담긴 짐을 모두 찾아 배에서 내렸다. 배에서 얼마 떨어지지 않은 선착장으로 이동하였다. 그곳에는 우리를 태우고 갈 카누가 기다리고 있었다. 우리는 카누로 갈아타고 다시 앞으로 나아갔다. 카누가 앞으로 나아감에 따라 호수 같은 새벽 바다 위로 카누가 만든 물결이 산

개해 가고 있었다. 그 산개가 더 진행될 수 없는 바닷길 끝에는 맹그로브 (mangrove)가 군집을 이루고 있었다. 울창한 고무나무 숲 사이로 교회당이 보였고 종탑 위에는 아침 햇살을 받은 십자가가 찬란하게 빛나고 있었다.

드디어 우리를 태운 카누는 조그마한 집 한 채가 서 있는 바닷가에 우리를 풀어놓았다. 당시는 몰랐는데 그 집은 모라의 집이었고 카누가 닿은 곳은 모라네 개인 선착장이었다. 모라는 30대 초반의 주부로 사랑신학교를 졸업한 학생이다. 또래 원주민 졸업생 중에서 총명하고 믿음이 두터울 뿐 아니라 신학교 근처에 살면서 교장 선생의 일을 잘 도와주고 있다는 것을 나중에 알게 되었다.

구호품과 약품 가방은 모라네 집에 맡겨두고 개인 가방만 숙소에 가져가기로 하였다. 짐은 오토바이에 실어 나르도록 하고 우리는 숙소를 향하여 황톳길을 따라 걸어 올라가기 시작하였다. 약간 경사진 길을 조금 걸어가 언덕에서 사랑신학교의 세움 간판을 만나게 되었다.

학교의 전면에는 작은 운동장이 있었는데 풀들이 상당히 자라서 누군가는 풀을 베어야 할 것 같다. 저 멀리 서 있는 학교 건물들과 교회당은 따가운 햇볕 속에 굳건히 서 있었다.

고개를 넘어 학교로 올라오는 동안 햇볕은 따가웠고 우리는 제법 갈증을 느꼈다. 학교 뒤편 약간 높은 곳에 자리를 잡은 교장 선생의 사택은 평화롭고 아늑해 보였다. 그 뒤편은 바로 밀림으로 이어져 있었다. 사택의 별채가 우리의 숙소였다. 이렇게 아늑한 집이 우리를 기다리고 있지 않았다면, 어쩌면 우리들의 피로는 더 심했을지도 모른다.

  선풍기를 틀어 실내를 시원하게 할 동안 우리는 사택의 테라스에서 잠
시 대기하였다. 앞마당에는 잔디를 심어 잘 가꾸어 놓았고 조그마한 연
못도 만들어 놓았다. 빗물을 받아 사용하기 위하여 지붕의 물받이와 연
결된 홈통의 끝을 지상까지 내려오게 하지 않고 무릎 높이쯤 되는 곳까
지만 내려오게 하였다. 그 밑에 물통을 두어 직접 사용하거나 배수관을
통해 우물로 흘러가게 해서 물을 저장할 수 있도록 해놓았다. 파놓은 우
물가에 물 펌프와 함께 물을 퍼 올리는 전기 모터도 보였다.

눈을 들어 보니 앞 숲 아니 밀림 저 건너 바다가 아스라이 보였다. 바다는 마치 호수처럼 잔잔하였고 조그마한 섬들이 배처럼 떠 있다. 하늘에는 뭉게구름들이 신비한 분위기를 자아내며 하늘 높이 펼쳐져 있다. 눈에 보이는 저곳의 풍광은 그 무엇보다도 평화롭고, 자유롭고, 안온하였다. 어쩌면 낙원은 저러한 모습이 아닐까?

덥고 땀을 많이 흘린 탓인지 갈증이 났다. 우리는 사 온 두리안을 쪼개서 나누어 먹었다. 벌써 여러 차례 먹어 보았기에 냄새는 전혀 문제가 되지 않았다. 하얀 육질로 인해 과일을 먹는다는 느낌보다는 음식을 먹는다는 느낌이 들었다. 아침을 아직 먹지 않은 우리는 순식간에 깨끗이 다 먹었다. 피로와 배고픔이 가시는 것 같았다.

우리는 사랑채로 안내되었다. 손님들을 위한 사랑채에는 방이 여러 개 있었다. 본채와 사랑채 사이에 있는 넓은 마당에 타일을 깔아 여러 용도로 사용하도록 한 것은 정말 좋은 생각이었다. 배정받은 방으로 들어갔다. 방은 두 사람이 충분히 잘 수 있는 공간이었으며 필요한 것들은 다 갖춰져 있었다. 정말 우리는 많이 훈련되어 있었다. 14시간의 긴 항해와 열악한 선실환경은 우리 모두를 강인하게 만들었다. 비를 피할 수 있는 공간, 몸을 새우처럼 웅크리더라도 잠을 잘 공간만 있으면 행복하다는 생각을 다들 가지고 있었는데 이렇게 크고 아늑한 방이라니…….

점심을 먹고 잠시 쉰 다음 봉사 단원들 각자가 나누어 가져온 약품을 취합하여 약들을 정리하였다. 그리고 내일 있을 진료 봉사를 위하여 가

저온 약품과 기구들을 점검하였다. 온종일 배에서 시달릴 것을 예상하고 첫날에는 진료 계획을 잡지 않았다. 오후는 휴식 시간인 셈이다. 봉사단원들은 새롭게 겪는 주위 환경에 많이 들떠 있었다.

이곳 사랑신학교에는 전기가 들어오지 않는다. 언덕 밑에 있는 중학교까지는 전기가 들어와 있는데도 이곳까지 전선을 연결하는 데 터무니없는 비용을 요구해서 엄두를 못 내고 있다고 한다. 해가 지고 어두움이 찾아오니 발전기를 돌리기 시작한다. 그러나 그 발전기도 밤 9시가 되면 가동이 중단된다. 장시간 사용하면 발전기 모터가 빨리 손상되기 때문이라고 하였다. 따라서 밤 9시 이후에는 모든 활동이 자동으로 중단되기에 밤 9시가 취침시간이 된다.

전기 공급이 중단되자 이내 온 세상이 캄캄해졌다. 이를 기다렸다는 듯이 사랑채 바로 뒤 밀림에서는 짐승들이 울어대기 시작하였다. 어떤 울음은 짐승의 울음이라고도 할 수 없을 정도로 괴기한 소리에 가까웠다. 도대체 저 괴상한 울음을 만들어 내는 생물의 정체는 무엇일까? 저렇게 많은 종류의 울음소리를 만들어 내는 밀림이 갑자기 무서웠다. 나는 정말 처음으로 밀림이 무서울 수 있다는 사실을 깨달았다.

2011년 1월 27일(목) 아침 흐림

잠에서 깨어나니 숙소 주위에서 우는 온갖 새소리가 들린다. 새가 우는 소리에 잠을 깼다는 문학적 표현은 아마 이럴 때 쓰이는가 보다. 깊은 잠을 잔 까닭에 몸이 가볍게 느껴진다.

오전에는 신학교 학생들을 위한 강의만 있었고 진료 봉사는 없었다. 점심 식사 후 교장 선생은 우리에게 장화를 한 켤레씩 내어놓았다. 우리는 약간 어리둥절하였다. 이곳에서 August Lett 선교사의 무덤에 가려면 장화를 신어야 한다는 것이다. 가는 길이 개흙으로 되어 있어 장화를 신지 않고는 신발과 옷을 다 버린다는 것이었다. 정말 오래간만에 검정 고무장화를 신어 보았다. 임 단장은 발이 꼭 끼이면 물집이 생길 수 있으므로 넉넉한 크기의 장화를 신으라고 조언을 해 주어서 참 고마웠다. 봉사단원은 모두 장화를 신고 숙소를 나섰다.

신학교의 교문을 나서서 마을로 향하는 길로 들어섰다. 맨 먼저 눈에 들어오는 아담한 콘크리트 집 한 채가 있었는데 다른 집과 달리 철주 안테나가 높이 서 있었다. 이 지역의 방송국이었다. 그 아래로 언덕을 내려가니 주위에 자그마한 규모의 중학교가 있었다. 학교의 건물은 매우 낡았는데 제때 수리를 못 했다는 느낌이 들었다. 아래쪽에 마을이 보였다. 다른 쪽에는 저 멀리 바다가 보였다.

우리가 걸어가고 있는 길이 본격적인 개흙 길로 변하고 있었다. 우리 앞에 자그마한 야산이 나타났다. 그 야산의 중턱에 조그마한 화단이 조성되어 있고 그 주위에 몇 개의 비석들이 있었다. 그 비석들 중 하나 앞으로 우리는 다가갔다.

비석은 십자가 모양으로 깎여 있었고 양 끝에는 로마네스크 양식의 문양이 부조처럼 만들어져 있었다. 십자가의 중앙에 독일어로 다음과 같은 비문이 쓰여 있었다.

Missionar

August Lett,

geb. den 4. Sept. 1861, gest. den 20. August 1909.

교장 선생은 August Lett 선교사에 대해서 다음과 같은 이야기를 해 주었다. August Lett 선교사는 원래 독일 루터교회 소속 목사였는데 인도네시아에 선교하러 왔다가 이 섬에 오게 되었다. 그런데 선교사의 사역을 좋게 여기지 않았던 원주민 추장은 이 선교사를 죽이고 말았다.

선교사가 죽은 후 이 지역에서 갑자기 몹쓸 병이 발병하여 많은 원주민이 죽었다. 추장은 원주민들이 병에 걸린 것이 무고한 선교사를 죽인 벌이라고 생각하여서 자신의 죄를 깊이 뉘우쳤는데 그 이후 원주민들의 병이 낫게 되었다는 것이다. 이를 계기로 추장이 그동안 믿어왔던 미신을 버리고 선교사가 전한 기독교를 믿었고 원주민 모두가 다 믿게 되었다.

교장 선생의 이야기를 듣고 나니 분위기가 더욱 숙연해졌다. August Lett 선교사의 순교는 결국 헛되지 않았다. 비록 그는 무지몽매한 추장에 의해 죽임을 당했지만, 그가 흘린 피 한 방울, 한 방울이 이 땅에 떨어진 밀알이 되어 지금까지도 많은 이들을 옳은 길로 인도하는 열매를 맺고 있었다.

저녁을 일찍 먹은 후 우리는 숙소와 멀지 않은 곳에 있는 모라의 집에서 진료 봉사를 하였다. 모라의 집은 바닷가에 가까이 있었고 바로 집 앞에 마을로 연결되는 길이 지나가고 있었다. 또한, 사랑신학교와 주위에 인접해 있는 중학교로 들어가는 길목에 자리 잡고 있었다. 이러한 위치에 있는 까닭으로 모라의 집은 마을 사람들이 잠시 쉬어 가는 곳이기도 하였다.

모라의 집에는 도로 쪽에 베란다처럼 쓰는 공간이 있었는데 기둥과 처마만 있었고 집과 연결된 벽만 제외하고는 다 개방되어 있었다. 우리는 이 공간에서 진료하기로 하였다. 약국은 모라의 집 거실 바닥에 차렸다. 모라 가족이 키우는 개가 그 옆에 보란 듯이 드러누웠다. 벽에는 도마뱀이 점잖게 기어다녔다.

날이 어두워서 불을 밝히니 근처에 있던 나방이란 나방이들이 다 달려들었다. 유일하게 밝은 불이 켜져 있으니 어찌 날아들지 않겠는가? 지금도 진료를 어떻게 하였는지는 모르겠다. 교장 선생이 통역을 맡았는데 통역하랴, 글쓴이에게 달려드는 나방이를 쫓으랴 아주 바빴다.

우리는 그곳에서 청색증이 심한 심장병 어린이를 만났다. 사내아이는 아홉 살이었고 아버지가 데리고 왔다. 어릴 때부터 자주 아팠는데 요즈음은 숨이 차서 열 걸음 걷는 것도 힘들어한다고 한다. 청진하니 심잡음이 쑥쑥 들렸다. 선천성 심장병 중 청색증을 동반하는 활로 4징(Tetralogy of Fallot)이 아닌가 하는 생각이 들 정도로 청색증이 심하였다.

아이의 아버지에게 치료방법으로는 수술 외에는 다른 방법이 없다고 하자 무척 실망하는 모습이었다. 수술이 가능하냐고 물었기에 수술 성적이 좋은 한국에서도 성공률은 그리 높지 않을 것이라고 대답해 주었다. 아이의 아버지는 아이를 살리려는 의지가 없어 보였다. 물론 경제적인 여유가 없었기 때문이기도 하겠지만 그보다는 아이의 남은 삶이 얼마 남지 않았음을 직감적으로 알고 있는 듯하였다.

만약 어떻게 해서라도 그 아버지가 아이를 살리려고 하는 의지만 보였어도 우리는 모든 수단을 취하였을 것이다. 우리가 도와줄 수 있다는 뜻을 비쳤음에도 불구하고 아버지는 우리에게 기대하지 않는 눈치였다. 사실 아이의 증세가 그렇게 심하지 않았어도 우리는 적극적으로 권유하였을 것이다.

지금도 아쉬움이 많이 남는다. 그 아버지에게 한국에 데려가서 수술하면 아들을 살릴 수 있다고 적극적으로 권유하였으면 우리들의 권유를 받아들였을까?

만약 우리들의 권유를 받아들여 우리나라에 와서 심장 수술을 받게 되었다면 과연 그 결과는 어떻게 되었을까?

살리려고 데려와서 수술하였는데 수술 결과가 좋지 않아서 아이가 죽었다면 그 아버지는 이 모든 과정을 이해하고 우리에게 애써주어서 고맙다고 말할 수 있을까? 아이가 잘못되었을 때 여기서 좋은 평판을 쌓아놓은 선교사의 그 모든 업적이 하루아침에 물거품이 될 수도 있다. 아, 이 딜레마(dilemma)를 누가 헤아려 줄 수 있는가?

2011년 1월 28일(금) 아침 흐림

어제 저녁의 진료는 정말 준비운동에 불과하였다. 오늘부터 본격적인 진료가 시작되는 것이다. 쓰나미 난민 수용소로 이동하여 진료 봉사를 하기로 되어 있었다. 약품과 구호품을 작은 픽업트럭의 화물칸에 실으니 사람 탈 공간은 거의 남아 있지 않았다. 다른 선택이 없었기에 우리 봉사단 일행은 화물칸 난간에 엉덩이를 걸치고 앉아 갈 수밖에 없었다. 차가 흔들릴 때마다 몸이 이쪽저쪽으로 쏠렸다. 다들 재미로 웃으면서 비명을 질렀지만 사실 굉장히 위험한 상황이었다. 사고가 나지 않기를 바랄 따름이다. 우리를 태운 픽업트럭은 다행히 아무 일 없이 시까갑 항구에 도착하였다.

선착장에는 UN이 구호를 위해 대여한 배가 기다리고 있었다. 그 배는 어선이었는데 조타실 바깥쪽 벽면에 UN 마크와 함께 구호 활동을 위해 빌린 배라고 인쇄된 천이 붙어 있었다. 쓰나미 난민을 위해 구호 활동을 하는 사람이나 단체는 그 신분이 확인되면 무료로 그 배를 타거나 이용할 수 있었다. 이러한 조직적인 활동을 하는 UN에게 큰 고마움을 느끼면서 경의를 표하였다.

배는 우리를 태우고 약 삼십 분을 달린 다음 맞은편 섬에 우리를 내려놓았다. 짐을 내린 후 잠시 기다리고 있으니 구호 사업을 위해 UN이 빌린 트럭이 우리를 태우러 왔다. 트럭은 보통 건설 현장에서 볼 수 있는 큰 트럭이었다. 우리는 기사가 건네주는 서류에 사인한 다음 짐을 싣고 트럭 화물칸에 올라탔다. 다행히 화물칸은 좌우편에 사람이 앉을 수 있도록 나무로 만든 긴 의자가 붙어 있었고 호로(덮개천막)가 쳐 있어서 비가 와도 문제가 없을 것 같았다. 우리는 37Km Camp를 행하여 출발하였다.

쓰나미 난민 수용소의 이름은 따로 없다. 불리는 이름은 거점 도시에서 몇 km 떨어져 있다고 해서 떨어진 거리를 표시하여 00Km Camp라고 불렸다. 마침 37Km Camp 근처에 교회당이 있었다. 우리는 교회당을 빌려 치료소로 사용하였다.

우리가 치료하는 동안 교회당 저쪽에서는 이 마을의 촌장이 사람들을 모아 놓고 우리가 전달한 옷들과 우리가 사서 가져간 구호품인 멸치 봉지를 나누어 주고 있었다. 촌장은 큰 자루에 담긴 옷을 한 개씩 꺼내서 사람들에게 나누어 주었다. 참으로 인상적인 것은 사람들은 옷 하나라도 더 가져가려고 서로 다투지 않았다. 촌장이 자루에서 옷을 꺼내 보이면 그 옷을 원하는 사람은 자신의 의사를 표시하여 촌장에게서 받아갔다. 자신에게 배당된 옷의 숫자가 차자 더는 요구하지 않고 돌아갔다. 그들은 여유가 있어 보였다. 마음의 여유 말이다.

오전 치료를 마치고 우리는 32Km Camp로 이동하였다. 우리를 태운 차는 한참을 달렸다. 벌써 점심시간이 지난 터라 배가 고파왔다. 캠프의 입구가 멀리 보이는 곳에 집이 두서너 채 지어지고 있었다. 우리는 주인의 허락을 얻어서 짓고 있는 집에 들어가 가져온 점심을 먹기로 하였다. 벽은 일부만 세워져 있고 송판 바닥은 이미 완성되어 점심을 먹기에는 불편함이 없어 보였다. 우리는 각목과 판자 조각으로 어지러운 바닥을 대충 치우고 점심을 먹었다. 앞마당의 바나나 나무를 비롯한 키 낮은 열대 식물들이 과수원에 심어 놓은 유실수처럼 보였다. 우리는 마치 과수원 원두막에 올라가서 점심을 먹는 듯한 기분이 들었다.

점심을 먹고 커피 한 잔을 비우자마자 우리는 32Km Camp 안으로 들어갔다. 수용소 안에 들어서니 상당수의 새로운 집들이 들어서 있어서 정말 갓 세운 town 같은 느낌이 들었다. 우리는 벽 외에는 거의 다 지어진 예배당에서 진료를 하였다. 지붕은 슬레이트였고 일부 벽 쪽에는 우선 비닐 천막을 가림막으로 사용하고 있었다. 바닥은 다행히 아주 튼튼해 보이는 송판으로 되어 있었다.

진료 스케치 #1. 의료봉사 4일차(1월 28일) 32Km Camp 안에 있는 교회당에 임시치료소를 세웠다. 이번 봉사에는 약사가 합류하지 못하여서 윤은수 간호사가 글쓴이의 책임 하에 약국을 담당하도록 하였다. 임영철 단장(우)과 진영덕 단원(좌)은 진료를 시작하기 전에 약품을 진열하거나 진료를 마치고 이동할 때 약품을 꾸리는 일을 맡아서 해 주었다.

순식간에 아이들이 몰려들었다. 볼거리나 놀 거리가 없던 곳에 사람들이 몰려와서 치료해 준다고 하니 재미로 온 것이리라.

어른들은 자신들의 집을 짓느라고 바쁜지 주로 아이들과 여자들이 진료를 받으러 왔다. 쓰나미 당시 넘어지는 나무에 팔과 한쪽 눈을 다친 남자 어른이 치료받으러 왔다. 이미 팔과 눈의 상처는 급성기를 지나 후유증을 남긴 상태였기에 더는 해 줄 것이 없어서 안타까웠다. 수축된 팔은 혹시 수술을 받는다면 팔의 기능은 어느 정도 회복될 것이나 정상으로 되기에는 어려워 보였다.

진료 스케치 #2. 아이들은 대부분 코감기 증세와 설사를 호소하였다. 다행히 약이 충분하였기에 종합 감기약을 한 병씩 처방해 주었다. 호기심으로 가득한 아이들의 눈을 쳐다보면 피로감은 이내 사라졌다.)

들어오는 길은 밀림 속으로 난 길이었다. 군데군데 바나나 나무가 보였고 그 외에 보이는 모든 나무는 키가 엄청나게 크고 나뭇잎도 무성하여 영화에서나 볼 수 있는 밀림 장면 그 자체였다. 어떤 나무들은 어른 팔로 몇 아름이나 되는 것들도 있었다.

원래 인도네시아는 원목을 수출하는 나라였다. 최근 나무를 너무 많이 베어 벌목을 금지하였는데 이번 쓰나미 사태로 주택 수요가 급증하여 다시 한정된 지역에서 벌목을 허락하였다고 한다.

이재민에게는 그 가족의 수에 맞는 크기의 집을 지을 수 있는 송판과 각목, 그리고 지붕 용도의 양철판이 제공된다고 한다. 재난 직후 집을 잃어버린 이재민들에게는 UN 마크가 선명하게 찍힌 tent가 한 가족에 한 개씩 지급되었다. tent에 직접 들어가 보지는 않았지만, 밖에서 보아도 견고하게 설치되어 있을 뿐 아니라 아주 튼튼해 보였다. 저런 tent라면 거의 집과 다름없겠다 싶을 정도로 안정감이 있었다.

이재민들은 임시로 사는 텐트 근처에서 자신들이 앞으로 살 집을 짓고 있었다. 정부에서 허가한 땅에 정부에서 제공한 송판을 써서 자신의 노동력으로 자신과 가족이 앞으로 살 집을 짓고 있다. 어떻게 생각하면 아주 공정한 지원 방법으로 생각되기도 한다. 집을 열심히 짓고 있는 사람들의 얼굴에서 어떤 불평불만의 표정을 읽을 수가 없었다. 어쩌면 저들이 우리보다 더 행복할지도 모른다.

camp 밖에도 이재민들이 살고 있었다. 원주민들은 UN이 제공한 천막집(우측 흰색)에서 임시로 살면서 정부에서 제공한 건축 자재로 자기가 살 집(좌측)을 손수 지었다.

2011년 1월 29일(토) 아침, 맑음

봉사단이 이곳에 도착한 이후 내내 날씨가 흐렸는데 오늘은 새벽부터 날씨가 맑았다. 숙소로 쓰고 있는 교장 사택에서 나와 신학교 교정을 둘러보았다. 해 뜨기 직전이라 선선하였다. 어제 내린 비로 운동장에는 군데군데 빗물이 고여 있었다. 여러 가지 생각들이 스쳐 지나갔다. 이 학교가 훌륭한 인재를 많이 배출하기를 바라는 소망이 뭉게구름처럼 마음속에서 피어올랐다.

아침 식사 후 자외선 차단제를 빠짐없이 듬뿍 바른 다음 모자도 쓰고 우리 일행은 숙소를 나섰다. 사랑신학교 교정에는 햇살이 하늘에서 축복처럼 쏟아 내리고 있었다.

모라네 선착장에서 카누를 타고 숙소에서 보았던, 꿈처럼 떠 있던 바로 그 섬 중의 하나로 출발한다는 것이다. 아, 그 설렘이란. 우리가 갈 목적지의 이름은 시루소, 이름조차도 아름답게 느껴졌다.

우리를 태운 두 대의 카누는 앞으로 달렸다. 카누의 양쪽에 카누 길이와 거의 비슷한 길이의 대나무를 평행으로 연결해놓았다. 아마도 배가 균형을 잘 잡기 위해 설치해 놓은 것 같았다. 쓰나미를 경험한 이후 어부들은 먼 바다로 나가는 것을 두려워한다는 말을 들었지만 우리들의 배는 이러한 말에 개의치 않고 계속 전진하여 나갔다.

거침없이 머리 바로 위에서 쏟아지는 햇살을 피하기는 쉽지 않았다. 결국, 일행 중 누군가가 양산을 꺼내 썼다. 자외선 차단제를 발랐음에도 불구하고 피부는 이내 벌겋게 익기 시작하였다.

약 30분 후 우리는 바나나 농장이 있는 섬의 하얀 백사장에 닿았다. 바닷물 빛은 비취색이었고 백사장은 하얀 모래로 길지는 않지만 아스라한 작은 만을 만들고 있었다. 그리고 바로 백사장 너머 밀림이 시작되었고 그 너머 바나나 농장이 있다고 한다.

필리핀의 세부에서 본 비치(beach)도 참으로 멋지다고 생각했었는데 이곳은 그곳보다 몇 배로 아름다웠다. 무엇보다도 사람의 손길이 미치지 않은 자연적인 아름다움이 좋았다. 아마 창조 이후 그 모습을 그대로 간직하고 있을 것이라는 생각이 들 정도였다.

준비해간 수영복으로 갈아입고 바다로 뛰어들었다. 불과 몇 미터 앞에 물빛이 바뀌었다. 저 바뀐 색깔 밑에는 깊은 바다로 이어지리라.

모두 물에서 재미있게 놀았다. 우리는 준비해온 낚시에 미끼를 끼고 낚시를 하였으나 한 마리도 잡지 못하였다. 바닷가에서 자란 모라는 고기를 몇 마리 잡았다. 크기는 작았으나 색깔은 열대어답게 가지 각양의 색깔을 띠고 있었다. 모라는 익숙한 솜씨로 생선을 처리한 다음 불에 굽기 시작하였다.

해변에서 라면을 끓이고 준비해간 밥을 라면 국물에 말아 먹었다. 모라는 자신이 잡고 구운 조그마한 생선을 우리에게 한번 먹어 보라고 권하였다.

오후 내내 휴식을 취한 우리는 아쉽지만, 숙소로 돌아왔다. 모라네 선착장에 도착하니 웬 사람이 우리를 기다리고 있었다. 그 사람은 각 캠프에 식수를 공급하는 업체 사람인데 우리가 첫날 진료했던 32Km camp에서 피부 발진과 열이 나는 어린아이들이 20~30명 생겼는데 현재 이 섬에 의사라고는 글쓴이밖에 없으니 가서 치료해 달라고 하였다.

그 사람은 이곳 보건소의 지시를 받아 온 것이 아니고 자기 스스로 찾아온 것이었다. 자기가 가 본 수용소에서 아이들이 집단으로 아프니까 이를 보건소에 알렸는데 보건소에는 의사가 파견되어 있지 않았고 간호사만 있어서 즉각적인 조치가 없었다는 것이다. 그래서 혼자 안타까워하던 차에 우리가 며칠 전 진료를 하고 갔다는 소식을 듣고 수소문하여 여기까지 찾아와서 도와달라고 하는 것이었다.

  혹시나 약물 부작용을 우려하여 자세히 물어보았는데 우리가 처방한
약과는 상관없어 보였다. 그렇다면 홍역이거나 이 지역의 풍토병일 가능
성이 크다. 이런 경우에는 접근을 신중히 해야 한다. 집단 발병은 대개
사회적 성격을 가지고 있다. 따라서 보건소나 행정 당국의 허락을 얻은
후 진료하는 것이 복잡한 문제를 사전에 피하는 방법이다.

그래서 우리는 그 사람을 설득하였다. 우리는 언제든지 가서 도와줄 수 있다고 하면서 그쪽 보건소에 상주하는 간호사한테 이러한 우리의 뜻을 전해 주고 그쪽에서 우리가 와서 진료해 주면 좋겠다고 정식으로 요청을 하면 가서 도와주겠다고 하였다.

그 사람은 우리가 도움을 회피하는 것이 아니라 현지 의사의 지시를 받아야 한다는 우리들의 설명을 이해한 것 같았다. 우리는 그에게 선교사의 휴대전화 번호를 알려 주었고 그의 명함도 받아 놓았다. 그는 보건소에서 요청하면 전화로 우선 연락해 주기로 하고 오토바이를 타고 떠났다.

우리는 진료를 대비하여 체온계, 수액, 체중계, 항생제, 해열제 등을 준비하고 밤을 새울 각오로 기다렸지만, 밤이 늦도록 그 사람으로부터 전화 연락이 없었다. 우리는 오늘 밤에는 구호 요청이 없을 것으로 판단하고 잠을 자기로 하였다.

그런데 바로 그날 밤 큰일이 났다. 다른 방에서 자고 있던 임 단장이 우리가 자고 있는 방으로 와서 우리를 흔들어 깨웠다. 큰일이 났다는 것이다. 나는 마치 용수철이 튀어나오듯이 벌떡 일어났다.

큰일이라면 난민 캠프에서 열병이 집단으로 발병하였다는데 그 아이 중에 누군가가 어떻게 되었단 말인가? 그동안 우리가 진료한 환자 중에서 혹 약 부작용이 생겨서 심각한 일이 생겼단 말인가? 그 짧은 순간 내 머릿속에는 진료와 연관되어 생길 수 있는 그 모든 일이 순식간에 떠올랐다.

숙소에서 마당으로 나오니 정말 큰일이 벌어져 있었다. 밤하늘에서 별들이 내 머리 위에서 바로 쏟아지고 있었다. 그것도 끊임없이…. 임 단장이 밤중에 잠이 깨어 일어나 하늘을 쳐다본 그것이 발단이었다. 그는 자신이 본 이 놀라운 경이로움을 혼자서 볼 수 없었기에, 아니 누군가에게 말하지 않을 수 없었기에 자는 우리를 깨웠던 것이다.

2011년 1월 30일(일) 아침, 흐린 후 맑음

일요일 오전 넴넴교회에서 예배드리고 오후에 신학교 교실에서 학생들과 학교 직원을 위한 진료를 하였다.

10살 된 사내아이가 정신이 약간 이상하다며 진료받으러 왔다. 이학적 검사상 특이소견이 없어 보였다. 혹시나 해서 이경으로 귀를 들여다보았더니 이물질로 양측 외이도가 거의 다 막혀 있었다.

교실은 어두워서 이물질을 빼내기가 쉽지 않았다. 바깥 밝은 곳으로 나와 이물질을 제거해 주기로 하였다. 이번에 가져간 이물질 제거용 forcep이 아주 큰 도움이 되었다. 여태까지는 준비를 하지 못했었지만, 이번에는 혹 필요할지도 모른다는 생각에 샀는데 이것이 이렇게 쓰일 줄이야.

이물질은 외이도에 고착된 것이 오래된 탓인지 꿈쩍도 하지 않았다. 이

과용 항생제를 외이도에 넣어 30분 정도 눕혀 놓은 후 다시 제거를 시도하였다. 작은 곤충의 몸체로 보이는 이물질들이 분해되어 나왔다.

아이는 꽉 막힌 귀가 뚫린 탓인지 이내 밝은 표정을 지었다. 그동안 소리가 잘 들리지 않아 비정상적인 행동을 하였는데 그러한 것을 정신이 이상하다고 생각했는지 모른다. 아이는 전보다 소리가 훨씬 잘 들린다고 하였다. 아이의 부모는 우리에게 연신 고맙다는 인사를 하였다. 아이와 그 부모가 기뻐하는 것을 보면서 우리 또한 행복감에 휩싸였다. 이러한 즐거움 때문에 우리는 매년 봉사를 하지 않을 수 없다.

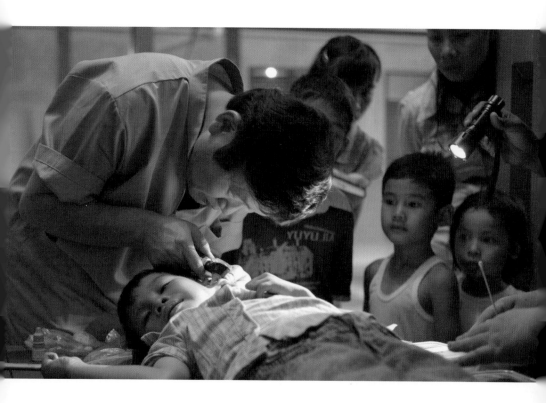

2011년 1월 31일(월) 아침, 흐림

오늘은 진료 봉사 마지막 날이다. 벨레락속 지방에서 진료하기로 교장 선생이 미리 약속해 놓았다. 우리 봉사단 일행은 트럭을 타고 갔다. 트럭 화물칸 양쪽에는 사람이 앉을 수 있도록 긴 의자가 장착되어 있었다. 고정을 위해 나무의자 사이에 박아둔 못이 간혹 튀어나와 있어서 조심하지 않으면 못에 찔릴 수 있었다.

덮개 천막(호로)이 트럭에 씌어 있었다. 측면에 비닐 창을 만들어 평소에는 말아 올려놓고 비가 올 때는 비가 안으로 들어오지 않도록 내릴 수 있도록 하였다.

출발할 때부터 날씨가 흐리더니 한참 달리고 나니 비가 오기 시작했다. 비가 내리는 밀림 속으로 난 길을 봉사를 위해 약품과 구호품을 싣고 가는 멋진 모습을 상상할 수 있겠으나 현실 속의 우리는 정말 죽을 것 같은 상황에 봉착하였다. 비가 오고 저기압 상태여서 그런지 모르겠으나 차에서 뿜어져 나오는 배기가스가 우리가 앉아 있는 화물칸 안으로 들어왔다.

배기가스는 어느 특정된 곳에서 들어오는 것 같지 않았다. 거의 모든 방향에서, 틈이 있는 곳이라면 어느 틈에서나 들어오는 것 같았다. 손수건을 코로 막았으나 소용없었다. 마침 가방 안에 들어있는 수술용 마스크를 찾아 썼으나 무용지물……

몸을 이리 돌리고 저리 돌려도 상황은 거의 변하지 않았다. 환기를 위해 급히 비닐 창을 조금 열었더니 비만 세차게 들어 뿐 아니라 기대했던 신선한 공기는 들어오지 않고 배기가스만 더 들어왔다. 우리는 지속해서 배기가스가 섞인 혼탁한 공기를 들이마시지 않을 수 없었다. 그런데 더 큰 문제는 그런 상황이 거의 두 시간 이상 지속된다는 것이었다. 아, 여기서 죽을 수도 있겠구나 하는 생각마저 들었다. 만약 화물칸 뒤편의 일부가 개방되어 있지 않았다면 우리는 아무 소리도 못 하고 질식하였을 것이다.

차의 속도와 바람의 방향에 따라 잠시 배기가스가 덜 스며들어 올 때가 간간이 있었는데 그때마다 신선한 공기를 마실 수 있다는 것에 대해 얼마나 감사하였는지 모른다. 다음에 혹 이곳에 봉사하러 온다면 반드시 방독면을 가져와야지 하는 생각이 들었다. 다들 정말 순교를 각오하고 트럭 화물칸에서 버텨야만 했다.

이제 더는 견딜 수 없다고 생각하는 순간 우리는 목적지 벨레락속 지역에 도착하였다. 화물칸에 탔던 우리 일행은 모두 차에서 뛰어 내려 숨을 연신 들어 마셨다. 아, 공기가 이렇게 청량하였던가. 우리는 이제 살았다! 다행히 비는 그쳤지만, 날씨는 여전히 흐렸다.

캠프를 찾아오느라고 오전 한나절을 길에서 다 보냈다. 우리는 벨레락속 교회당을 진료소로 사용하였다. 교회당은 최근에 지은 듯하였다. 실외는 아직 마무리가 덜 된 부분도 보였으나 실내는 아주 깨끗하였다.

진료를 받으러 온 아이 중 니라라는 이름을 가진 중 2학년 여학생이 있었다. 쓰나미로 인하여 어머니와 오빠를 잃고 아버지와 둘이서 살고 있다고 한다. 교복을 단정히 입고 있었는데 아주 모범적인 학생처럼 보였다. 임 단장은 그 아이를 수양딸 삼고 싶어 하였다. 그 아버지도 이를 허락하여 그 아이가 고등학교를 졸업할 때까지 학비를 지원해 주기로 약속하였다. 수양아버지는 이 딸아이를 잘 양육하여야 할 텐데 하면서 벌써 부성애를 보이기 시작하였다.

의료봉사 7일 차(1월 31일) 벨레락속 진료를 마친 우리를 향해 니라는 못내 아쉬워하면서 작별인사를 하고 떠났다. 2004년 12월 26일에 불어 닥친 쓰나미가 가져다준 불행을 거의 다 이겨내고 안정감을 보이는 그 아이에게서 우리는 희망을 보았다. 그 아이 또한 우리 봉사단을 통하여 소망을 품기를 바란다. 그렇다. 우리는 그 누구도 일방적인 세상에 살고 있지 않다. 서로가 서로에게 희망이 되는 그런 세상에 살고 있다.

벨레락속 진료를 끝으로 예정되었던 모든 진료를 다 마쳤다. 우리는 올 때 타고 왔던 그 트럭을 타고 숙소를 향해 출발하였다. 가져왔던 구호품을 다 나누어주었고 약품도 대부분 소진하였다. 우선 날라야 할 짐가방의 수가 크게 줄어들어서 좋았다. 비도 그쳤고 날씨가 개어서 그런지 돌아오는 길에는 배기가스가 화물칸으로 들어오지 않았다. 숙소에 도착하려면 아직도 가야 할 길이 많이 남은 것 같은데 밤이 성큼 다가왔다. 장거리 이동과 진료 봉사로 녹초가 된 탓인지 모두 아무 말이 없었다. 화물칸에 앉아 있는 우리로부터 황급히 도망치듯 뒷걸음질하는 주위의 밀림처럼.

2011년 2월 1일(화) 아침 맑음

정들었던 시까갑의 그 모든 것들과 작별인사를 해야 할 시간이 되었다. 우리를 초청한 교장 선생님 그리고 우리를 도와준 모라와 사랑신학교 학생들과 말이다. 봉사를 마치고 피곤한 몸으로 돌아오면 언제나 우리를 편안하게 맞이해 주었던 그 안온한 교장 선생님의 사랑채. 그 멋진 시루소 바다와 밤하늘의 뭇별, 이 모든 것을 과연 잊을 수 있을까?

맛있었던 두리안과 망고, 그리고 삶은 king crab. 교장 선생님의 특별한 사랑이 녹녹히 녹아있는 그 만찬은 얼마나 풍성하였던가? 이 모든 그것을 뒤로 하고 우리는 떠나야 했다.

14시간이나 타고 가야 하는 뱃길이 두렵지 않으냐고? 천만의 말씀, 뱃길은 우리가 왔을 때처럼 아주 잔잔할 것이라는 믿음이 더욱 깊어졌다.

그리고 어떤 어려움도 어렵게 느껴지지 않을 것이라는 자신감도 생겼다.

우리는 이러한 자신감을 품고 우리를 일주일 전 이곳까지 데려다주었던 Ambu-Ambu호에 올라탔다. 어쩌면 이곳에 다시 올지도 모른다는 생각이 드는 것은 어떤 연유일까? Ambu-Ambu호는 뱃고동을 길게 울리고 항구를 떠나기 시작하였다. 우리는 교장 선생님과 신학생들이 보이지 않을 때까지 손을 흔들었다.

이러한 감정은 정말 근래에 가져 본 적이 없는 것들이었다. 이 모든 감정이 어우러져 '낙원을 꿈꾸다'라는 제목의 시가 내 속에서 만들어졌다.

〈낙원을 꿈꾸다〉

야자수 너머 저 멀리
호수처럼 잔잔한 바다
맹그로브(mangrove) 나무숲으로
둘러싸인 섬들이
구름처럼 떠 있다

저 풍광처럼 아름다운 세상을
나 여기서 이룰 수 있을까?

발목까지 빠져
장화 신지 않고는 한 걸음 움직이기 힘든
질펀한 황토 뻘 위에
비 피할 수 있는 공간만 있어도 좋으니
그런 처소를 세울 수나 있을까?

빗물이라도 받아먹어야 살 수 있는
이 원시림 속에서
가냘픈 아녀자의 몸 하나 지탱할 수나 있을까?

조금만 움직여도 한낮 더위가
나를 꼼짝 사로잡아
무기력하게 만드는 이곳에서
주어진 일을 계속할 수 있을까?

한 걸음 내딛는 것도 허락하지 않는
저 밀림 속에 무엇이 도사리고 있는지 모른다

모르는 자에게는 두려움이 있는 법

해가 지고
그 많던 별들도 구름 속으로 사라지면
주위 온 세상은 암흑천지가 된다

미지(未知)와 암흑이 주는 두려움을
어제는 용케 이겨냈지만
과연 오늘도 극복해 낼 수 있을까?

저렇게 천진난만한 눈망울을 가진
먼따와이(Mentawai) 원주민들이
속절없이 거짓말하고
아무런 양심의 가책 없이
물건을 예사로이 훔쳐간다
나 정말 이들을 사랑할 수 있을까?

August Lett 선교사가
순교(殉敎)하면서까지
이 땅에서 이루려고 했던 그 일
나 또한 그 일을 이루어 낼 수 있을까?

어느새 서쪽 하늘 저녁놀이
바다 위에서 황홀하게 타고 있다
이곳 처음 도착했을 때부터 해 왔던
물음을 다시 해 본다

나, 정말 여기에 그 낙원을 이룰 수 있을까?

봉사 3일 차(1월 27일), 이날 사택 정원에서 바라본 해 지는 저녁 바다를 나는
평생 잊지 못한다. 낙원의 저녁 풍광이 바로 이러한 모습이 아닐까?

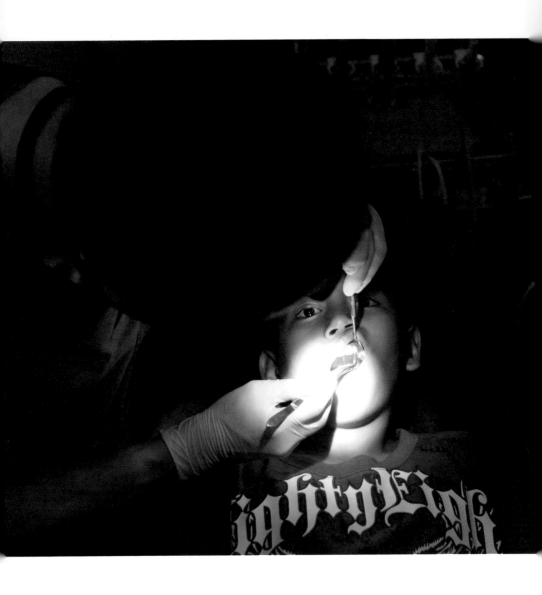

필리핀에서 만난 사람들
(다나오/세부, 필리핀/2011년)

—

여름 봉사지역은 원래 봉사 예정지였던 인도네시아 시까갑을 대신하여 필리핀 세부섬에 있는 다나오 시와 세부 시로 정해졌다. 다나오 시에서 미션 스쿨을 운영하는 한인 교포와 세부 시에서 빈민들을 위하여 사역하는 한인 교포가 적극적으로 봉사단을 초청하였다.

마침 두 지역이 가까이 있었기에 두 군데 다 가기로 하였다. 사역일은 2011년 8월 1일부터 6일까지 5박 6일 일정으로 정해졌다.

봉사단원은 전부 29명이었다. 이중 의료진은 내과전문의 2인, 외과전문의, 소아청소년과 전문의, 병리과 전문의, 치과의사, 약사, 간호사 각각 1인, 치기공사 2인으로 전부 10명이었다.

수화물 검색대에 걸린 치기공 약품

"필리핀 세부로 가는 탑승객 강태주 씨는 필리핀 항공 카운터로 와 주십시오"

인천 국제공항 출국장 안내 방송을 들은 강태주 단원은 예상했다는 것 같은 표정을 지으며 카운터로 갔다. 2009년 출국 시에도 호출된 경험이 있기에 이번에는 긴장이 덜하였다. 가서 보니 역시 검색대 직원은 석고용 분말, 인상제 가루 그리고 self curing resin 액을 문제 삼고 있었다.

석고용 분말과 인상제 가루는 검사관이 육안으로 확인한 후 통과되었다. 그러나 self curing resin은 휘발성 액체로서 화재의 위험이 있기에 수화물 부적격 판정을 받았다. resin이 없으면 틀니를 제작할 수 없다. 그러나 이제는 어쩔 수 없는 상황이다. 현지에 가서 구매하여 사용하는 방법밖에 없었다. 현지에서 과연 원하는 것을 제대로, 제때 구매할 수 있을지 등 예기치 못한 문제로 답답해진다.

강태주 치기공사는 2009년 파이린 봉사 때 처음 합류하였고 이번 봉사가 두 번째이다. 더구나 이번 봉사는 남다르다. 아내 이필선 치기공사와 두 아들 홍근, 요셉도 참여하여, 일가족(부부와 자녀) 전원이 참여하였다.

아내 이 치기공사의 합류로 새로운 기록도 만들어 내었다. 봉사단 창단 이후 첫 부부 치기공사 참여라는 축하받을 만한 일을 한 것이다. 그뿐 아니다. 일가족 전원 참여도 최초의 기록이다. 박민경 전임의의 일가족도 전원 참여하였기에 두 가족이 동시에 첫 기록을 만들었다. 너무 감사한 일이다. 전 가족이 참여한 두 가정으로 말미암아 우리 봉사단에는 새로운 정신이 태동하였다. "의료봉사는 가족과 함께!"라는 새로운 봉사 모델이 탄생하였다. 강 단원 가정에 큰 복이 있기를 바란다.

이번 봉사는 강태주, 이필선 부부 치과기공사 참여로 더욱 의미가 깊었다. 강 단원은 첫 봉사 참여 때부터 열정적인 사역으로 모든 단원을 감동하게 했다. 그는 2017년부터 임영철 단장이 봉사해 왔던 단장 직책을 이어받아 지금까지 헌신하고 있다.

약품 통관

해외 의료봉사에서 제일 큰 어려움은 약품 및 기구의 세관 통관 과정에서 온다. 사실 그 나라 세관의 입장으로는 당연히 자신들이 해야 할 일을 하지만 우리 봉사단의 입장은 또 다르다.

봉사단은 장사하려고 약이나 기구를 가지고 들어가는 것이 아니고 자국민 중에서 아픈 사람을 무료로 치료하러 들어가는 것인데 세관 당국은 이러한 선의를 인정하지 않는다. 그들의 눈에 뜨이면 짐을 열어 보여야 하고 잘 설명해도 세금을 물거나 압수당하기도 한다.

이를 예방하기 위하여 봉사단이 사용할 약품을 봉사단 인원수만큼 나누어 각자 자신의 짐 속에 넣어 세관을 통과하는 작전을 수행한다. 이런 방법으로 대부분 의약품은 무사히 통과되나 드레싱 세트 같은 의료기구들은 검색대를 통과할 때 발각(?)되기에 상당한 실랑이를 벌여야 통관된다.

한선희 약사가 담당했던 대형가방 속의 약 포장기와 윤은수 간호사가 운반한 대형가방 속의 드레싱 관련 의료기구와 소독 약품 등이 문제가 되었다. 그러나 세관원들 보기에도 그것들이 상품성이 없어 보였기에 쉽게 마무리가 되었다. 참 감사한 일이었다.

모든 물품이 무사히 통관되었다. 봉사의 첫 장애물을 잘 통과한 것이다. 마음속의 무거운 짐이 쑥 날아갔다. 모두 얼굴에 웃음이 만연하였다.

공항에는 호산나 학교 교장 선생이 우리를 마중 나와 있었다. 공항 밖의 모습은 2001년 처음으로 세부에 왔을 때와 크게 달라진 것이 없다고 느꼈다.

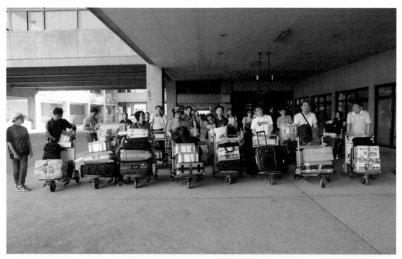

봉사 첫날(8월 1일), 봉사단 전원은 세관 검색대를 무사히(?) 통과하여 공항 터미널을 나왔다. 혹 약품이나 기구를 압수당하면 어쩌나 하는 두려움에서 해방되었다. 첫 번째 시험을 무사히 통과한 단원들의 표정이 안도감으로 밝아졌다.

로즈마리 선생과 그녀의 딸 셜리

봉사단은 전세버스를 타고, 다나오 시로 이동하였다. 세부 시에서 해안선을 따라 난 도로를 타고 북쪽으로 약 두 시간 달려서 다나오 시에 도착하였다. 지도상으로 이동 거리는 대략 55km 되었다.

우리 봉사단을 초청한 교장 선생이 운영하는 학교에 도착하였다. 학교는 사립학교로 초등학교와 중학교가 같이 있었다. 제일 먼저 눈에 띄는 것은 교복을 입은 학생들의 단정한 모습이었다. 눈을 마주치자 미소로 인사해 주는 모습이 매우 인상적이었다.

학교 교실에 진료소를 세웠다. 우선 학생 진료가 우선이었고 그다음 진료 대상이 학생들의 부모와 동네 사람들이었다. 학생들이 재미 삼아 (?) 진료받으러 왔다. 하나같이 눈웃음을 하고 있었다.

의료봉사를 하는 동안 많은 사람을 만나게 되는데 그중에서 특별히 기억되는 사람이 로즈마리다. 그녀는 나와 한 조가 되어 통역을 담당하였다. 로즈마리는 40대 초반으로 보였으며 이 학교의 영어 선생이다. 체구는 자그마했지만, 성격은 아주 활달하고 유머와 활력이 넘쳤다. 그러한 활달함으로 인하여 동료 선생들과도 관계가 좋은 듯하였다. 한 여선생은 로즈마리가 이 학교에 있는 선생 중에서는 춤을 제일 잘 춘다고 알려 주었다.

마침 당뇨 환자가 진료받으러 왔기에 혈당 조절을 위해 운동을 열심히 하라고 하면서 운동 삼아 춤을 로즈마리 선생에게 배워보라고 권하였다. 로즈마리는 이 말을 환자에게 통역한 다음 의자에서 일어나 직접 시범 삼아 춤을 춰 보였다. 내가 엄지손가락을 세워서 'You are the dancing queen!"이라고 추겨주자 굉장히 좋아하였다.

이렇게 명랑하고 재치 넘치는 로즈마리 선생에게 아픈 과거가 있었는데 그 아픔은 현재진행형이기도 하였다. 남편과 사이에 셜리란 이름의 딸을 하나 두었는데 나이는 열일여덟 정도 되어 보였다. 이 아이는 32주 미숙아로 태어났는데 당시 이에 대한 특별한 치료를 받지 못하여 청력장애와 시력장애가 생겨서 지금까지 그 후유증으로 고생하고 있었다. 다행히 지능 장애는 없었고 오히려 총명한 편이어서 학습에는 처지지 않고 잘 따라간다고 하였다.

다나오 사역이 끝나는 날 로즈마리 선생과 헤어지기 전에 그녀를 위로해 주어야겠다는 생각이 불현듯 들었다. 나는 셜리를 위해 기도해 주고 싶다고 말했다. 그녀는 환하게 웃으며 그렇게 해 주면 참 고맙겠다고 하였다. 우리는 셜리를 가운데 두고서 기도하기 시작하였다. 우리는 정말 간절히 기도하였다. 셜리가 나의 기도를 들을 수 없었겠지만, 우리의 기도는 하늘에 상달되었다는 느낌이 들었다.

마리, Kopino, 레베카

다나오에서 사역을 마치고 봉사단은 세부 시로 이동하였다. 우리는 도시 빈민들이 주로 사는 곳에서 현지인들을 섬기기 위하여 세워진 Shine 교회당 안에 진료소를 개설하였다.

마리는 첫날 오후 진료시간에 본 환자 중의 한 사람이었다. 그녀는 28세로 다섯 살인 아들 루이스와 그 형을 데리고 진료를 받으러 왔다. 목과 등의 통증을 호소하였다. 통증이 어떻게 시작되었느냐고 물었는데 대답을 하지 않았다. 재차 물어도 별 대답이 없었다. 무엇인가 이상하였다. 아니 직감적으로 어떤 좋지 못한 일이 그녀에게 있었음이 느껴졌다. 혹시 남편이 때렸느냐고 물었더니 그제야 작은 목소리로 그렇다고 대답하였다.

의사가 환자의 증세를 묻고 그 원인을 찾기 위해 이런저런 질문을 하다 보면 환자가 가지고 있는 지극히 개인적인 삶의 한 부분, 그것도 고통스러운 면을 본의 아니게 알게 된다. 통증은 진통제로 어느 정도는 완화될 수 있다. 그런데 그 통증을 초래하는 직접적인 원인이 질병이 아니라 마리의 경우처럼 다른 원인이면 의사는 난감해진다. 더는 나아가기 힘든 어떤 경계선에 와 있게 됨을 느낀다. 의사의 한계요, 도움의 한계였다.

그녀는 처방전을 받아갔다. 돌아가는 마리 가족을 위해 무엇인가 더 해줄 것이 있었다. 진통제만으로는 부족했다. 나는 속으로 외쳤다.

"행복을 처방해 주고 싶어요. 도와주세요"

그 날 오후 진료를 마칠 때쯤 중학생으로 보이는 학생 서너 명이 진료를 받으러 왔다. 그중 한 여학생이 눈에 띄었는데 그 애의 이름이 마리아였다. 마리아는 소위 Korean Filipino다. 교복을 단정하게 입은 것도 그렇지만 얼굴 생김새는 완전 한국 사람이었다. 가족관계를 물어보니 할아버지가 한국 사람이었다. 마리아와 같이 온 친구들은 그녀와 사이가 좋은 듯 보였다.

마리아는 우리말도 잘 했지만 영어도 아주 잘 하였다. 마침 통역자가 잠시 자리를 비웠기에 다른 환자들을 위해 통역을 부탁해 보기도 하였다. 그 할아버지와 할머니, 그 부모님이 어떤 삶을 살았는지 알 수 없지만, 마리아는 늠름하게 잘 살아가고 있는 것처럼 보여서 오히려 그녀가 대견스러웠다. 부디 이 아이가 잘 자라서 자신이 속한 가정에 큰 기쁨이 되기를, 그로 인하여 주위 가족들이 행복해지기를…….

다음날 진료의 대상자를 Shine 교회 지도자들로 한정하여 그들의 건강 상태를 점검해 주었다. 그때 만난 사람이 레베카였다. 레베카는 50대 중반으로 당뇨병과 고혈압으로 몸이 불편하지만, 교회의 일이라면 몸을 사리지 않고 일한다고 하였다.

주위 사람들이 좀 쉬어가면서 일하라고 해도 본인은 이에 아랑곳하지 않고 입버릇처럼 차라리 천국에 빨리 가서 그곳에서 쉬고 싶다고 대답하였다고 한다. 나는 혈당과 혈압을 잘 조절할 방법을 가르쳐 주었다. 그리고 여분의 혈당 측정기를 주면서 혈당을 자주 재어 보라고 하였다.

레베카는 실제 나이보다 훨씬 늙어 보였고, 키도 작았으며 옷은 남루

하였다. 그러나 그녀의 눈은 자신이 어떤 사람임을 증명하고도 남았다. 그녀는 정말 문자 그대로 충성스러운 교회의 집사(執事)였다.

행복한 아이들의 놀이터

마지막 날 아침부터 비가 내렸다. 이내 그칠 줄 알았는데 종일 내렸다. 비가 제법 왔지만 침수될 정도는 아니었는데 교회당 앞마당과 1층에 있는 부엌 바닥에 물이 제법 고였다. 예배당이 지대가 낮은 곳에 있었기 때문이기도 하지만 그것만이 침수의 원인은 아니었다. 동네에 우수와 하수를 처리하는 배수 시설 자체가 제대로 되어 있지 않았기 때문이었다. 거리에는 물이 넘치고 있었다.

아이들은 제 세상 만난 양 물이 넘치는 길거리로 나와 놀았다. 농구공을 가지고 나온 사내아이는 점잖은 편이었다. 그냥 나온 아이들은 서로 흙탕물을 튀기며 물싸움을 벌이기도 하였다. 이 동네에서 침수는 연중행사로, 이미 생활의 한 부분이 된 일상사처럼 보였다. 체념은 어쩌면 사람을 덜 짜증나게 할 수도 있겠구나 하는 생각이 들었다. 이들의 낙천적인 표정은 그 모든 불편함을 다 체념하며 받아들인 결과일까?

망고와 두리안

필리핀은 과일 천국이다. 평소 못 먹어 보는 과일을 마음껏 먹어 볼 수 있어서 좋다.

글쓴이는 망고를 특히 좋아한다. 당도가 높아서도 그렇지만 평소 우리나라에서는 맛볼 수 없기에 그러하다. 또한, 망고 과일은 무엇인가 먹음직스러운, 우리를 유혹하는 그 무엇인가가 있다.

말린 망고를 먹어 보면 느낌이 또 다르다. 분명 망고 육질을 먹고 있지만, 망고를 먹고 있다는 느낌이 들지 않는다. 그렇다면 망고 매혹의 원인은 그 과즙에 있다는 결론을 내릴 수 있다. 사실 과즙에는 특별한 향기는 없다. 숨어 있는 맛의 정체가 무엇일까?

망고나무는 무환자나무목, 옻나무과에 속한다. 망고의 학명(Mangifera indica)에서 알 수 있듯이 인도, 방글라데시, 동남아시아가 원산지로 추정된다. 2500~3500만 년 전으로 추정되는 화석에서도 발견된다고 하니 망고나무는 살아있는 화석이라고도 볼 수 있겠다.

망고나무의 열매인 망고의 품종은 1000여 가지가 된다고 한다. 그중에서 필리핀에서는 Carabao, 태국과 싱가포르에서는 Nam Doc Mai, 중국에서는 Irwin으로 불리는 망고가 많이 재배되고 있다.

망고를 좋아하는 사람들이 꼭 알아야 하는 지식은 망고가 옻나무과에 속하는 나무의 과일이라는 것이다. 옻나무에 대한 알레르기가 있는 사람은 망고나무와 망고에 대해서도 알레르기가 생긴다.

옻 중독의 원인은 옻나무 수액 속에 있는 우르시올(urshiol) 성분 때문이다. 이 우르시올이 신체에 접촉하면 이 성분이 항원으로 작용하여 알레르기성 접촉성 피부염을 초래한다. 망고 속에 있는 씨앗에 붙어 있는 과육을 열심히 먹으면 그 속에 있는 우르시올 성분으로 옻 중독처럼 망고 알레르기가 생긴다.

덧붙여서 옻 중독과 페니실린 알레르기가 교차반응이 있다는 임상증거는 없지만 페니실린 알레르기가 있는 사람은 망고를 안 먹는 것이 안전할 것이라는 개인 의견이 있다.

필리핀에 가면 반드시 해 보아야 할 모험이 있다. 바로 두리안(Durian)을 먹어 보는 것이다.

두리안의 외형을 보면 일단 먹음직스럽지 않다. 아니 약간 흉측하기까지 보인다. 과일을 둘러 쌓고 있는 수많은 뾰쪽한 침들 때문에 그렇다.

두리안은 두리안 나무의 열매이다. 두리안 나무는 아욱목, 아욱과에 속한다. 두리안이 유명한 이유는 과육이 가지고 있는 특유의 냄새 때문이다. 과일을 채집하고 나서 하루가 지나면 과육이 단단하고 두꺼운 껍질 속에서 발효하기 시작한다. 글쓴이는 이를 숙성과정으로 본다. 덜 익은 과일이 제대로 익는 과정으로 생각한다.

만약 그 역겨운 냄새가 부패 과정에서 나온 것이라면 두리안을 먹으면 안 될 것이다. 먹고 나면 배탈이 날 것이 분명하기 때문이다. 글쓴이는 두리안을 잘 먹는다. 수차례 먹은 적이 있지만 한 번도 배탈이 난 적이 없다. 숙성이 제대로 된 두리안을 먹으면 배가 부르지는 않지만 아주 영양가 만점인 크림을 먹은 것 같다. 물론 크림처럼 느끼하지도 질리지도 않는다.

두리안이 열대과일의 왕이라고 불리는 이유는 아마도 풍부한 열량 때문이 아닌가 생각한다. 두리안의 영양가 구성을 보면 탄수화물이 67%, 지방이 30%, 단백질이 3%이다. 열량은 100g 당 147 Cal이다. 이러한 열량은 같은 무게로 따졌을 때 딸기의 5배, 오렌지의 3배, 바나나의 1.5배에 해당한다. 밥으로 치면 반 공기에 해당하는 열량이다.

두리안은 또한 칼륨을 많이 함유하고 있다. 한 개에 평균 2625mg을 함유하고 있다. 이러한 영양적 특징으로 볼 때 두리안은 영양 보충으로 매우 훌륭한 과일임이 틀림없다. 그러나 고열량과 고칼륨 식품이란 특성이 있기에 당뇨병 환자나 중증 신장 질환 환자는 이를 삼가는 것이 좋다.

당뇨병이나 중증 신장 질환이 없다면 꼭 두리안에 도전해 보자. 예상치 못한 기쁨이 여행이 주는 즐거움 중 하나이지 않은가.

이번 봉사를 정리해 보면 가족 단위의 참여가 더욱 두드러진 점이었다. 모자 참여는 봉사단 창단 후 첫 사역 때부터 지금까지 이어져 내려와 좋은 전통이 되었다. 일가족 참여는 2009년 캄보디아 사역에서 시작되었으며 이번 2011년 사역에서는 일가족 전원 참여라는 새역사를 만들어 내었다.

또한, 이번 사역에서는 첫 부자 참여와 첫 부녀 참여의 기록도 만들어 내었다. 김권용, 김종욱 부자 그리고 이규성, 이서린 부녀가 그 주인공들이다. 특히 김권용 단원과 이규성 단원은 창립 구성원이자 집행부 임원으로 지금까지 꾸준히 봉사해 오고 있었기에 이들 자녀의 참여는 부모 세대의 봉사가 자식 세대로 계승되고 있다는 증거로 매우 뜻깊은 일이었다.

또 하나 특기할 것은 봉사 기간에 두 지역에서 봉사활동을 한 일이었다. 봉사지역을 옮겨 가며 두 군데에서 봉사하면 진료 활동을 제외하고 나머지 활동은 두 차례 봉사하는 것과 같다. 이러한 어려움이 있었음에도 모든 단원이 한마음으로 사역을 감당하여 두 지역 모두에서 봉사활동을 성공적으로 마칠 수 있었다. 단합된 힘을 보여 준 봉사단원 모두에게 감사한다.

3부

———

씨를 뿌리다
(2012년~2019년)

임시진료소로 사용했던 뚜얼쁘릿 보건소 주위 가옥들. 종려나무와 바나나 나무는 그곳에서 일상적으로 볼 수 있는 수종이었다.

현지 언론의 조명을 받다
(뚜얼쁘릿, 캄보디아/2012년)

—

인도차이나반도에는 동쪽으로부터 베트남, 라오스, 캄보디아, 태국, 미얀마 다섯 나라가 있다. 이들 나라의 국민 소득을 1인당 GDP(USD) 순으로 나열해 보면 미얀마(1,298), 캄보디아(1,509), 라오스(2,720), 베트남(2,551), 태국(7,187) 순이다.

단순히 GDP만 살펴보면 미얀마가 우리 봉사단이 가서 할 일이 더 많을 지역인 것 같다. 실제로 봉사를 위해 몇 번 살펴보았으나 현지에서 함께 봉사할 마땅한 파트너가 없어서 봉사할 수 있는 여건이 성숙할 때까지 기다리기로 하였다.

봉사단은 캄보디아에서 파이린이 아닌 다른 지역에서 봉사를 이어나가기로 하였다. 사역지는 수소문 끝에 연결되었는데 뚜얼쁘릿(Tuol Prich) 지역이었다. 뚜얼쁘릿은 프놈펜 중심지에서 북서쪽으로 약 30km에 있으며 승용차로 한 시간 이십 분 걸리는 거리였다. 영양사로서 현지 병원에서 당뇨영양 상담사로 일을 한 경력이 있는 한인교포가 봉사단을 초청하였다. 봉사

일정 2012년 7월 27일(금)부터 8월 2일(목)까지 6박 7일 일정이었다.

초청자는 미리 현지 사정을 알려주었다. 수년 전에 보건소가 세워졌으나 주민들의 보건 수요를 충당하기는 역부족이라는 것과 현지의 주요 질환으로는 고강도의 오래 지속된 노동에 의한 질환 즉, 관절염, 근육통과 위장관 질환, 그리고 특히 치과 질환이 많다고 하였다. 치과 질환이 많은 것은 단 것을 좋아하는 식습관과 어릴 때부터 치아 관리를 잘 받지 않았던 것 때문이라고 하였다.

프놈펜에 숙소를 정하다

봉사단은 전부 29명이었다. 그중에서 의료진은 9명으로 내과 전문의 2인, 소아청소년과, 흉부외과, 치과의사, 간호사, 치기공사 각각 1인과 약사 2인으로 구성되었다.

봉사지역에는 봉사단원 스물아홉 명이 숙식할 만한 마땅한 장소가 없었다. 봉사지역은 프놈펜에서 차량으로 출퇴근하듯 이동하는 것이 가능한 곳이었기에 봉사단은 프놈펜에서 숙박하기로 했다. 봉사단은 차량이 많이 붐비는 도심지에서 벗어난 외곽에 있는 Royal Palace Hotel에 거처를 정했다.

호텔은 이름과 달리 시장통에 있었다. 호텔은 6층 단일 건물로 외관은 보통이었지만, 실내는 목재를 많이 사용하여 제법 연륜이 있어 보였다. 무엇보다도 호텔 로비에서 6층 천장까지 시원하게 뚫린 개방된 공간이 마음에 들었다. 승강기는 건물 규모와 비교하면 아주 작은 것을 설치해 놓았다. 투숙객들의 여행 가방 운반용인 듯하였으나 우리는 손수 가방을 날랐기에 약품으로 가득 찬 이민 가방을 실어 내기에는 매우 불편하였다.

아침 식사가 호텔에서 제공되어서 좋았다. 아침 식사는 뷔페식이었다. 한식으로는 흰 쌀죽과 김치가 나왔다. 여러 가지 채소로 만든 반찬이 있어서 그런지 다들 잘 먹었다. 캄보디아는 어디를 가도 맛있는 빵을 사 먹을 수 있다. 현지에서 놈빵이라고 불리는 빵은 바게트처럼 길쭉하게 생겼다. 빵 가게가 겉으로 보기에는 매우 허름한 구멍가게처럼 보이지만 맛은 일품이다. 프랑스 식민지였던 베트남의 영향 때문인가. 이곳 사람들의 빵 만드는 기술은 정말 대단한 것 같다. 이들은 빵을 밀가루로 만들지 않는다. 타피오카 전분으로 만든다. 타피오카 전분의 원료는 열대작물 카사바의 뿌리이다.

갓 구워낸 구수한 빵을 캄보디아산 커피와 함께 먹노라면 이것 외에 더 무엇이 필요할까 하는 생각이 든다. 글쓴이는 평소 빵과 커피를 즐겨 먹는 편이 아니다. 그런데도 이 호사를 즐겼던 것은 이 나라에서 겪은 모든 불편함을 잠재우고도 남을 만큼의 행복감을 주었기 때문이었다.

환대받은 봉사단

봉사단은 뚜얼쁘릿 보건소에 임시진료소를 차릴 수 있도록 허락을 받았다. 진료 첫날 (7월 28일) 우리 봉사단이 보건소에 도착했을 때 당국과 현지 주민들로부터 뜻밖의 환대를 받았다. 그 지역 출신인 보건담당 고위 관료가 우리 봉사단의 진료 활동에 대단한 관심을 보여 격식을 갖춘 환영식으로 봉사단을 맞아주었다. 봉사단이 현지에서 공식적인 환영식에 초대받은 것은 창단 이후 처음 있는 일이었다!

그 관료는 진료받으러 온 환자들 앞에서 봉사단에 깊은 감사의 뜻을 표하였다. 또한, 우리의 봉사활동이 주민들의 보건 향상에 이바지할 것이라고 기대감을 나타내었다. 이어서 그는 현재 당국이 하고 있는 '신생아 care set 보급 사업'에 더욱 힘쓸 것을 주민들에게 약속하였다. 우리 봉사단도 이에 동참하는 의미로 그 자리에서 '신생아 care set 보급 사업' 후원금을 기부하였다.

환영식만으로 끝난 것은 아니었다. 캄보디아 유력 언론매체가 우리 봉사단의 진료를 취재하여 그날 저녁 TV 방송 뉴스 시간에 이를 보도하였고 석간 신문지에 기사화하였다. 우리들의 봉사활동이 그 정도로 주목을 받을 일은 아니라고 생각하지만, 우리 봉사단의 사역으로 인해 캄보디아 국민이 우리나라에 대하여 좋은 인상을 받게 된다면 그것 또한 사역의 소중한 열매일 수 있다는 생각이 들었다.

보건소 당국이 보내 준 신문의 해당 기사를 번역하면 다음과 같다.

한국 의료봉사단 뚜얼쁘릿 주민들에게 무료진료 하다

껀달 주 : 29명으로 구성된 한국 의료봉사단이 2012년 7월 28일 오후부터 엉쓰누얼 읍, 뚜얼쁘릿 면에서 지역 주민들을 대상으로 무료진료를 시작한다. 같은 날 오전에 한국 의료봉사단 환영행사가 뚜얼쁘릿 보건소에서 이 지역 보건위원회, 지역 관계자 및 지역 주민들이 참여하는 가운데 개최되었다. 봉사단 고문인 안용운 씨는 "우리 의료봉사단의 캄보디아 진료 봉사가 세 번째입니다. 이번에도 주민들을 위하여 열심히 봉사하겠습니다."라고 말했다.

기사 내 사진 설명 : 환영 테이블에 앉은 보건소 관계자와 집행부 임원들 뒤로 봉사단원들이 앉아 있는 것이 보인다(좌). 당일 진료 받으러 온 환자들이 환영식에 참석하여 봉사단에 관한 소개의 말을 듣고 있다(우)

진료 스케치 #1. 보건소 건물은 최근에 지은 듯 아주 깨끗하였다. 단층 건물 지붕에 올린 붉은 기와가 엷은 미색을 칠한 벽과 잘 어울렸다. 보건소 당국이 앞마당에 환영식 행사용 천막을 세우고 간이의자를 비치해 두었다. 당국이 이 천막을 환자들의 대기 공간으로 사용하도록 봉사 기간 내내 설치해두어서 얼마나 감사한지 모른다.

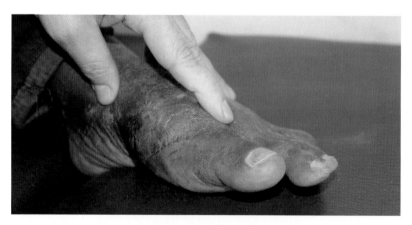

진료 스케치 #2. 진료 첫날(7월 28일) 발등에 통증을 호소한 50대 남자 환자가 있었다. 이학적 검사상 특별한 이상이 없었다. 오래된 장시간 노동으로 인한 관절통과 근육통으로 추정되었다. 당시 사진을 보니 여러 가지 생각이 든다. 수년 아니 수십 년 동안 햇볕에 그을리고 온갖 물체에 의하여 상한 농부의 발과 비교하면 글쓴이의 손은 매끄럽고 곱기까지 하다. 농부의 발은 농사를 위하여 사용되고 의사의 손은 봉사를 위해 사용되는가 보다.

진료 스케치 #3. 진료 셋째 날 (7월 30일) 진료를 받고 돌아가는 원주민의 모습이 눈에 띄었다. 처방된 약이 들어있는 비닐봉지를 쥔 채 오토바이 운전대를 잡고 막 출발하려는 원주민의 표정이 다행스럽게도 밝다. 진료에 만족하는 모양이다. 약이 효과를 발휘하여 아픔이 사라지기를 바라는 마음이 더욱 간절해진다.

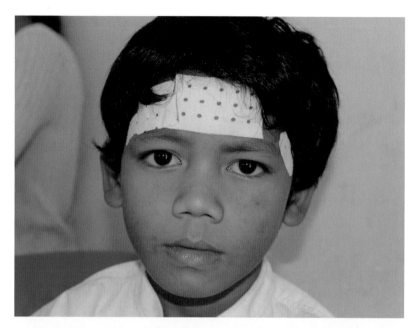

진료 스케치 #4. 진료 마지막 날(7월 31일) 두통이 있다면서 이마에 '파스'를 붙인 아이가 왔다. 우습기도 하였지만, 한편으로는 '파스'를 붙여준 부모의 창의적인 생각(?)을 검토해 본 계기가 되었다. '파스'는 연고에 해당하는 독일어 'pasta'에서 유래되었다. 파스에 함유된 약의 성분은 진통제(살리실산, 케토프로펜, 피록시캄 등)와 멘톨 등이다. 두통의 원인은 부위에 따라 다르다. 환자처럼 이마에 통증이 있는 경우는 긴장성 두통 혹은 부비동염이 원인일 가능성이 크다. 만약 긴장성 두통이라면 '파스에 함유된 멘톨 등에 의한, 혹은 '파스'의 위약(placebo) 효과에 의하여 두통이 개선될 수도 있겠다는 생각이 든다.

진료 스케치 #5. 오정화 약사가 처음으로 우리 봉사단에 합류하였다. 그동안 약국의 업무가 너무 힘들었기 때문에 우리 단원 중에서 오 약사의 자원을 제일 기뻐한 사람은 아마도 한선희 약사였을 것이다. 오 약사는 한선희 약사와 짝을 이루어 멋지게 약국의 업무를 처리하였다. 우리 모두 기대했던 바와 같이 오 약사는 그 이후에도 매년 참여하여 이제는 정규 단원이 되었다.

제대로 찾아온 창상 환자

진료 마지막 날, 오후 진료가 끝날 무렵이었다. 약국팀을 제외하고는 모두 철수를 준비하고 있는데 응급 환자 한 사람이 우리 진료소를 급하게 찾아 왔다. 40대 남자가 지붕에서 일하다가 굵은 철사에 팔을 찔려 출혈하고 있는 상처 부위를 수건으로 묶은 채로 오토바이에 실려 왔다.

다행히 혈압은 유지되고 있었고 의식 상태는 명료했다. 환자를 관찰한 조광조 교수는 봉합 세트를 달라고 윤은수 간호사에게 말했다. 생리식염수를 달고 창상 부위를 소독한 다음 동맥과 신경을 관찰한 조광조 교수는 봉합을 시작하였다. 마침 진료를 끝낸 권성일 원장이 assist를 하겠다고 나서서 조 교수는 흔쾌히 허락하였다.

조 교수가 수술에 관련하여 보고서에 남겨 둔 내용을 그대로 전재한다.

"오른쪽 전완부에 깊은 열상을 입고 다량의 출혈을 한 환자였다. 쇠붙이에 찔렸다 한다. 기구를 다시 풀게 하고 상처를 확인했다. Right radial artery가 끊겨 있었다. 그런데 distal artery에 맥박이 만져지는 것으로 봐서 묶어도 말초 관류에는 문제가 없겠다고 판단하였다. ligation 한 뒤 상처를 층층 봉합해 주었다."

수술을 마친 후 우리는 이구동성으로 이 환자를 위해서 조광조 교수가 이번 봉사단에 왔다고 말들을 하였다. 원래 우리 봉사단의 외과 팀장은 박찬익 선생이었는데 이번에 합류하지 못했다. 그래서 급하게 섭외된 의사가 조광조 교수였다.

사실 섭외를 받은 조광조 교수는 이번 우리 봉사에 합류할 수 있는 상황이 아니었다. 우리가 부탁한 시점이 본인이 속한 봉사단이 필리핀에서 의료봉사를 하고 귀국한 지 얼마 되지 않았을 때였기 때문이었다. 그런데도 조 교수는 다시 힘을 내어 우리 봉사단의 요청에 응하였다.

이러한 일련의 일들을 퍼즐 맞추듯이 맞추어 가면 결국 그 환자를 위하여 왔다고 한 우리들의 찬탄이 찬탄으로 끝낼 것이 아니라 우리가 감사드려야 할 일로 입증되었다.

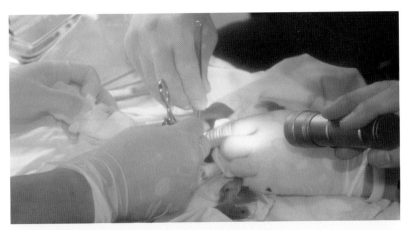

겸자(forceps)를 잡은 조광조 교수의 오른손 움직임이 예사롭지 않다. 권성일 원장은 오래간만에 지혈용 겸자(Mosquito Forceps)를 잡아 보았다. 이내 조 교수는 곧 출혈 부위를 찾아내어 지혈하였다. 환자가 일하다가 팔을 다친 것은 불행이었지만 혈관 수술 전문의사를 제때 만나 제대로 치료받은 것은 행운이었다.

현지 감사장 받은 권은지 학생

권성일 내과 원장은 2009년 처음 봉사단에 합류한 이후 이번까지 세 차례 연속해서 참여하였다. 특히 올해는 아내 송영미 씨와 딸 은지까지, 전 가족이 참여하였다. 권은지(12세)는 초등학교 6학년 학생으로 여름방학을 이용하여 봉사하러 왔다.

은지가 봉사에 참여하게 된 계기는 부모님의 권유 때문이 아니고 평소 아버지가 봉사에 자주 참여하는 것을 보고 스스로 가고 싶은 마음이 생겨서였다. 한편, 봉사를 다녀온 이후 은지에게는 많은 변화가 있었다. 특히 스스로 공부를 챙겨서 하기 시작하였는데 이는 공부를 하는 목표라고 할까 어떤 비전이 생겼기 때문이라고 하였다.

또 하나 특기할 것이 있다. 현지 당국자들은 초등학생이 부모와 함께 봉사에 동참한 것이 무척 좋은 일로 여긴 모양이었다. 그들은 은지에게 봉사에 관련하여 감사장을 만들어주었다. 감사장은 영어로 작성되었는데 우선 그 양식이 매우 기품이 있어 그 내용을 더욱 돋보이게 하였다.

권성일 원장 가족이 '일가족의 전원 참여 전통'을 이번에 이어 주어서 우리 모두 축하해 주었다. 이처럼 가족 단위의 봉사 참여가 앞으로도 지속되면 우리 모두에게 기쁨이 될 것이다.

이번 봉사에서 예상치 못한 일이 있었다. 현지에 가서 알게 된 것인데 우리를 초청한 분이 다른 봉사단도 초청하여 그 봉사단이 우리보다 먼저 와서 다른 지역에서 봉사를 하고 있었다. 이러한 상황을 미리 우리 봉사단에게 알려 주었으면 좋았을 텐데 그렇게 하지 못한 것이다. 현실적인 문제는 그분이 먼저 온 봉사단과 함께 일하다 보니 우리 봉사단과는 사역을 같이하기 어려웠다는 것이다. 이로 인해 집행부로서는 매우 난처한 상황을 맞이하였다. 다행히 통역 자원하러 온 현지 교포가 잘 도와주어서 어려운 문제들을 해결해 나갈 수가 있었다.

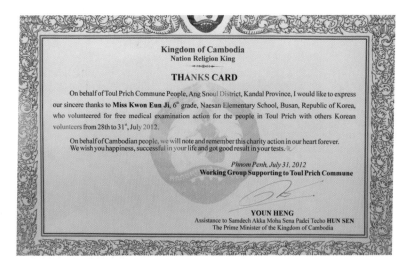

또 한 가지 언급하고 싶은 것은 현지와 보건 협력 사업이다. 현지에 와서 보니 이 지역의 보건 책임자는 신생아 사망률 감소를 위해 '신생아 care set 보급 사업'에 힘쓰고 있다는 것을 알게 되었다. 즉석에서 보급 사업 후원금을 전달하기는 했지만, 미리 이 사업에 대해 알았다면 이에 대한 지원 방안을 다방면으로 준비해 왔을 것이다. 사전답사를 하지 못하는 경우 봉사단을 초청하는 분에게 현지의 보건 사업에 관하여 철저하게 파악해 달라고 부탁하는 것이 중요하다는 교훈을 얻었다.

가족 의료봉사단
(뜨로빼앙스나오, 캄보디아/2013년)

———

2012년 캄보디아 사역 당시 초청자 대신에 우리 봉사단을 위해 많은 수고해 주신 분이 있었다. 그분이 우리 봉사단을 초청해 주었기에 봉사지 선정이 쉬웠다. 봉사단원은 전부 39명이었다. 그중에서 의료진은 11명으로 내과 전문의 2인, 소아청소년과 전문의, 외과 전문의, 산부인과 전문의, 병리과 전문의, 치과의사, 간호사, 치기공사 각 1인과 약사 2인으로 구성되었다. 사역 기간은 8월 10일부터 16일까지, 6박 7일이었다.

사역지는 뜨로배앙스나오 마을이었다. 시골 농촌의 자그마한 마을로 프놈펜 중심부로부터 북서쪽으로 약 30km 거리에 있었다. 작년에 사역하였던 뚜얼쁘릿 지역에서는 북동쪽으로 약 15km 거리에 있었다. 주위 환경과 주민들의 보건 상태는 뚜얼쁘릿 지역의 경우와 매우 유사하였다.

이번 봉사단의 구성에서 특별한 점이 있다. 그것은 많은 단원이 가족 단위로 참여하였다는 것이다. 이전의 봉사에서도 가족 참여가 좋은 전통으로 자리매김하고 있다는 것을 언급한 바가 있었는데 이번 봉사에는 더욱더 두드러졌다.

가족 전체가 참여하는 가족 팀도 있었는데 이들에 대해서는 아래에서 따로 언급할 것이다. 부부 팀이 두 쌍 참여하였다. 부녀(父女)팀은 네 팀이나 참여하였다. 부자(父子)팀은 두 팀, 모녀(母女)팀은 한 팀이었다.

이들을 다 합치면 26명이다. 전체 단원이 39명이므로 가족 단위 참여자 수는 과반이 된다. 가족 단원이 봉사단의 주류가 된 셈이다. 이러한 가족 단위 참여 중에서 특히 부녀, 부자, 모녀 참여는 자녀들의 교육에 도움이 될 뿐 아니라 의료봉사 사명이 다음 세대로 계승되는 모태가 된다는 점에서 더욱 의의가 있었다.

임신한 몸으로 진료하다

우리 봉사단의 역사에 꼭 기록해 두어야 할 가족이 있다. 바로 박민경 전임의(동아대병원 병리과)의 가족이다. 박 전임의와 그 가족은 여러 가지 최초 기록을 가지고 있다. 우선 최초로 임신한 몸(임신 8주)으로 진료 봉사에 참여한 기록이다. 둘째로는 최초로 일가족(5인) 전원 참여한 기록이다(2011년). 셋째로는 최초로 일가족(5인) 전원 연속 2회 참여 기록이다(2011년, 2012년). 넷째로는 최초로 부부 의사 연속 3회 참여 기록이다(2011년~2013년). 이 네 가지 기록은 아직도 깨어지지 않고 있다.

박 전임의는 결혼 후 7년 만에 임신을 하였다. 양가 부모님들은 태아를 위하여 해외의료 봉사를 만류하였다. 그러나 박 전임의는 "(태아가) 살고 죽는 것은 사람이 어떻게 할 수 있는 일이 아니다."라는 신념으로 참여를 결단하였다. 박 전임의의 참여는 모든 단원에게 또 하나의 도전 정신을 불러일으켰다. 봉사는 자신의 몸이 따라만 준다면 어떤 경우라도 할 수 있는 일이라는 것을 몸소 보여 주었다. 박 전임의가 임신한 몸임에도 봉사 사역을 자원하여 감당한 일은 아마 봉사단 역사를 회고할 때마다 회자할만한 사건이 될 것이다.

박찬익 전임의(부산대병원 외과)는 박 전임의의 남편이다. 2011년 필리핀 사역부터 지금까지 매년 참여하고 있다. 특히 2011년, 2012년은 군 복무 기간이어서 의료봉사에 참여하기 위해서는 국방부 장관의 허락을 받아야 했다. 그러한 까다로운 절차를, 그것도 두 번이나 밟으면서 참여하였으니 그 정신을 정말 높이 사야 할 것이다.

원주민을 박민경 전임의(위 사진)와 박찬익 전임의(아래 사진 좌측)가 열심히 진료하였다. 김나혜 단원(중앙)과 박혜리 단원(우) 또한 성심껏 진료를 보조하였다.

해외 봉사가 휴가다

김귀재 치과 원장은 2009년 처음 봉사단에 합류한 이후 네 차례 연속해서 참여하고 있었다. 또한, 중2인 딸 채원이도 작년에 이어 올해까지 연속해서 참여하였다. 특히 올해는 김 원장의 아내 류지숙 씨도 합류하여 온 가족이 참여하게 되었다. 류지숙 씨는 남편의 진료를 돕기 위해 간호조무사 자격증을 따는 수고를 하였다.

김 원장은 두 번째 참여한 2011년 봉사 때부터 혼자 치과팀을 감당하게 되었다. 치과 진료에 필수적인 Portable Unit Chair를 여기저기 수소문하여 다행히 빌릴 수 있었다. 치과 기구 세트는 병원에 있는 것을 가져와서 쓰기도 했는데 이제는 아예 해외 봉사용으로 일체를 장만하여 가져왔다.

이제는 가족들에게 특별한 일이 없는 한, 여름 휴가를 반납하고 해외 봉사지에서 땀을 흘리는 것이 집안의 전통으로 자리매김하였지만 그렇게 되기까지는 쉽지 않은 과정이 있었다. 해마다 여름이 가까워지면 김 원장은 남모르는 갈등으로 고민을 하였다. 1년 중 유일하게 한 주간 쉬는 시간을 가족들과 함께 여름 휴가를 가느냐 아니면 의료봉사를 가느냐 하는 것이 그 고민이었다.

지난해에는 봉사했으니 올해는 가족들과 함께 여름 휴가를 가야지 하는 것은 가장으로서의 당연한 생각이었다. 그런데 휴가를 갈 계획을 세워 놓으면 병원에 예상치 못한 일들이 생겨서 못 가게 되었다. '이렇게 될 줄 알았으면 해외 봉사나 갈걸'하는 후회의 마음도 여러 차례 생겼다. 그래서 아예 해외 봉사가 바로 휴가라고 생각하기로 마음을 바꾸었다. 그러한 마음가짐의 결과 지금까지 네 번째 휴가를 맞이한 것이다.

김 원장의 이러한 생각의 전환은 참으로 값진 것이 아니라고 할 수 없다. 또한, 가족들의 이해와 협조가 없었으면 그러한 결단을 단행하기가 절대 쉽지 않았을 것이다. 가족들의 보람된 휴가가 계속 지속하기를 기원해 본다.

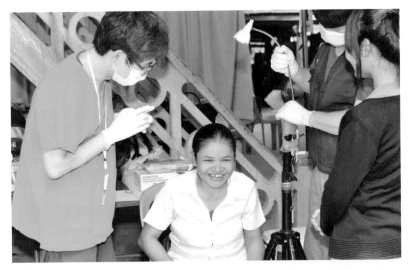

김귀재 치과 원장의 치료를 받은 원주민이 치료를 다 받고서 환하게 웃고 있는 모습이 참으로 인상적이다. 옆에서 진료를 도운 김태환 단원도 힘든 치과 보조 업무를 감당하느라고 수고가 참으로 많았다.

대를 이은 사역

김권용 단원은 창단 때부터 지금까지 집행부에 속하여 봉사하고 있다. 김 단원은 여행사를 운영하고 있어서 봉사단원의 항공권 발급 업무부터 출국 및 귀국 시까지 여정에 관한 모든 업무를 담당하였다. 이로 인해 집행부는 발권, 여권 등과 같은 문제에 신경 쓰지 않아서 얼마나 편했는지 모른다.

김종욱 단원은 아버지 김권용 단원을 따라 2011년 필리핀 봉사 때 처음 참여하였다. 그 이후 지금까지 매년 참여하여 이제는 의젓한 정규 단원이 되었다. 김종욱 단원은 주로 가족사진 나눔 사역을 담당해 오고 있다.

봉사단의 사역은 크게 의료사역과 비의료사역으로 나눌 수 있다. 비의료사역은 봉사단 자원자의 재능에 따라 그 내용이 달라진다. 예를 들면, 2006년 캄보디아 사역 시에는 이미용 봉사를 하였다. 또한, 2009년 사역 시에는 가족사진 나눔 봉사를 시작하였다. 진료받으러 온 환자 중에서 자녀를 데리고 온 경우 가족사진을 찍은 다음 즉석에서 출력하여 나누어 주는 일이었다. 이 사역에 대한 호응도가 좋아 그 이후 지금까지 해오고 있다. 이 사역은, 나중에는 출력된 사진을 멋진 사진틀에 넣어 주는 것으로까지 발전했다.

김 단원이 담당하는 가족사진 나눔 사역은 이제 우리 봉사단의 정기적인 사역이 되었다. 이러한 다양한 형태의 사역은 현지인과의 접촉면을 확대하는데 이바지할 뿐 아니라 여러 전문기술을 가진 사람들이 재능기부를 할 기회도 제공하여 봉사를 풍성하게 한다.

　이러한 관점에서 우리 봉사단은 기본적으로 의료봉사단이지만, 의료 기술 외에 좋은 재능이나 전문적인 기술을 가진 사람은 누구나 환영한다는 원칙을 가지고 있다.

김종욱 단원(중앙)은 사진 관련 업무를 맡았다. 주위에 둘러선 아이들이 김 단원이 찍은 사진이 모니터에 잘 나오는지 호기심 어린 눈으로 모두 지켜보았다. 아버지(김권용 단원)에 이어 아들이 봉사하는 모습은 참 보기 좋았다.

진료 스케치 #1. 접수를 맡은 이서영 단원(좌)과 김선주 단원(우)은 환자들이 몰려오는 바람에 무척이나 바빴다. 아직 진찰도 받지 않았는데 아이가 울면 더욱 신경이 곤두선다. 아이를 달래줄 막대사탕을 준비해두어야겠다.

진료 스케치 #2. 할머니가 손녀를 데리고 진료받으러 왔다. 접수에서 소아청소년과로 안내하였는데 한사코 글쓴이에게 진료를 받겠다고 하였다. 진찰 결과 다행히 손녀에게는 큰 이상이 없었다. 진료를 마치고 할머니는 한참 동안 글쓴이와 대화를 하였다. 할머니는 영어를 아주 잘하였고 과거 우리나라와 연관된 일을 한 적이 있었다. 할머니는 아마도 자신의 이야기를 들어 줄 사람, 말상대가 필요했던 모양이었다. 그래서 나이가 제법 있어 보이는 글쓴이에게 손녀의 진찰을 부탁했던 것 같았다.

진료 스케치 #3. 제2 내과팀(권성일 원장과 송영미 단원)은 호흡이 잘 맞을 수밖에 없었다. 내과 보조를 맡은 송 단원(좌)이 권 원장의 부인이기 때문이다. 특히 송 단원은 2009년 처음으로 봉사에 참여한 이후로 지금까지 매년 봉사하고 있다. 권 원장을 더욱 잘 돕기 위해 간호조무사 자격까지 따는 열심을 보였다.

진료 스케치 #4. 어린이들은 다 귀엽다. 아이가 너무 귀여워 혼자만 보기에 너무 아깝다. 정진아 교수는 진료를 하다 말고 자신의 휴대전화기를 꺼내고 말았다. 진료를 보조하고 있는 김수혜 단원과 통역자까지도 아이로 인해 즐거워 하였다.

진료 스케치 #5. 이수 원장은 우리 봉사단 사역에 처음으로 참여하였다. 산부
인과 전문의가 참여한 것은 2005년 봉사 이래로 처음 있는 일이었다. 원래 원
주민들은 남자 산부인과 의사에게 진찰받는 것을 매우 꺼렸다. 그러나 이수 원
장님은 친절하게 그들의 어려움을 잘 들어주고 그들의 병을 잘 치료해 주어서
다들 고마워하였다.

진료 스케치 #6. 임영철 단장(우)과 김권용 팀장은 '행복을 주는 사람'이다. 환자가 잠시 끊긴 사이에 정진아 교수에게 다가가 재치 있는 말로 피로를 말끔히 가시게 해주었다.

진료 스케치 #7. 봉사지에서 틀니 30개를 3일 만에 만들려면 잠자는 시간까지 줄여야 겨우 가능한 일이었다. 몸은 몹시도 피곤하였으나 마음은 마냥 즐거웠다. 앞니에 틀니를 끼고 거리낌 없이 활짝 웃을 환자를 지켜볼 생각을 하면 정말 즐겁지 않을 수 없었다.

진료 스케치 #8. 오정화 약사(좌측 가운데)는 작년 봉사에 처음 참여한 이후 연속해서 참여하였다. 이로 인해 약국은 한선희 약사(중앙), 오정화 약사 two top 체제를 구축하여 한층 안정적으로 사역을 할 수 있게 되었다. 이경환, 김채원(좌측), 권은지 단원(우측)이 약국 업무를 보조하였다.

선발대로 다시 찾아 가다
(이바노프카, 키르기스스탄/2014년)

중앙아시아 국가 중의 하나인 키르기스스탄은 인연이 있는 나라이다. 2006년에 있었던 '실크로드 의료대장정'의 세 번째 주자로서 글쓴이가 이끌었던 의료봉사단이 그곳에서 무료진료를 한 적이 있었다. 그동안 그 나라를 까맣게 잊고 있었는데 8년 지난 시점에서 그 나라를 다시 찾아가게 되었다.

그 계기는 키르기스스탄 봉사를 열심히 하는 후배인 김주열의 열성적인 권유가 있었기 때문이었다. 사실 중앙아시아는 어떤 특별한 계기가 없으면 좀처럼 가기 쉽지 않은 곳이다. 그 후배의 열정에 감동하여 그와 함께 키르기스스탄 여행을 떠났는데 결과적으로 의료봉사를 위한 선발대 탐사가 되어 버렸다.

2014년 4월 1일 화요일

우리 일행은 나를 포함하여 진영덕, 김주열 세 사람이었다. OZ 577편은 인천에서 알마티로, YK 758편은 알마티에서 비슈케크로 우리를 안전하게 데려다주었다. 2일 새벽 한 시경에 비슈케크 마나스 국제공항에 도착하였다. 김주열의 오랜 친구이자 지금은 현지 계인대학에서 교수로 봉직하고 있는 임다윗 교수가 우리를 마중을 나왔다.

진 대표와 글쓴이 또한 임 교수를 알고 있었기에 차 안에서 서로 근황을 묻기에 바빴다. 늦은 시간 탓에 공항에서 숙소로 오는 도로에는 차량이 드물어 30분 지나자 숙소에 도착했다. 숙소는 한국인이 운영하는 '서울 호텔'로 미국대사관 근처에 있었다.

이방인에게는 분명 낯선 곳이지만 생소하지 않게 느껴진 이유는 무엇일까? 8년 전에 한 번 와 보았기 때문일까? 키르기스스탄에서의 첫날밤은 그렇게 지나갔다.

4월 2일 수요일 흐림

장시간 비행기로 이동한 탓인지 평소보다 늦게 잠을 깼다. 호텔 객실의 천장이 높은 탓이라 창문의 크기도 방의 크기에 비해 커서 높아 보였다. 멋들어지지는 않지만 그래도 제법 중후한 느낌으로 드려져 있는 커튼을 좌우로 당기자 창밖에 보이는 대로 위에 차량의 왕래가 이어지고 있었다.

호텔은 최근에 신축되었기에 내·외관이 깨끗하였다. 아침 식사는 호텔에서 제공되었다. 로비와 연이어져 있는 cafeteria에는 아침 식사를 마치고 후식을 즐기는 투숙객들로 제법 붐비고 있었다. 식사는 뷔페식이었고 몇 가지 한식이 준비되어 있어서 반가웠다.

호텔 로비에는 한국에서 단체로 온 아마추어 산악인들이 배낭과 산악 장비를 내려놓고 자신들을 실어갈 차들을 기다리면서 들뜬 말들을 끊임없이 이어가고 있다. 그들을 흥미롭게 지켜보는 우리에게, 이 나라에는 등반해 볼 만한 고산들도 많이 있지만, tracking 하기에 좋은 산들도 많이 있다고 친절하게 알려주기도 했다.

약속한 시각에 임 교수가 우리를 데리러 왔다. 임 교수가 손수 운전하는 차를 타고 우리 일행은 김주열이 열심히 후원하고 있는 계인대학으로 달려갔다. 대학은 수도 비슈케크에서 동쪽으로 차를 타고 한 시간 남짓 걸리는(약 45km) 조그마한 읍 규모의 촌락인 이바노프카에 있다.

수도임에도 도심지 차도의 포장은 양호하지 못하였다. 중앙분리대는 거의 설치되어 있지 않았다. 아침 출근 시간대가 지났으나 차량의 정체는 있었다. 그러나 인내가 요구될 정도는 아니었다. 몇 분 만에 도심지를 벗어났다.

수도를 벗어나 지방으로 가는 길의 풍광은 우리네와 비슷한 점도 많지만 역시 다른 면이 더 많았다. 우선 도로가 넓었다. 옛날 우리나라 시골길처럼 오래전에 포장되었으나 전혀 유지보수가 되지 못한 도로 양옆으로 차도와 구분되지 않는 인도가 차도만큼 넓었다. 그 넓은 인도에 노점상이 노점대나 차량 트렁크에 사과나 과일 등을 무더기로 쌓아두고 팔고 있었다.

시 경계를 벗어날수록 집들은 더는 보이지 않고 광활한 들판이 차도 양쪽에 펼쳐지기 시작하였다. 저 멀리 만년설이 쌓여있는 천산산맥이 우리를 향해 자신들이 우리가 태어나기 훨씬 전부터 그곳에 있었다고 자랑하며 산자락을 끊임없이 펼쳐 보였다. 우리 예상과는 달리 설산이 보이면 그쪽은 남쪽이다. 처음에는 이것이 적응되지 않아서 남과 북을 자주 혼동하였다.

한참 달린 후 우리는 학교가 있는 이바노프카에 도착했다. 학교가 비슈케크에서 이렇게 떨어진 곳에 자리를 잡게 된 것은 연유가 있었다. 설립자이자 현재 총장인 신경희 박사는 학교 캠퍼스 요람을 비슈케크에 자리 잡기 위하여 백방으로 돌아보았지만, 학교 용지로 적당한 곳이 나오지 않았다고 하였다. 낙심하여 비슈케크 외곽의 대지 여기저기를 알아보던 중에 구소련 시대에 군청 건물로 사용되었으나 용도가 폐기되어 매물로 나와 있던 건물을 발견하고 사들였다고 한다.

군청 건물은 단일 건물로 자체는 상당히 손을 보아야 할 정도로 낡았다. 그러나 부속 대지가 매우 넓었을 뿐 아니라 건물과 멀리 떨어지지 않은 곳에 건축하다 중단되어 골조만 갖추어진 기숙사 용도의 건물 두 동이 부지에 속하여 있었다. 향후 학교 캠퍼스의 확장성이 도심과 떨어진 단점을 극복할 수 있을 것으로 생각하고 이 건물을 구매하였다고 한다.

이곳에 오기 전 임 교수가 보여준 사진을 통하여 지금과 같이 고치기 전의 건물의 모습을 볼 수 있었다. 실제로 여기 와서 보니 사진을 접했을 때의 느낌과는 완전히 달랐다. 학교 건물은 아주 잘 리모델링되어 있었다. 낙후된 모습을 다 지워내기에는 역부족이었지만 무엇인가 큰일을 해낼 인재를 길러내는 교육장으로서는 전혀 부족함이 없다는 느낌이 들었다.

학교 건물에 면해 있는 정원에 서 있는 아름드리 침엽수들은 우리가 흔히 본 히말라야시타와 몹시도 유사하게 생겨서 처음 방문하는 우리에게 오히려 친근감을 주기에 충분하였다.

무엇보다도 복도나 계단에서 만난 학생들의 표정이 한결같이 밝아서 좋았고 먼저 우리에게 인사하는 모습이 무척 인상적이었다. 교육을 잘 받았다는 것을 한눈에 알아볼 수 있었다.

신 총장은 우리를 반갑게 맞아 주었다. 백발의 온화한 얼굴 모습과 느린 경북 지방 억양이 우리를 더욱 가깝게 엮어 주었다. 신 총장은 20대에 가족을 따라 미국에 이민 가서 유수 대학에서 경제학 박사학위를 받았고 경영학 박사까지 받았다고 한다. 미국 대학에서 교수직을 하다가 뜻한 바가 있어 십 년 전 부인과 함께 이곳에 와서 교육사업을 하고 있다고 한다.

시험 기간 중이어서 학생들과의 만남을 다음 월요일로 미루고 캠퍼스 투어에 나섰다. 신 총장은 친히 안내해 주었다. 등록된 학생 수는 적었으나 강의실, 컴퓨터실, 도서실, 교수연구실 등 기본적으로 갖추어야 할 시설들은 제대로 갖추고 있다는 인상을 받았다.

특별히 인상 깊었던 것은 건물 복도나 강의실 바닥이었다. 고급스러운 느낌을 주는 나무 조각을 서로 붙여 자연스러운 무늬를 만들어내었다. 그 위에 광택이 나는 칠을 해 두었다. 무심코 지난 사람들로 인하여 긁힌 흔적들이 여기저기 나 있었지만, 고급 호텔에서나 봄직한 그러한 멋진 자태는 여전히 유지하고 있었다. 바닥 자재가 자작나무가 아닐까 추측했는데 상수리나무로 만들어진 것이라고 한다.

캠퍼스 투어를 마치고 우리는 숙소로 돌아왔다. 내일부터 2박 3일 동안 신 총장과 교직원 몇 사람과 함께 문화 탐방을 하기로 하였다. 어떤 경험을 하게 될지, 그 특별한 경험을 어찌 예상할 수 있었겠는가.

4월 3일 목요일 아침 흐림

tracking을 떠난 산악인들은 호텔에서 보이지 않았다. 아마도 오늘은 다른 곳에서 숙박하는 모양이었다. 그래서 그런지 호텔 로비와 cafeteria는 어제보다 더 한적하였다. 날씨는 오늘도 흐렸다. 문화 탐방을 같이할 교직원을 실은 차량이 우리를 데리러 왔다. 우리는 이식쿨을 보기 위해 촐폰아타를 향해 출발하였다.

만약 이식쿨이 키르기스스탄에 없었다면 어떻게 되었을까? 만년설이 펼쳐진 천산이 그 국민을 위로할 수 있었을까? 자작나무의 그 귀태가 그들의 삭막함을 조금이나마 위로해 줄 수 있었을까? 이식쿨은 거대한 오아시스, 키르기스인의 오아시스임이 틀림없을 것이다.

이식쿨은 산정호수인데 세계에서 산정호수로서는 두 번째로 크다고 한다. 이 호수로 약 118개의 강과 물줄기들이 유입된다고 한다. 그중에서 대표적인 강이 디이르갈란 강과 튜푸 강이다. 이식쿨(Issyk Kul)은 키르기스어로 '따뜻한 호수'라는 의미라고 한다. 설산의 눈 녹은 물이 모이면 차가울 텐데 호숫물이 따뜻하다는 것은 온천수가 유입되었다고 볼 수 있다. 한 가지 특징적인 것은, 이 호수에서 물이 흘러 빠져나가는 강이 없다는 것이다. 호수가 범람하지 않고 그 수면이 매년 조금씩 낮아지는 것을 볼 때 호수 깊숙한 곳에 지하로 호숫물이 흘러나가는 통로가 따로 있을 것으로 추정한다고 한다.

비슈케크에서 이곳으로 오는 사이 날씨가 점차 개더니, 도착한 후의 날씨는 완전히 맑음이었다. 오랜만에 햇살을 봐서 그런지 눈이 부실 정도였다. 촐폰아타에서 우리 일행은 푸른 이식쿨 호수 배경으로 장엄하게 서 있는 만년 설산을 바라보았다. 찬탄할 사이도 없이 구름이 그 기적을 감추어버렸기 때문에 우리는 잠시 본 그것만으로 만족해야 했다.

일행은 유람선을 타고 호수 가운데로 나아갔다. 동력선은 힘차게 호수물을 가르고 파문을 만들며 달렸다. 햇살이 파도 위에 뿌려지면서 온갖 색구슬을 만들어 흩어 놓았다. 바람이 찼다. 배낭에서 털실로 짠 모자를 꺼내 썼다. 모두들 상쾌한 마음으로 들떠 서로 둘러서서 사진 찍기에 바빴다. 정말 호수라기보다는 바다라고 불러야 할 것 같다.

배는 승선한 장소에 우리를 다시 내려놓았다. 이식쿨 물가에 자리 잡은 마을 촐폰아타(Cholpon Ata)에는 Sanatorium Issyk-Kul Aurora란 이름을 가진 제법 오래되고 유명한 요양소가 있다. 이 지역의 맑은 공기와 온천과 기온으로 볼 때 요양지로 너무나 적합한 곳이 아닐 수 없다는 생각이 들었다. 물론 지금은 현대 의학의 발달로 인하여 몸이 불편해서 요양소를 찾는 사람들은 현저하게 줄었으나 대신에 심신이 피로하여 휴양지를 찾는 사람은 더 늘었다고 한다. 이런 연유로 촐폰아타는 과거에 요양지로 유명하였다가 지금은 휴양지로 그 명성을 날리고 있었다.

우리 일행은 요양소에서 일박하기로 하였다. 요양소는 멋진 자작나무 정원을 가지고 있었다. 요양소 객실의 구조와 실내 장식이 후지다는 느낌을 주었지만, 오히려 처음 세워졌을 때의 그 모습을 잘 유지하고 있어서 과거로 돌아간 느낌을 받아 여행이 즐거웠다.

요양소 정원에 늘어서 있는 자작나무 너머 저 멀리 천산의 산봉우리들이 보인다. 침엽수는 자작나무가 자신들 가까이 있는 것을 싫어한다. 희고 늘씬한 자작나무는 그 귀태로 인해 자기들보다 먼저 사람들로부터 주목받기 때문이다.

4월 4일 금요일 대체로 맑음

우리 일행은 카라쿨을 향해 출발했다. 카라쿨은 좋은 tracking course 가 있는 곳으로 알려져 있다. 우리는 tracking 하러 간 것이 아니라 계인 대학의 재학생인 아크말이 사는 집을 방문하기 위하여 간 것이었다. 총 장의 학생 가정 방문에 우리가 동반한 셈이다.

아크말은 원래 집안에서 말썽꾸러기였다고 한다. 부모님이 사람 좀 되 라고 학교를 보낸 곳이 계인대학이었다. 계인대학 학생이 된 이후 아크말 은 완전히 변하였다. 부정적이고 반항적이던 딸이 온순하고 효성이 지극 한 딸로 변한 것에 대하여 아버지는 매우 놀랐다고 한다.

이식쿨을 떠난 차는 몇 시간을 달리더니 우리 일행을 농촌 마을 어느 집 앞에 내려놓았다. 집의 경계를 나타내는 울타리와 대문은 우리 농촌 처럼 그렇게 허술하였다. 집은 2층으로 길가에 바짝 나와 앉았기에 앞마 당은 아예 없다고 해도 될 정도였다.

집 뒤편으로 돌아서자 4월 하순임에도 불구하고 산 정상에 눈이 남아 있는 산이 펼쳐져 있었다. 침엽수 삼림 속으로 드러난 땅에도 잔설이 있 었고 한참 내려와서 교목들의 숲이 거의 끝나고 관목이 듬성듬성 나 있 는 구릉에 와서야 눈이 다 녹아 대지의 본래 모습이 드러났다. 대지는 완만한 경사를 숨기면서 시야가 닿는 곳까지 펼쳐져 있었다. 그 넓은 땅 이 다 자신의 것인 양, 소와 말들은 전혀 서두르는 기색 하나 없이 한가 롭게 풀을 뜯고 있었다.

아크말 집에서 제법 떨어져 있는 곳에 이웃집 건물 한 채가 덩그렇게 서 있었다. 지붕이 집의 덩치에 비해 작아 보였고 처마가 없어 더욱 생소하게 보였다. 아크말 집 뒤편에는 담벼락 대신에 목장에서 흔히 보는 울타리가 쳐져 있었다. 뒷마당은 바로 사과밭이었다. 줄지어 선 사과나무들을 배경으로 하여 검은 흙들이 무더기로 쌓여있었다.

좌측 울타리 쪽에는 집을 건축하고 남은 문틀이며 지붕 함석판 같은 자재들이 땅바닥에 어지럽게 널려 있었다. 그리고 바로 그 옆에 장작을 쌓아 놓듯 소똥, 말똥을 잘 말려서 만든 가축 연료가 어른 키 높이만큼 차곡차곡 쌓여있었다. 그 위에 비에 젖지 않도록 함석판을 올려놓는 것도 잊지 않았다.

아크말의 아버지는 전형적인 키르기스인들이 그러하듯이 자그마한 체구였고 검은 눈동자의 큰 눈에 웃음을 담고 우리를 반갑게 맞아 주었다. 멀리서 온 손님, 특히 총장님과 교수님들을 위해 극진한 대접을 하려고 하였다. 양을 잡는다는 것이었다.

우리는 모두 그 현장을 보았다. 숨을 죽이면서 양 잡는 모습을 난생처음 보았다. 아크말 아버지는 양의 머리를 부둥켜안았다. 양은 도망치려고 발버둥치지도 않았고 요란하게 울지도 않았다. 그 큰 눈에서 눈물 한 방울 흘렸을 따름이었다.

작지만 날카로운 칼은 단숨에 양의 경동맥을 갈랐다. 붉은 피가 철철 흘러나왔다.
피는 큰 양동이 그릇에 다 모였다.

능란한 솜씨에 의해 양은 해체되기 시작하였다. 숙련된 외과 의사보다도 더 익숙한 손놀림으로 각 부분이 나누어졌다. 양쪽 둔부의 힘줄을 찾는 데 다소 시간이 걸릴 뿐이었다. 유대인들은 둔부의 힘줄을 먹지 않는다. 키르기스인인 아크말의 아버지는 둔부 힘줄을 찾아내어 제거하였다.

아크말 식구들이 손님 접대를 위해 잔치 채비를 할 동안 우리 일행은 아크말 집 뒤뜰에서 아크말이 내어준 말을 타 보았다. 말의 키가 크지 않아서 용기를 내어 타 보았다. 말 타는 데 아무런 지식이 없었기에 무엇을 어떻게 할지를 몰랐다. 말은 가지 않았고 연신 고개를 숙여서 물을 먹거나 풀을 뜯어 먹기에 바빴다. 고삐를 당겨야 말이 간다는 가장 기본적인 말 다루는 법도 몰랐다. 의학박사라는 타이틀은 말을 움직이는 데 아무런 보탬이 되지 않았다.

짧은 시간 동안 말 타는 법을 기본적으로 배웠다고 해서 제법 경사가 있는 산을 향하여 말을 타고 올라갈 수는 없다. 우리 일행은 뒷산을 향해 걸어서 올라갔다. 동네 아이들은 보라는 듯이 말을 타고 신나게 우리를 앞질러 산을 향해 달리고 있었다. 얼마 올라가지 않아 자작나무 숲이 나타났다.

우리네 뒷산에 올라가면 소나무가 흔히 있듯이 그 동네에는 자작나무 숲이 있었다. 훤칠한 자작나무의 흰 피부를 한 번 본 사람은 그 귀태를 잊지 못한다. 가지가 자라서 나오는 부분은 검게 보인다. 흰색은 검은색이 있으므로 더욱 희게 보인다. 나무줄기가 흰색이니 어찌 눈에 띄지 않겠는가. 자작나무는 이 나라의 국목(國木)이라고 한다.

이즈음에 시 한 수가 안 나올 수 없다.

> 산골집은 대들보도 기둥도 문살도 자작나무다
> 밤이면 캥캥 여우가 우는 산도 자작나무다
> 그 맛있는 메밀국수를 삶는 장작도 자작나무다
> 그리고 감로같이 단샘이 솟는 박우물도 자작나무다
> 산 너머는 평안도 땅도 뵌다는 이 산골은 온통 자작나무다

이 시는 평안북도 출생의 시인 백석이 1983년 '朝光' 지에 발표한 것으로 시의 제목은 '白樺'이다. 백화는 바로 자작나무를 말한다. 백석의 '白樺'는 우리와 별 관계가 없다고 생각했던 키르기스인과 우리 사이의 정서를 끈끈하게 이어 주었다.

자작나무 숲속 깊숙이 들어가지 않았다. 저녁 어스름이 멀리서 올 채비를 하고 있었기 때문이다. 우리는 발걸음을 돌이켜 아크말 집으로 내려갔다. 아크말은 우리 일행을 집 안으로 안내하였다. 방안에는 긴 상이 펼쳐져 있었고 그 위에 언젠가는 한 번 본 듯한, 전혀 생소하지 않은 음식들이 반듯하게 차려져 있었다.

　먼저 양고기국이 나왔다. 맛도 있었지만 다 먹는 것이 예의라고 들은 것 같아서 한 그릇 다 먹었다. 그런데 그것이 큰 실수였다. 양고기국은 정말 전채 요리에 불과했다. 이어서 여러 가지 양고기 요리가 차례로 나왔는데 이미 배가 불렀기 때문에 맛보는 것조차도 힘이 들었다.

　양고기 요리가 끊임없이 나온 것은 손님을 위해 잡은 것을 그 날 다 먹는 풍습 때문이라고 한다. 그들은 우리가 먹다 남은 고기를 집에 가서 먹으라며 싸 주려고 하였다. 우리는 요리해서 먹을 수가 없다고 사양하면서 양해를 구하고 우리 몫의 고기는 차를 운전해 온 키르기스인 운전사에게 주었다.

4월 5일 토요일 맑음

원래 잘 모르는 길은 가지 않는 것이 정석이다. 그곳 실정을 전혀 모르는 나는 올 때 북쪽 route로 왔으니 갈 때는 남쪽 route로 가자고 제안하였다. 다양한 경험을 해 보자는 취지에서 한 제안이었다. 카라쿨에 여러 번 왔던 이들이었지만 한 번도 남쪽 길로 돌아가 본 적이 없어서 다들 나의 제안에 찬성해 주었다. 만약 한 번이라도 그 길로 가 본 사람이 있었다면 아마 강하게 반대를 했을 것이다.

남쪽 route는 너무 삭막하였다. 대부분 광야였고 황량한 민둥산이 계속 이어졌다. 드문드문 인가와 마을이 있었지만, 서부영화에서나 볼 수 있는 그러한 을씨년스러운 풍광들이 내내 이어졌다.

남부 쪽은 북부와 완전히 다른 곳이었다. 왜 남쪽 지역은 이렇게 황량할까? 기후 탓일 것이다. 강우량이 상대적으로 적어서 그럴 것이다. 또한, 강은 물론이고 변변한 지천도 잘 보이지 않았다. 기후가 물을 비롯한 그 모든 것을 지배한 것이리라.

황량함을 경험하였기에, 더는 이곳에는 볼 것이 없었기에 적어도 우리 중에는 이쪽 길을 다시 찾는 사람은 없을 것이다.

남쪽 route로 오던 중에 점심시간이 되었기에 우리 일행은 근처 마을에 있는 식당에 들어갔다. 주문하고 난 다음 잠시 밖으로 나와 주위를 둘러보았다. 건물 몇 채가 길가에 있었고 다리 위에 가 보니 지천은 마른 지 오래되어 보였다. 이렇게 황량한 곳에 살다 보면 정신마저 저렇게 황폐해지지 않을까 하는 생각이 들었다.

4월 7일 월요일. 드디어 맑음

아침에 눈을 떴다. 습관적으로 창문에 드리워진 커튼을 젖혔다. 아니 이게 웬일일까.

창밖에 기적이 일어나 있었다.

그동안 여기 비슈케크에서는 한 번도 제 모습을 드러내지 않았던 천산이 드디어 오늘 아침 햇살이 팡파르를 울렸기 때문인지 그 웅장한 위용을 드러낸 것이다. 그동안 우리가 비슈케크에서 보았던 천산은 지금 보니 천산산맥의 얕은 산봉우리 하나의 끝자락에 불과했다. 우리가 보았던 그 산들 뒤에 훨씬 높은 고봉들이 즐비하게 서 있었다. 아마 저 고봉에 올라가면 그 뒤에 더 높은 최고봉이 서 있을 것이다.

산 정상에는 눈 폭풍이 부는가 보다. 눈보라들이 푸른 하늘에 흩날린다. 최근에 내린 눈들이 가파른 벽면에 쌓였으나 미처 얼어붙지 못하여 매섭게 부는 바람에 다시 들려 올라가는 것이리라.

한국에서는 4월 봄철에, 도심지에서 가까이 있든 멀리 있든 산에 눈이 쌓인 것을 본다는 것은 아마 기적이라고 할 수 있을 것이다. 그러나 여기는 기적이 아니라 평범한 일상이었다.

기적이 일상처럼 된 광경은 우리에게 깊은 인상을 심어 주었다. 먼 나라 한국에서 이 땅을 찾아 준 것이 고맙다는 양 우리 모두에게 큰 선물을 한 아름씩 안겨 주었다. 이 광경은 지난 일주일 동안 이곳에서 경험했던 그 모든 것들을 압도하고도 남았다.

키르기스스탄은 큰 선물을 가슴에 안겨 주었다. 이 선물 때문에 나의 발걸음은 해마다 이곳으로 향한 것일까. 햇살이 구름 속에 가려져서 이 놀라운 광경이 사라지기 전에 이방인은 사진기를 들이대고 이를 기록하기에 여념이 없었다.

마침내 천산들은 키르기스스탄을 떠나는 날 자신의 봉우리를 이방인에게 보여주었다. 도심지에 있는 호텔 창문을 통하여 이런 풍광을 볼 수 있다니! 그것도 4월에. 그동안 날씨가 흐려서 앞에 있는 산들만 보였는데 날이 개니 뒤에 있는 산들이 아침 햇살을 받아 선명하게 그 자태를 드러내었다.

일정에 따라 일행은 이번 여행의 마지막 행사에 참여하려고 계인대학으로 출발하였다. 행사는 학생들과 만남 시간을 갖는 것이었다. 비록 짧은 만남이지만 그 시간을 통하여 학생들과 교제하고 격려하는 자리를 학교 측에서 마련해 주었다.

도착하니 보통 크기의 강의실에서 전교생이 이미 다 모여 우리를 기다리고 있었다. 전교생이라고 해 보아야 다 합쳐도 50명 내외였다. 진영덕 대표가 먼저 격려의 메시지를 하였다. 구수한 화법으로 대화를 이어나가자 학생들이 매우 흥미 있게 그 말에 집중하고 있음이 느껴졌다. 메시지를 끝내고 준비해 간 간단한 선물을 방문 기념으로 학생들에게 선사했다.

　이어서 글쓴이도 자작시 낭독으로 speech를 대신하였다. 시를 낭독하기 전에 시작 배경을 설명하였다. 학생들이 대부분 우리말을 모른다고 들었기에 시를 영어로 번역하여 준비해갔다. 글쓴이는 우리말과 영어로 시를 낭독하였다. 학생 중의 한 명이 이를 키르기스어로 통역하였다.

　그 시를 소개한다.

〈Kyrgyzstan의 들꽃〉

누가 내 이름을 불러 주었던가
아니
스스로 그 이름 부끄러워하지 않았던가

바람 불면 온 먼지 다 뒤집어쓰고
말발굽에 채이면서도 아프다는 소리 한번 지르지 못하였다

어느 봄날
하늘에서 내린 비
나를 씻어 주었기에
비로소 내 모습을 보게 되었다

오오
천산 만년설이 간직한 순결이여
하늘 치솟는 자작나무 기상이여

이제
Issyk- Kul 푸른 물에 가슴 응어리 다 던지고
넓은 초원에 자랑스럽게 서리라
아름다운 꽃 피우리라

그대들이 내 이름 알듯이
세상 모든 이들이 내 조국 이름 Kyrgyzstan 알게 되는
그 날이 올 때까지

그대들과 함께 이곳에서
아름다운 꿈꾸리라
영광의 노래 부르리라.

사정상 시를 통역자에게 미리 보여주어 작가의 의도를 충분히 설명할 기회를 얻지 못했다. 시의 주제가 단출하고 시 내용도 쉬운 것이어서 그런지 낭독 후 학생들이 환호하며 힘찬 박수를 성원해 주어서 감사하였다.

학생들과 만남을 끝으로 우리는 학교를 떠났다.
총장님을 비롯한 교직원 모두는 다음에 꼭 오라는 인사말을 잊지 않았다.

톡마크와 이태백

학생들과의 만남 행사를 끝으로 모든 공식적인 일정은 끝이 났다. 이후 자투리 시간을 이용하여 근처 볼만한 곳에 가기로 하였다. 이바노브카에서 동쪽으로 약 15km 더 가면 톡마크(Tokmok) 도시가 나온다. 도시의 북쪽에는 추강이 흐르고 그 너머 카자흐스탄 국경이 있다. 톡마크는 '망치'라는 뜻이다.

톡마크 도시 안에 있는 유적지인 부라나 미나렛을 찾아갔다. 미나렛은 키르기스어로는 탑이란 뜻이라고 한다. 부라나 미나렛(Burana Tower)은 10세기경(다른 문헌에 의하면 12–13세기) 키르기스스탄의 소그드인(스키타이민족)들이 세운 탑이다.

이 탑은 중앙아시아에서 현존하는 탑 중에서는 제일 오래된 첨탑으로 알려져 있다. 처음 건설 당시의 높이가 45m로 추정되고 있다. 과거에 있었던 큰 지진으로 인하여 탑이 상당한 부분 파괴되었으나 다행히 지상에서 25m 높이까지 복원되었다.

탑의 용도는 천문대 겸 전망대로 추정된다고 한다. 글쓴이의 생각은 조금 다르다. 유목민족의 시력이 아무리 좋다고 하나 한계가 있기 마련이다. 저 멀리 오는 기마 부대가 우호적인 부대인지 적군인지 미리 구분하는 것은 생사의 문제이자 부족의 생존 문제이기도 하다.

더구나 산이나 언덕과 같이 은폐와 엄폐할 수 있는 구조가 없고 사방이 광활하게 탁 트인 경우 더욱더 사전 피아의 구분이 중요한 것이다. 이러한 가정 하에 글쓴이는 군사 목적의 관측 용도를 위해 건축되었을 것으로 상상해 본다.

톡마크는 중국 시인 이태백의 고향으로 추정되고 있다. 사진에는 나와 있지는 않지만 부라나 미나렛 유적지 입구 쪽에 조그마한 박물관이 있다. 박물관을 관리하는 분에게 이태백에 관하여 물었으나 그에 대해 전혀 아는 바가 없었다.

그가 5살에 무역상인 아버지를 따라 이곳을 떠나 촉나라로 이주하였다고 한다. 시인 이백의 고향에 대해서 4가지 설이 있다. 새로운 주장들이 고고학적 자료의 연구 결과가 아니라 다분히 해당 지역의 문화적 혹은 경제적 이득을 취득하기 위해 생긴 것이라고 보도되고 있다.

톡마크가 이백 시인의 고향이라고 하니 이 도시가 새롭게 보인다. 그리고 시인의 고향(엄밀히 말하면 출생지)이 정말로 다른 나라가 아닌 키르기스스탄의 톡마크로 인정되는 그 날이 속히 오길 기대해 본다. 그렇게 되기 위해서는 이 나라 고고학자들이 더욱 열심히 연구해야 할 것이다.

부라나 미나렛의 현재 높이는 약 25m다. 원래 높이가 45m였으니 당시로서는 어쩌면 세계 최고로 높은 탑이었는지도 모른다. 이 탑을 세운 스키타이족의 건축술에 경의를 표하지 않을 수 없다.

4월 8일 화요일 맑음

해외에서 봉사를 하든 혹은 여행을 하든 새로운 환경과의 접촉은 새로운 경험을 만들어낸다. 그 경험들이 쓰디쓴 것일 수도 있지만, 대개는 달콤한 것이다. 기억하여 추억으로 남겨 두고 싶은 것들이다. 이곳 키르기스스탄의 7박 8일 여정도 그러하다. 그래도 그중에서 무엇이 제일 인상적인가 물어본다면 그 물음은 부질없는 것이라고 대답해 줄 수밖에 없다.

키르기스스탄 여정 하나하나가 이렇게 마음에 진하게 남는 이유는 무엇일까?

송쿨에서 보았던 아침 햇살에 청동난로처럼 타올랐던 천산의 산봉우리들, 이식쿨의 맑은 호수 위 구름 사이에 모처럼 드러내 보인 만년 설산의 웅장한 자태, 황량한 구릉과 지천을 따라 이룬 수풀들, 한 시야에 함께 사이좋게 공존하는 사계절, 이 모두에게 공통점이 있다면 신성함 혹은 신비함을 드러낸 자연이었다.

초장에서 한가롭게 풀을 먹고 있는 양과 소, 능숙한 솜씨로 말 타고 달리는 아이들, 순박한 사람들이 그려내는 소박한 삶이 경이롭다. 그들이 가진 유목민의 정서가 뜻밖에도 우리네 농촌 정서와 비슷하다고 느낀다.

신성한 자연에 대한 경외감과 유목민의 삶에 대한 아련한 동경심은 분명 외부적 요인에 의하여 내 속에 생겼겠지만 좀 더 깊이 생각해 보면 원래 가지고 있던 것들이 이곳에서 발현되고 발아된 것일 수도 있다. 이러한 발현에 관여한 유전자의 기원을 찾아서 올라가면 그 기원은 태초에 다다를 수도 있다는 생각까지 사유가 확장된다.

내 속에 잠재되었던 유전자들이 이곳의 부름에 응답하며 환호하고 있
는 것이 사실일까?

여행지에 도착할 때가 있으면 반드시 떠날 때가 있다. 그래서 아쉽고,
그래서 또 오고 싶은 것이다. 다른 이들도 내색은 하지 않았지만 아마도
나와 같은 마음일 것이다. 다음에 내가 다시 이곳을 찾아온다면 그 이유
는 이곳을 찾은 이들이 가지고 오는 이유에 하나를 더한 것이다. 그것은
앞의 질문에 대한 답을 찾기 위함이다.

송쿨 가는 길에 차가 고장이 나서 하차하였다. 주위 풍광이 눈에 들어왔다. 키
르기스스탄에서는 어디를 가나 마을을 조금만 벗어나면 특히 겨울철이 아니
라면 한 시야에 사계절의 모습을 고스란히 볼 수 있다. 들꽃이 가득한 들판
저 멀리 산봉우리에 눈이 쌓인 풍광을 보는 것은 특이한 체험이 된다. 만년설
의 신비가 보는 사람으로 하여금 영원한 시간에 마주 서게 한다.

의료 및 기숙사 리모델링 봉사
(이바노프카, 키르기스스탄/2014년)

4월에 키르기스스탄을 다녀온 후 4개월 만에 다시 키르기스스탄 땅을 밟게 되었다. 계인대학 측은 의료봉사단을 초청하였다. 진료 봉사와 함께 기숙사 칸막이 공사도 원하였기에 봉사단은 의료진과 건축기술진을 구성하였다.

봉사단 단장으로 건축기술자인 진영덕 대표가 맡았다. 의료팀에는 조광조 교수(동아의대 흉부외과), 정한솔 교수(양산부산대 한방과), 한선희 약사, 윤은수, 정연란 간호사가 글쓴이와 함께 포함되었다. 그리고 영국 유학을 준비하던 조영은 학생이 보조원으로 참여하였다. 정연란 간호사는 조 교수의 부인이고 조영은은 그의 딸이다. 조광조 교수 가족이 든든한 의료진의 한 축을 담당하였다.

한편 기숙사 칸막이 공사팀(이하 공사팀)은 단장인 진 대표를 필두로 하여 오랫동안 봉사단의 주축이 되어 섬겨온 이규성 건축기술자, 그리고 이번에 새로 합류한 서중덕 목수로 구성되었다. 마침 군에서 제대하여 학업 복귀를 준비 중이었던 서중덕 씨의 아들 서지현 군도 아버지와 함께 일하기로 하였다.

봉사단은 모두 11명으로 그동안 늘 해왔던 봉사단의 규모에 비해 단출하였으나 그 전문성과 숙련도는 훨씬 더 높아 봉사의 결과가 더욱 기대되었다. 사역을 회상하며 일기형식으로 작성해 보았다.

8월 10일 일요일

봉사단은 김해공항을 출발하여 인천공항으로 갔다. 우리나라에서 키르기스스탄으로 가는 직항로가 개설되어 있지 않았기에 인접 국가인 우즈베키스탄을 경유하여 가기로 하였다.

오후 3시 40분 대한항공편(KE 941)으로 우즈베키스탄을 향해 출발하여 오후 7시 15분 타슈켄트에 도착하였다. 대기 시간이 넉넉하지 않았기에 서둘러서 출국 절차에 이어 입국 절차를 밟았다. 오후 8시 50분 타슈켄트에서 OH 410편으로 비슈케크로 출발하여 오후 10시 50분에 비슈케크 마나스 국제공항에 안착하였다.

별다른 어려움 없이 입국 절차와 통관을 마치고 나오니 임다윗 교수가 마중 나와 있었다.
우리는 반갑게 재회를 하였다. 봉사단은 준비해 온 승용차와 미니버스에 의료 약품과 공사 장비를 나누어 싣고 숙소를 향해 출발하였다.

봉사단의 숙소는 비슈케크 시내에 있는 한국인이 운영하는 'OK guest house'였다. 게스트하우스는 원래 주인이 살던 주택을 개조한 집으로 단체 손님이 묵게 편리하게 되어 있었다. 다행히 다른 투숙객이 없어서 우리 봉사단이 그 집을 통째로 전세를 낸 셈이 되었다. 장시간 비행기를 타고 이동한 탓에 다소 피곤하였다. 방을 배정받은 후 바로 취침하였다.

8월 11일 월요일

기상 후 게스트하우스에서 제공하는 아침 식사를 먹었다. 한식이 많이 제공되었다. 가정식을 먹는 것 같아 좋았다. 특별한 것은 차(홍차)가 꿀과 함께 제공되었다는 것이다. 이 나라 사람들은 커피보다 홍차를 훨씬 즐겨 마시는 것 같았다.

봉사단은 어제와 마찬가지로 승용차와 미니버스에 나누어 타고 봉사할 곳인 계인대학으로 출발하였다.

지난 4월에 왔을 때에 비해 날씨는 당연히 무더웠다. 차는 도심을 지나고 있었다. 거리에 먼지가 많았다. 강우량이 적어 건조한 탓이리라. 시의 경계를 벗어나자 차가 속도를 내기 시작하였다.

진료는 학교 3층 강의실 2개를 빌려서 하였다. 접수 및 약국은 복도를 이용하였다.
내과, 외과는 교실 하나에 진찰대를 설치하였고 한방과는 다른 교실을 진찰실 및 치료실로 사용하였다.

기숙사 리모델링 공사는 2층에서 하였다. 리모델링 공사 중 핵심적인 것은 3개의 큰 교실에 칸막이를 설치하여 기숙사 여러 방을 만드는 것이었다.

예상과는 달리 진료가 그렇게 힘들지는 않았다. 그러나 한방과에는 많은 환자가 몰려들었다. 특히 부항과 찜질에 많은 관심을 보였고 그 효과에도 만족하는 것 같았다.

첫째 날 진료를 마치고 의료팀은 비슈케크의 숙소로 돌아갔다. 그러나 공사팀은 학교에 남기로 하였다. 주어진 4일 안에 칸막이 공사를 끝내고 각 실마다 방문을 달아내기에는 물리적으로 시간이 턱없이 부족했다. 그래서 생각해낸 것이 출퇴근 시간을 절약하기로 한 것이다. 비슈케크에서 학교까지 왕복 세 시간 걸리므로 삼 일이면 9시간이 절약되는 것이다. 공사팀은 학교 측에서 마련해 준 임시 숙소에서 봉사 기간 내내 숙식하기로 하였다. 글쓴이는 자원하여 공사팀과 함께 학교에 남기로 하였다. 조금이라도 힘을 보태어 주고 싶었기 때문이었다.

8월 12일 화요일

아침에 기상하자마자 간단한 세면 후 기숙사 공사장으로 가서 일을 도왔다. 칸막이의 뼈대인 철심을 길이에 맞게 자르는 일과 세워진 뼈대에 석고보드 고정용 나사못을 박는 일을 도왔다.

학교 식당에서 아침이 준비되었다고 연락이 오면 일을 멈추고 내려가서 아침밥을 맛있게 먹었다. 학교에서 숙식하는 공사팀을 위해 총장 사모를 비롯한 몇몇 교수 부인들이 아침마다 일찍 와서 아침 식사를 차려 주었다.

식사 후 홍차와 과일을 먹는 시간이 공사팀의 유일한 휴식시간이었다. 휴식시간이 끝나면 어김없이 공사장으로 향하였다.

글쓴이는 진료팀이 학교에 도착하면 공사 돕기를 끝내고 진료업무로 전환하였다. 공사 보조 일은 다행히 육체적으로 심하게 힘든 일이 아니어서 진료 봉사하는 데 많은 어려움은 없었다.

8월 13일 수요일

'술루쾰'은 키가 자그마하고 전형적으로 아담한 체구를 가진 키르기스인이었다. 여느 여인들처럼 머리에 수건을 두르고 있다. 얼굴에는 주름살이 많았으나 그녀의 검고 큰 눈은 분명 젊었을 때 미인들 중에 미인으로 꼽혔을 것을 짐작하게 하였다.

그녀는 불면증을 호소하였다. 나는 몇 가지 문진을 하고 약을 처방하였다. 처방전을 받아 들고 몇 걸음 가다가 그녀는 다시 돌아서서 내게 다가왔다. 무엇인가 말하지 못한 증세가 있는 것이 분명하였다.

다른 불편한 것이 있는가를 물어보니 그녀는 자신의 심중에 있는 말을 조심스럽게 하였다. 그녀의 불면증과 불안증의 이유는 다른 데 있었다. 남편이 그녀를 버리고 다른 여자한테 간 것, 그러한 남편에 대한 증오가 쌓여서 그러한 고통 중에 있었다. 그녀는 남편한테 버림받은 자신의 신세가 너무 처량하다고까지 말하였다.

사실 이런 경우 해결책에 대해 할 말이 궁하기 마련이다. 그러나 용기를 내어 그녀를 위로하기 시작하였다. 남편이 잠시 판단을 잘못하여서 그런 잘못된 결정을 하였으니 시간이 좀 지나면 그녀에게 돌아올 것이라고 말해 주었다. 별로 도움이 될 것 같지 않은 나의 말을 들은 그녀의 굳은 표정에 미묘한 변화가 있음이 느껴졌다.

이에 힘을 얻어 남편이 돌아오도록 그녀를 위해 특별히 매일 기도해 주겠다고 하니 그녀는 그 크고 검은 눈을 내게 쳐다보며 정말로 기도해 줄 것인가 물었다. 나는 남편이 그녀 곁으로 돌아올 때까지 기도하겠다고 하니 그제야 그녀는 엷은 웃음을 보였다.

그녀를 보내고 통역자에게 그녀 이름의 뜻이 무엇인가 물어보았다. '술루귈'은 예쁜 꽃이라고 한다. 나는 '술루귈'을 위해 기도하기 시작하였다. 다음에 오면 그녀의 남편이 그녀 곁으로 돌아왔는지 한 번 확인해 볼 참이다.

여기서 통역자에 대해 언급하지 않을 수 없다. 통역자는 20대 초반의 키르기스 처녀로 이름이 '귈백'이었다. 작은 꽃밭이라는 뜻이라 한다. 처음 소개를 받았을 때 우리말을 너무나 유창하게 하여 고려인인 줄 알았는데 키르기스인이라고 한다. 반신반의하며 재차 물으니 그녀는 한사코 고려인이 아니라 키르기스인이라고 했다.

그녀는 여태 내가 의료봉사 중에 만났던 통역자 중에서 가장 인상 깊게 남아 있다. 외모가 너무나 우리와 흡사하였기 때문만이 아니다. 심각했던 '술루귈'의 얼굴에 미소를 만든 것은 내가 한 격려의 말보다는 깊은 공감 능력에서 우러난 그녀의 말이었을지도 모른다는 생각 때문이었다.

술루귈(중앙)은 진료를 받은 후 표정이 제법 밝아졌다. 통역자 귈백(좌)과의 대화가 그녀에게 큰 도움이 되었다.

의료팀은 진료를 끝내고 숙소가 있는 비슈케크로 돌아갔지만, 새벽부터 시작된 리모델링 공사는 밤늦게까지 진행되었다.

이규성 단원은 우리 봉사단의 오랜 동역자이다. 2004년 중국 리짱 봉사 때 처음 합류한 이후 지금까지 한 번도 빠짐없이 함께 봉사하였다. 이규성 단원은 건축기술자로 특히 수장공사가 전공이다. 그동안 봉사 가면 공동 짐 운반과 시설 설치, 치기공 보조 등 힘든 일을 주로 도맡아 해 왔었는데 드디어 자신의 전공과 장기를 발휘할 봉사를 하게 되었다.

4일이란 공기 내에 일을 마쳐야 했기에 새벽부터 밤까지 일하느라고 무척 힘들었다. 또한, 현지에서 구매한 자재들의 질이 매우 낮아서 가지고 간 공구와 잘 맞지 않았다. 낙후된 자재를 가지고 일을 마무리해 보려고 하니 더욱 힘들었고 더욱 시간이 지체되었다. 그래서 더욱 피로하였다.

서중덕 단원은 2012년 캄보디아 봉사에 처음으로 합류한 이후 3년 연속 봉사에 참여하고 있다. 서 단원은 목수 일이 전공이다. 수십 년 동안 다져 온 자신의 기술을 이번 사역을 통하여 완전히 발휘할 기회를 가졌다.

칸막이를 만들었다고 해서 방이 완성되는 것은 아니다. 문짝을 달아야 비로소 완성된다. 서 단원은 아들 지현이와 한 조가 되어서 8개 방의 문을 만들어 달았다. 한 치의 오차라도 생기면 문이 잘 닫히거나 열리지 않는다. 아무리 숙련되었다 하더라도 문짝 틀이 잘못되어 있으면 문 또한 문제가 생긴다. 두 사람은 힘을 모아 문짝을 설치하였다.

공사 3일차가 되다 보니 공사팀은 공사 피로도가 축적되어 매우 힘들어하였다. 마침 가지고 간 수액이 남아 있어서 젊은 지현 군을 제외하고 나머지 세 사람 모두에게 수액 주사를 놓아주었다. 주사를 맞고 나니 힘이 솟아난다고 말해 주어서 모두에게 고마웠다.

이규성 단원은 피로가 심하여 수액 주사를 맞고 싶은데 글쓴이의 주사 실력이 못 미더워 제법 많이 망설였다고 후에 실토하였다. 사실 주사를 놓아 본 것은 아주 오래전이었다. 모두 평소에 힘든 일을 많이 하였기에 손과 팔의 정맥은 눈을 감고도 찌를 수 있을 만큼 현저하게 두드러져 있었다. 장난삼아 실수하면 어쩌나 하고 너스레를 떨었는데 그것이 부담을 준 모양이었다.

8월 14일 목요일

오전 진료를 끝으로 의료봉사 전체 일정이 종료되었다. 그러나 기숙사 칸막이 공사는 마무리해야 할 일이 남아 있었다. 모두 달라붙어 공사를 마무리했다. 마침내 3개의 교실에 8개의 칸막이를 만들어서 8개의 방을 완성했다. 한 방에 2명이 기숙할 수 있으니 총 16명을 수용할 수 있는 규모였다.

남은 공사는 각 방의 바닥 작업과 전기 공사였다. 관리 담당자에게 남은 일의 작업 요령을 설명해 주는 것으로 공사팀은 기숙사 칸막이 공사를 완료하였다. 임무를 완수했다는 성취감은 어떻게 표현하면 좋을까.

뿌듯함,

상쾌함,

즐거움,

이는 수고한 봉사단원 모두의 마음이었다.

오후 늦은 시간 봉사단은 그동안 함께 수고한 교직원들과 작별인사를
하였다. 교직원들은 "내년에도 꼭 오세요"라는 인사를 잊지 않았다.

수액을 맞아가며 마침내 공사팀은 칸막이 공사를 마무리하였다. 대학 측에
서 협조해준 현지인이 공사에 많은 도움이 되었다. 우측으로부터 이규성,
진영덕, 글쓴이, 서지현, 서중덕 단원

진료 스케치 #1. 조광조 교수가 환자 등에 생긴 작은 종물을 제거한 후 봉합을 해 주었다. 조 교수는 윤은수 간호사와 한 팀이 되어 몇 가지 작은 시술을 하였다.

진료 스케치 #2. 김한솔 교수가 진료하는 한방과에 환자들이 몰렸다. 현지인들은 부항과 뜸, 침에 많은 관심을 보였다. 처음에는 진찰만 받고 가려다가 사람들이 한방 치료를 받고 있는 것을 보고는 대부분 한방 진찰을 다시 받고자 하여 일이 더 많아졌다.

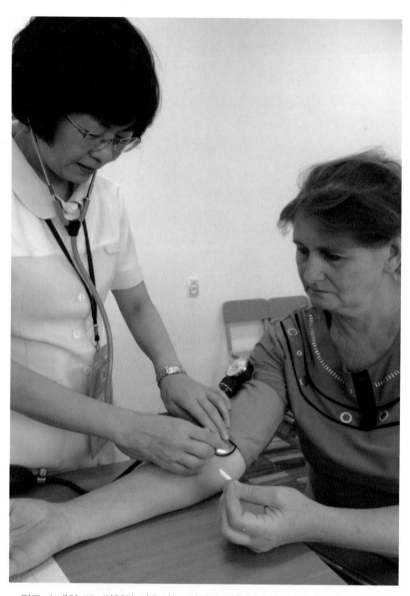

진료 스케치 #3. 정영란 간호사는 이번에 처음으로 우리 봉사단에 합류하였다. 접수팀을 맡아서 환자의 혈압과 혈당을 측정하였다. 찾아온 환자들의 긴장을 밝은 미소로 많이 누그러뜨려주고 봉사단의 분위기도 밝게 띄워주었다.

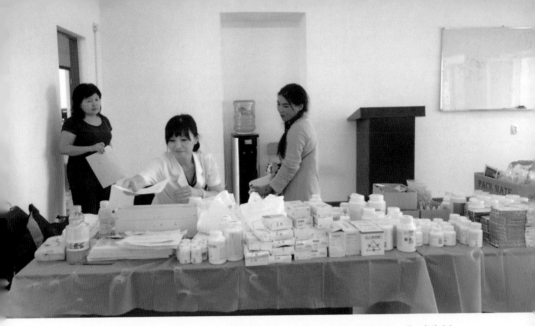

진료 스케치 #4. 그동안 약국 봉사업무가 고되어서 정말 힘들었는데 이번 봉사의 경우 환자들이 예전 봉사 때처럼 많지 않아서 한선희 약사의 마음이 한결 가벼웠다. 준비해간 약품을 필요할 때 언제든지 쉽게 찾을 수 있도록 가지런히 배열해 놓은 것이 인상적이었다.

봉사를 마치면 대개 반나절 혹은 하루의 휴가가 주어진다. 이번에는 특별히 이틀간 보너스 휴가가 주어졌다. 수액 주사를 맞아가며 나흘 동안 온 힘을 다해 일한 이들을 위한 배려이다.

우리 일행을 태운 차는 'Taverna 12 Kaminov'에 도착하였다. 12 Kaminov는 비슈케크에서 남쪽으로 약 33km 거리에 있는 고급 대형 식당 이름이다. 이 식당의 이름을 '12 Chimneys'로 영역해 놓은 문서들이 많은데 chimney는 굴뚝으로 번역된다. 그러나 자사의 영문 website에는 상호가 '12 Fireplace'로 되어 있다. 식당 정문에 들어서자 계곡에 흐르는 물줄기는 보이지 않았는데 세차게 흐르는 물소리는 들려 왔다.

만년설이 녹은 물줄기가 세차게 흘러가는 계곡 한쪽에는 건물 두 동이 서로 마주보고 서 있었다. 한쪽 건물에는 식당이 있고 맞은편 건물에는 대연회장이 있다. 식당에서 나오면 계곡을 잇는 줄다리를 통하여 건너편에 세워져 있는 6채의 방갈로가 갈 수 있다. 봉사단 단장은 수고한 우리를 위로하느라고 이렇게 멋진 곳에서 하룻밤 보낼 수 있게 해주었다.

방갈로를 배정받고 저녁 식사를 하기 위해 우리는 줄다리를 다시 건너 식당으로 내려왔다. 우리는 계곡을 바로 보고 있는 식당 밖의 deck에 자리를 잡고 음식을 주문하였다. 우리가 주문한 주요리는 '양갈비 스테이크와 양고기 샤슬릭(shashlyk)'이었다. 이를 한 번이라도 먹어 본 사람은 그 맛을 잊지 못한다.

봉사 기간에 식사도 제대로 못 한 사람들처럼 다들 잘 먹었다. 양고기 샤슬릭은 샤슬릭이라고 불리는 긴 쇠꼬챙이에 먹을 만큼의 양고기를 잘라 불에 구워 내는 요리이다. 양고기 꼬치구이라고 번역할 수 있을 것이다. 웨이터가 양고기 샤슬릭을 식탁에 놓아두자마자 하나씩 가져가서 먹기 시작하였다. 곧 샤슬릭만 쟁반에 차곡차곡 쌓였다.

다들 배가 불러오자 그제야 계곡으로 내려갈 마음이 생긴 모양이다. 엄청난 속도로 내려오는 물줄기 속으로 손을 넣어 보았다. 마치 얼음물에 손을 넣은 것 같았다. 천산에 쌓인 눈이 녹아 물이 되어 그것들이 합쳐지고 합쳐져서 이곳까지 흘러왔을 것이다.

오느라 수고했다고 손 붙잡고 인사 나눌 겨를도 없이 손을 빼고는 삽시간에 저만치 달아난다. 저 물은 알고 있었다. 만남은 짧은 만남으로 끝나야 아쉬움으로 기억된다는 것을.

우리는 각자의 방갈로로 돌아왔다. 방갈로의 내부는 전통 문양을 넣은 목재와 짐승의 가죽으로 장식되어 있었다. 나무 향을 채 느끼기 전에 잠에 빠져들었다.

8월 15일 금요일 맑음

'12 Kaminov'을 떠나기 싫었지만, 우리에게는 다음의 행선지가 이미 계획되어 있었다.

바로 송쿨(Song Kul)이었다. 송쿨은 이식쿨 다음으로 큰 산상 호수이다. 미니버스는 우리 일행을 태우고 부지런히 송쿨을 향하여 달렸다.

도중에 미니버스에 문제가 생겼다. 냉각수 파이프에서 누수가 생겨서 도중에 몇 차례 차를 세워야만 했다. 차를 정비할 수 있는 곳을 찾아 헤매다가 겨우 한 곳을 발견하여 그곳에서 고쳤다. 차는 다시 목적지를 향하여 계속 나아갔다.

차는 끊임없이 달렸다. 산을 오르고 올라 드디어 정상에 도달했으나 호수는 보이지 않았다. 보이는 것은 끊임없는 평원. 산 정상에 평원이 펼쳐져 있는 것도 놀랍고 그 평원을 한참이나 달려야 호수가 나오는 것도 놀랍다.

날씨는 산 밑과 달라 상당히 추웠다. 그곳에 숙소라고는 유르트 (yurt) 밖에 없었다. 그 넓은 평원에 인간이 만든 구조물은 유르트 뿐! 우리 모두는 순식간에 원래 원주민들이 살았던 그 삶으로 돌아가게 되었다. 산에 올라왔는데 삶은 과거로 회귀하였다. 이는 글쓴이에게 전혀 낯선, 새로운 경험이었다. 장소의 이동이 시간의 후퇴를 초래하다니.

커다란 천막 한쪽 곁에 난로가 있고 연통이 천막 밖으로 연결되어 있다. 천막의 천장 한가운데에는 둥근 창문이 하늘을 향해 나 있다. 짙은 어둠이 깔린 하늘이 빗살무늬처럼 보이는 창살 사이로 보였다. 하늘이 그 창문을 통해 유르트와 연결된다. 유르트 안에 있는 사람과 연결된다. 저 창이 닫히면 그 연결은 끊어질 것이다. 그래서 이들은 저 창을 닫지 않는 것일까?

갑자기 날씨가 악화되어 우박이 비와 함께 내렸다. 올해 첫 비라고 한다. 빗물이 유르트 안에 스며들어 바닥이 축축해졌다. 밖에 나가 보니 아예 배수로를 파 두지 않았다. 이규성, 정한솔, 서지현 단원이 배수로를 판다고 나갔다가 얼마 되지 않아서 들어왔다. 삽과 곡괭이로 배수로를 만들고 있는데 숨이 차서 대충 할 수밖에 없었다고 한다.

나는 그 말이 무슨 말인지 곧 실감했다. 잠을 자려면 바닥에 매트리스를 깔아야 했는데 매트리스가 천막 가장자리 나무 탁자 위에 놓여 있었다. 침대 매트리스만큼 크고 두꺼워서 들 수는 없을 것 같아서 한쪽 끝을 잡고 끌어 내렸다. 그리고 바닥에 떨어진 그 매트리스를 누울 장소 쪽으로 조금 끌어당겼는데 이내 숨이 찼다.

아, 고산병!
나는 송쿨의 고도를 잊고 있었다. 송쿨은 해발 3016m에 있는 호수였다. 비슈케크의 고도가 800m니 약 7시간에 걸쳐 2200m를 올라온 셈이다. 속이 안 좋아서 숙소에서 제공해 주는 저녁을 도저히 먹을 수 없었다. 컵라면 하나만 먹고 잠을 청하였다.

말똥 연료를 태우는 난로가 화력이 세면 얼마나 셀 수 있을까. 손을 난로에 아주 가깝게 가져다 가야 겨우 온기를 느낄 정도이다. 말똥 연료는 오래가지 않는다고 한다. 새벽 두 시 되면 다 타 버리기에 다시 넣어 줘야 하는데 주인집 아들이 그 시간에 일어나서 갈아줄지 모르겠다.

다행히 가져간 여름 슬리핑백 속에 몸을 넣고 제공해 주는 두꺼운 이불을 위에 덮었다.
얼굴과 코끝만 덜 춥다면 견딜 만하다는 생각이 들었다.

천장에 구멍이 듬성듬성 나 있었다. 밤하늘에 별이 보인다고 상상하며 잠을 청하였다. 주인이 키우는 개가 짖는 소리가 간간이 들려왔다. 코끝으로 달려드는 추위로 인해 여러 번 잠을 깬 것 같은데 피곤함이 그 추위를 이기고 잠을 죽이지 않고 이어 주었다.

넓은 평원이 산정상에 펼쳐져 있었다. 단원들이 묵었던 유르트 너머 저쪽에 또 다른 유르트들이 보인다. 말들은 비와 우박을 몰고 올 구름이 들이닥치는 것도 모르는지 한가롭게 풀을 먹고 있다.

8월 16일 토 아침 맑음

몸은 찌뿌드드했으나 잠은 이미 달아났고 슬리핑백을 빠져나와 유르트 문밖으로 나왔다.

아,

태초에 아담이 처음 본 아침이 아마 이렇지 않았을까?

호수를 둘러싼 산봉우리며 능선에 눈이 쌓여 있었음에도 불구하고, 그것들은 햇살을 받아 마치 달구어진 청동 난로처럼 그렇게 밝은 빛을 내고 있었다.

다른 말이 필요 없었다. 굳이 표현한다면 지난 4월 비슈케크에서, 일주일 내내 흐리다가 겨우 보았던, 맑은 아침의 천산을 다시 본 느낌. 그때는 멀리 있는 산들이었다면 지금은 지척에 있는 산들이었다.

어젯밤의 추운 기억도, 말똥 타는 냄새도, 무수한 투숙객들의 땀이 밴 이불의 냄새도 다 사라졌다. 태초의 아침, 만년설이 쌓인 산 정상에 내가 서 있는 것이다.

그 천지창조의 첫날처럼.

누군가 말한 것처럼 여행의 즐거움이란 전혀 기대하지 않았던 일들을 경험하는 것.

그렇다! 송쿨이 주는 이 새로운 경험은 여행이 주는 즐거움의 백미이다.

내려오는 길은 올라온 길과 똑같은 길이었으나 풍광이 전혀 다르다. 느낌 또한 다르다.

산 계곡과 능선은 푸른 초원처럼 펼쳐져 있었다. 말과 소들이 풀을 뜯어먹고 있는 것은 일상의 그림이다. 특별한 것은 야크 떼를 만난 것이다. 덩치가 큰 것에 비하여 야크는 겁이 많았다. 우리를 보자 황급히 도망치기 시작하였다.

숙소에 돌아온 우리는 유르트에서 못 잔 잠을 채우느라 바빴다.

8월 17일 일

우리 봉사단은 키르기스스탄에서 '이중봉사(dual service)'를 하고 돌아왔다. 봉사단원이 같은 시기에 같은 장소에서 의료봉사와 기숙사 리모델링 봉사를 하였으니 dual service라고 요약할 수 있을 것이다. 사실은 의료봉사팀과 공사팀이 각각 맡은 바를 봉사하였으므로 complex service가 더 적합할 것 같다. 그런데도 글쓴이가 양 팀에 속하여서 일했으니 dual service라고 우겨볼 수는 있을 것 같다.

먼저 의료봉사의 경우 나흘 진료를 통해 265명을 진료하였다. 진료받은 사람들이 대부분 한방 진료를 겸하여 받았기에 연인원 약 400명을 진료한 셈이다.

질병은 대개 고혈압, 당뇨병, 관절염이었다. 석회질이 많은 물 때문인지 몰라도 신장결석 증세를 호소하는 이들도 꽤 되었다. 이들은 한방 치료에 관심이 많았다. 침술, 뜸, 부항 같은 한방 치료를 처음 접해서 그런지 진료받으러 온 사람들은 너나 할 것 없이 침을 맞겠다고 하여 더욱 진료 사역이 많아졌다.

기숙사 리모델링 공사는 그 인원으로, 그 시간 안에 마친 것 자체가 기적이라고 평가해야 할 것이다. 잠자는 시간, 식사하는 시간을 제외하고 일을 했으니 그렇게 마무리할 수 있었다. 수액을 맞아가면서 건투한 이들이 존경스럽다.

이번 사역 기간은 4일에 불과하였지만 우리들의 삶 속에서 이렇게 남을 위해 온전히 자신을 드린 시간이 과연 얼마나 될까 생각해본다. 이번 봉사가 아니었으면 일 년 중 하루도 그런 시간을 가지기가 어려웠을 것이다. 생각이 여기까지 미치자 감사하는 마음이 생겼다. 감사하는 마음은 이내 행복으로 연결된다. 남을 위해 헌신하는 것이 결국 나에게 행복을 가져다준다는 진리를 다시 한 번 체감한다.

끝으로 조광조 교수 가족에 관한 이야기를 언급하지 않을 수 없다. 원래 조 교수 부부는 자신들이 섬기는 교회의 고등부팀과 함께 캄보디아의 프놈펜과 시엠립에서 '밥 퍼 사역'에 동참하기로 되어 있었다. 그런데 세월호 사태로 인하여 고등부 학생들의 해외여행 자체가 금지되는 바람에 그 사역도 무산되었다.

캄보디아 사역을 위해 예약해 둔 항공권을 취소하여 상당한 손실을 보

있는데 우리 봉사단의 요청에 부부가 기꺼이 자원해 주어서 얼마나 감사한지 모르겠다. 더구나 유학을 준비하고 있던 영은 양도 함께 참여한 것은 우리 봉사단으로서는 행운이었다.

의료팀에 외과 의사가 있으면 팀장을 맡은 내과 의사로서는 겁날 것이 없다. 더구나 조교수는 심장과 혈관을 전공으로 하는 흉부외과 전문의사이니 피를 철철 흘리며 오는 환자가 와도 안심이 되기 때문이다. 2012년 캄보디아 뚜얼브릿 사역 때도 함께해줘서 감사했는데 이번에는 가족까지 와서 더 감사하였다.

조 교수의 부인인 정연란 선생은 의료봉사단에 꼭 필요한 사람이다. 무엇보다도 얼굴의 표정이 밝아서 참 좋았다. 봉사 기간에 한 번도 찡그린 얼굴을 본 적이 없다. 중립(neutral) 표정이란 말이 있다. 일반적으로 특별한 감정 표정이 없는 경우 사람들이 나타내 보이는 얼굴 모습을 말한다. 무표정이 중립 표정이라고 할 수 있을 것이다. 그러나 정 선생은 웃는 얼굴이 중립 표정이다. 이로 인해 진료받으러 온 사람들의 긴장감이 많이 누그러뜨려졌다.

한편 글쓴이의 초청에 대해 "장롱 속에 갇혀 있던 간호사 면허증이 공증을 받고, 멀리 떨어진 이국땅에서 미약하나마 여러 사람을 도와주는 데 쓰일 수 있어서 깊은 감사를 드린다."라고 하였다.

조교수의 딸 영은 양에 관한 작은 에피소드가 생각이 난다. 송쿨에서 있었던 일이다. 숙소에서 산정 호수까지 가려면 제법 많이 걸어야 했다. 일행은 호수를 구경하기 위해 출발하였다. 영은 양은 천천히 걷고 있는 일행의 속도에 답답함을 느꼈는지 빨리 걷기 시작하였다. 한참을 빨리 걷더니 그것도 양이 안 찼는지 뛰기 시작하였다.

글쓴이는 즉각적으로 영은 양에게 "뛰지 말라"고 소리쳤다. 영은 양이 고산병에 대해 잘 몰라서 그랬다고 생각했기 때문이었다. 멈춰서 있는 영은 양을 향해 한참 뒤처진 글쓴이는 숨차지 않으냐고 물었더니 전혀 그렇지 않았다고 대답하였다. 전혀 예상 밖의 대답을 듣고 매우 의아해하고 있는 글쓴이를 향해 조 교수는 빙긋이 웃으며 "영은이는 운동광입니다. 매일 하루 한 시간 이상씩 러닝머신으로 달리기를 하니 저 정도는 별문제 없을 것입니다."라고 하였다. 그렇다. 우리 중에서 영은 양만 고산병에 대하여 완벽한 준비를 해 온 셈이다. 문제는 그렇게 준비하지 않은 우리에게 있었다.

기숙사 준공식을 마친 다음날 우리는 비슈케크 외곽 언덕에 올라갔다. 수도는
넓은 평야에 자리를 잡고 있었다. 비슈케크의 고도는 약 774미터이지만 주위
의 높은 산으로 둘러싸인 분지에 자리를 잡고 있었다. 우리는 도시를 바라보
면서 계인대학의 발전과 대학이 이 나라를 이끌고 갈 인재를 많이 배출하기를
기원하였다.

기숙사 준공식 초대받다
(계인대학, 키르기스스탄/2015)

———

2003년이 글쓴이가 섬겼던 봉사단이 창단된 해였다면 2014년은 봉사단의 구심점이 다음 세대로 넘어간, 즉 세대교체가 된 해라고 평가할 수 있다. 그런데 그 세대교체가 어떤 계획 하에 진행된 것이 아니라 정말 우발적이었다고까지 말할 수 있다.

2014년 세 사람이 키르기스스탄에 다녀온 이후 글쓴이와 진영덕 대표는 계인대학 후원에 많은 관심을 두게 되었다. 이에 키르기스스탄을 2015년 봉사단의 사역 후보지로 추천하였다. 봉사단의 집행부는 키르기스스탄이 봉사단에게는 좋은 후보지이지만 거리가 너무 멀기 때문에 결국 봉사 기간이 길어져서 많은 단원이 참석하기 어려울 것을 염려하였다.

마침 세 명의 젊은 전문의들이 봉사단 참여 의사를 보여 갑자기 봉사단의 의료진이 풍성해졌다. 이에 진영덕 대표는 특별팀으로 키르기스스탄 봉사단을 별개로 구성하자는 의견을 제시하였다. 2011년 인도네시아 사역 시에 특별팀을 구성하여 사역을 한 경험이 있었기에 집행부 임원들은 진 대표의 제안에 별다른 이견이 없었다. 이 결정으로 인해 계획에도 없던 두 개의 봉사단이 탄생되었다. 본진은 기존 체제로 필리핀 봉사단을 꾸렸고 키르기스스탄 봉사단은 참여할 수 있는 단원들과 진영덕 단장 체제로 조직되어 작년에 봉사를 하였다.

2015년 여름 봉사를 앞두고 글쓴이와 진영덕 대표는 봉사단 참여에 대하여 묘한 갈등을 가지게 되었다. 이유인즉슨 계인대학 후원을 일회성으로 끝낼 것이 아니라 지속적으로 하고 싶은 마음이 생겼기 때문이었다. 그러나 계인대학은 의료봉사를 필요로 하는 곳은 아니었다.

물론 계인대학 후원을 개인적으로 계속하면서 봉사단에도 참여하면 그러한 갈등이 해소되겠지만 당시에는 둘 중 하나에 집중해야겠다는 마음밖에 없었다. 왜냐하면, 키르기스스탄 봉사단도 성공적인 사역을 하였을 뿐 아니라 지속적인 후원사역을 요청받은 상태였고 본진도 몇몇 집행부 임원의 우려와는 달리 매우 성공적으로 사역을 마쳤기 때문이었다.

그래서 글쓴이와 진영덕 대표는 키르기스스탄 계인대학 후원 사역에 집중하기로 하였다. 이에 대해 집행부 임원들은 두 사람의 이러한 선택을 봉사단 창단 이후 최대의 위기로 보고 철회할 것을 간곡하게 부탁하였다. 그러나 작년 봉사 시에 특별팀을 구성하여 본진과 따로 사역하였으나 본진의 사역에는 전혀 문제가 없다는 것이 이미 증명되었기에 그 결정을 번복하지 않았다.

이러한 결정으로 인해 봉사단 창단에 결정적 역할을 하였던 두 사람은 자연스럽게 빠져나오게 되어 결과적으로 봉사단의 구심점이 다음 세대(엄밀히 말하면 다음 기수로) 이양되었다. 두 사람이 빠져나온 이후로도 봉사단은 계속하여 발전을 해왔다.

글쓴이와 진영덕 대표는 작년과는 전혀 다른, 매우 가벼운 마음으로 키르기스스탄을 향해 출발하였다. 이번 사역은 봉사라기보다는 'after service'에 가까웠다. 작년에 하였던 기숙사 리모델링이 제대로 잘 되어 있는지를 살펴보고 혹 미진한 부분이 있으면 그것을 마무리하는 것이 그 방문의 목적이었다. 방문 기간은 8월 15일(토)부터 8월 20일(목)까지 5박 6일이었다.

일거리를 주세요!

우리가 학교에 도착하니 총장 사모가 본관 앞마당에서 무엇인가를 하고 있었다. 사모는 매우 후덕하고 소탈한 분이시다. 미국 영양사 출신이지만 전혀 그러한 엘리트 의식이 없이 학생과 교직원들의 식사 준비를 위해 동분서주하는 것은 학교의 일상사 중의 하나였다.

우리가 다가가서 인사를 하니 반갑게 맞아 주셨다. 무슨 일을 하고 계시느냐고 물으니 양모를 펼쳐놓고 말리고 있다고 대답하였다.

사모는 방학이 오면 또 다른 걱정이 생겼다. 학교의 청소부나 주방 도

우미의 경우 방학 기간에는 월급이 없다. 인정이 많은 사모에게는 그래서 걱정이 하나 더 늘었다. 처음에는 그들에게 밀가루나 설탕 등으로 보조했으나 그것만으로는 한계가 있었다. 이러한 고민을 하는 것을 곁에서 지켜본 총장 비서 제니쉬가 사모에게 "그들에게 job을 주세요"라고 조언하였다고 한다.

이 권유를 받아들인 사모는 무슨 job을 줄까 고민하기 시작하였다. 마침 특별히 선물해야 할 일이 있어 이곳에서 나는 양모를 사 손수 이불을 만들어서 선물하였다고 한다. 선물을 받고 이를 사용한 사람이 매우 좋았다고 호평을 해서 남아 있는 양모로 이불을 만들어 자신도 사용해 보았다고 한다.

그 결과 "등에 바람이 없어진 것"을 체험하여 그 효능을 확신하게 되었다. 그래서 양모 이불 만드는 일을 시작하여 직원들에게 'second job'으로 주면 되겠다고 생각하였다. 그 일이 직원들의 job으로 적합하였던 것은 학교의 비어 있는 공간을 이용해서 할 수 있는 일이었고 또한 방학 기간에 맞추어 시작하고 끝낼 수 있는 일이었기 때문이었다. 마침 캠퍼스 관리인인 에르니스의 소개로 그의 고향에서 나오는 질 좋은 메리노 울(Merino wool)을 좋은 가격에 살 수 있는 길도 열렸다.

메리노 울을 5월에 구입하여 놓았다가 방학이 되면 본격적으로 일을 시작한다. 양모는 털에 흙이 많이 묻어 있어서 매우 더럽다고 한다. 그 털에 붙어 있는 흙을 세제를 사용하여 일일이 손으로 씻어야 한다. 서늘

한 곳에서 충분히 말린 울을 잘 펴서 좋은 천으로 두르면 양모 이불이 만들어진다. 이불 만드는 작업을 위해 캠퍼스 내 비어 있는 방 한 칸을 허락받고 사용하였다.

우리가 갔을 때 사모는 물로 헹군 양모를 잘 펼쳐서 햇볕에 말리고 있었다. 전직 영양사에게 양모 이불 만들기는 엄청난 도전이었다. 양모 처리 과정이 간단하지 않았다. 이곳 사람들이 해온 전통적인 방법으로 해보니 그 결과가 신통치 않았다. 그래서 사모는 미국에 가서 그에 관한 공부를 하였고 처리에 필요한 무공해 세제와 약품 등을 직접 구매해 와서 배운 바대로 해 보았다.

시행착오 끝에 양모는 잘 처리되었다. 그다음의 문제는 양모가 충분히 기능을 발휘할 수 있는 천을 얻는 것이었다. 겉감을 일반 천으로 하면 양모가 함유하고 내뿜는 수분의 이동이 원활하지 않아 양모 이불의 순기능을 저해한다. 이 문제도 전문가들의 도움을 얻어 좋은 겉감을 주문하여 제작할 수 있었다. 판로 역시 문제였으나 사모의 동창생을 통하여 입소문으로 하나둘 판매할 수 있게 되었다.

양모 이불은 고가여서 많이 팔리는 품목이 아니다. 또한, 가내수공업 형태로 만들어지기 때문에 많은 인력이 필요하다. 양모 이불 판매로 이익금은 남지 않았지만 몇몇 직원의 생활비에는 보탬이 되었다. 또한, 일감이 많은 경우 학교 인근 마을 사람들에게 일할 기회가 주어져서 그들의 살림에도 도움이 되었다. 이제 사모의 근심거리 중 하나는 사라졌다.

마침 우리가 대학을 방문했을 때 총장 사모는 본관 앞마당에서 세제와 물로 잘 씻은 양모를 고르게 펴서 햇볕에 말리고 있었다. 사모는 직원 후생복지 사업으로 시작한 양모 이불 작업 전 과정을 진영덕 대표에게 자세히 설명해 주었다.

총장 사모와 인사를 나누고 본관 입구로 들어서는데 작년과는 달라진 것을 발견하였다. 현관 입구에 대학의 교훈이 영어로 적힌 간판이 붙어 있었다. 작은 변화이지만 그것 자체가 학교의 발전을 상징하는 것으로 여겨져서 기분이 흐뭇하였다.

사모로부터 '직원들에게 second job 구해주기 사업'의 감동적인 성공담을 다 듣고 난 우리는 총장실로 갔다. 신 총장은 작년 우리 봉사단이 시작한 기숙사 리모델링은 매우 성공적이었다고 여러 차례 언급하였다. 총장은 "기숙을 원하는 학생들이 굉장히 좋은 반응을 보였다. 비슈케크에 있는 어느 대학을 가 보아도 이만한 기숙사를 가진 곳이 없다."라고 자랑스럽게 말하였다.

기숙사 투어로 가서 보니 정말 '이만한 기숙사'라고 말할 만하였다. 기숙사는 우리 예상보다 훨씬 마무리 작업이 깔끔하고 멋지게 되어 있었다. 또한, 상당히 품질이 좋아 보이는 이층 침대와 옷장을 매입하여 갖춰 놓은 것이 백미였다. 매월 학교 운영비 조달이 빠듯한 상황에서 총장은 과감한 투자를 하였는데 그 결과로 자신의 예상을 뛰어넘는 반응을 얻어 학교 위상을 고양하는 데 큰 도움이 되었다고 하였다. 우리는 한껏 고양된 분위기를 학교 여기저기에서 감지할 수 있었다. 수액을 맞아가며 작업을 강행하였던 기숙사 공사팀의 헌신이 이렇게 훌륭한 결과를 얻게 되어 우리는 더욱더 감사를 드리게 되었다.

신생 학교여서 그런지 혹은 여기 관습인지는 모르겠으나 오리엔테이션에 신입생들의 학부형들도 초청을 받아 왔기에 기숙사 투어에도 이들이 함께하였다. 학생들은 물론 학부형들도 기숙사의 내부를 직접 보고 매우 만족하였다.

기숙사 투어가 이날 오리엔테이션의 마지막 행사였다. 신입생들과 학부모를 비롯하여 수고한 교직원을 위한 자축 파티가 캠퍼스 정원에서 열렸다. 양고기 샤슬릭을 후원한 우리는 '기숙사 투어'를 '기숙사 준공식'으로 격상하여 불러주기로 했다.

이날 행사가 특히 즐거웠던 것은 성공적인 신입생 유치와 관계있었다. 예년과는 달리 제법 많은 신입생이 등록하였고, 그리고 그중에는 가정 형편이 좋고 성적이 우수한 학생들도 포함되어 있었기에 성공적 유치라고 자평하고 있었다. 이로 인해 학교는 상승 파도를 탄 듯 들떠 있었다.

총장은 기숙사 리모델링이 신입생의 성공적 유치에 상당히 이바지하였다고 하였다. 우리의 조그마한 봉사가 학교 발전에 도움이 되었다는 것을 확인하게 되어 우리는 더욱더 후원에 관하여 많은 생각을 하게 되었다. 이러한 성과들로 인하여 우리는 다음 프로젝트를 가슴에 안게 되었다.

신입생 오리엔테이션 순서 중 하나인 기숙사 투어시 신설된 기숙사 입구에서 기숙사가 어떻게 지어졌는가를 진영덕 대표(중앙)가 자세히 설명해 주었다. 신경희 총장을 비롯한 교직원과 학생, 학부형이 진지하게 들었다. 총장 비서 제니쉬(진 대표와 신 총장 사이)가 진 대표의 설명을 통역해 주었다.

캠퍼스 잔디 구장 조성 사업
(계인대학, 키르기스스탄/2016년)

—

2015년에 이어서 이번에도 글쓴이와 진영덕 대표가 계인대학을 찾았다. 계인대학 후원 사역의 하나로 작년에 기숙사 준공식에 참여하고 나서 가지게 된 구상을 실천하기 위해서였다. 그것은 그동안 방치되었던 학교 정원을 정리하여 그곳에 아담한 잔디 구장을 조성하는 사업이었다.

마침 2주 동안 끊이지 않고 비가 내려서 황량했던 들판이 푸른 초장으로 변했다고 하는 기쁜 소식을 듣게 되어 더욱 방문하고 싶었다. 방문 일정은 5월 21일(토)부터 5월 26일(목)까지였다.

이 사업을 설명하기에 앞서 글쓴이의 친구이자 동역자인 진영덕 대표에 대해서 언급하고자 한다. 진 대표는 글쓴이와 동갑이다. 글쓴이를 잘 아는 이들은 다들 이상하게 생각한다. 성격 등을 볼 때 잘 어울리지 않을 것 같은 두 사람이 어떻게 저렇게 가깝게 지내는가 하고.

이러한 의문에 대해 굳이 설명하자면 진 대표가 글쓴이의 부족함과 단점을 아주 잘 메꾸어 주기 때문이다. 그렇다고 해서 이러한 이기적 필요 때문에 가까이 지내는 것은 물론 아니다. 비전이 서로 통하여 공감할 수 있는 부분이 많았기에 더욱 친해질 수 있었다.

진 대표는 건축기술자로 수십 채의 주택과 건물을 시공하였다. 몸에 무리가 와서 다른 사업을 계획하고 있을 즈음에 우리는 처음 만났다. 그 이후 친하게 지내다가 의료봉사단 창단에 뜻이 맞아 함께 일을 시작하였다.

2003년 필리핀 뚜게가라오 봉사를 시작한 이후 지금까지 변함없이 해외 의료봉사를 같이 해오고 있다. 의료봉사에서도 죽이 맞았던 것은 진료에 관한 일만 내 몫이었고 그 외의 모든 일은 그가 스스럼없이 도맡아 주었기 때문이었다. 특히 현지 사정을 잘 파악하여 단원들에게 맛있고 실속 있는 식사와 간식을 풍족하게 먹을 수 있도록 해주어서 단원 모두가 좋아했다.

2014년에 이곳 계인대학을 처음 방문했을 때 몹시 안타까웠던 것 중의 하나는 수년 동안 방치된 정원이 학교의 인상을 깎아내리고 있는 것이었다. 차량이 학교 정문에 다가서니 큼직한 철제 교문이 자동으로 열렸다. 이로 인해 처음에는 대학이 제법 세련되었다는 인상을 받았다.
그런데 문제는 그 다음이었다. 차가 캠퍼스 안으로 진입하자 정원이 먼저 눈에 들어왔고 학교 건물은 한참 너머에 침엽수 사이로 상층부만 일부 보였다. 그런데 정원은 너무나 오랫동안 관리를 하지 않아서 잡초들의 숲이 되어 있었다. 자세히 들여다보니 높이 자란 잡초들이 군데군데 서 있는 사과나무와 장미 나무를 포위하여 나무들이 살려달라고 비명을 지르고 있는 것처럼 보였다. 교직원들은 매일 이러한 모습을 보아 익숙해졌겠지만 처음 찾아온 우리 눈에는 참으로 보기 안쓰러운 풍광이었다.

이에 우리는 정원을 정비하는 일에 후원하고 싶다는 제안을 하였다. 진영덕 대표는 거기서 한 걸음 더 나아가 정원에 잔디를 심자고 하였다. 멀리서 보는 잔디 정원이 아니라 자그마한 잔디 구장을 조성하여 학생들과 교직원이 즐길 수 있는 공간을 만들자고 하였다. 글쓴이는 진 대표의 구상이 참 좋은 것으로 여겨져서 적극적으로 그것을 찬성하였다.

잔디 구장 조성사업의 취지는 크게 두 가지였다. 하나는 정원을 작은 잔디 구장으로 조성해 두면 잔디 구장이 학생들의 정서 함양에 매우 도움이 될 수 있을 것으로 생각하였기 때문이다.

다른 하나는 더 실질적인 이유로 수도 비슈케크에 있는 대학 캠퍼스에서도 볼 수 없는 멋진 잔디 구장을 조성해 두면 기존 잘 만들어진 기숙사 시설과 함께 상승작용을 하여 일단 학교 시설이나 환경 면에서는 결코 수도권 대학에 처지지 않게 되어 좋은 학생 유치에 도움이 될 수 있을 것으로 판단하였기 때문이다.

이 사업에 걸림돌이 있다면 아마도 예산일 것이다. 진 대표는 이 사업을 실행함에 있어서 크게 도움이 될 경비 절감에 대해 두 가지 아이디어를 제공하였다. 첫째는 공사를 직영하는 것이고 둘째는 과거 건축이 중단되면서 쌓여 있는 모래를 이용하자는 것이었다.

진 대표는 건축 공사를 오랫동안 해 온 경험이 있을 뿐 아니라 어려서부터 시골에서 살아서 농사일을 비롯한 온갖 농장일에 경험들이 많았기에 이 사업을 현실화할 수 있는 능력을 갖춘 적격자라고 할 수 있다.

공사가 한주 만에 끝나는 것이 아니기에 진 대표가 여기에 남아 진두지휘를 할 수는 없었다. 그런데도 직영으로 공사를 하자는 의미는 진 대표가 설계부터 현장 작업에 필요한 부분들을 세세하게 다 지도해 줄 터이니 학교는 책임 있는 사람을 한 사람 세워서 그 사람을 통하여 이 일을 완수하자는 것이었다. 공사 경험이 많은 진 대표가 직영할 수 없는 일을 직영하자고 주장할 리 만무하였다.

잔디 구장 조성에 제일 중요한 것은 배수라고 한다. 배수가 잘되려면 경사를 잘 만들어야 하고 토양이 배수가 잘되는 모래층이 기반이 되어야 한다. 진 대표는 전번 방문 시 학교 교정에 쌓여 있던 모래를 채취해 왔다. 그는 국내 잔디 조성 업체 두 군데를 직접 찾아가서 그 모래가 잔디밭 조성에 적합한가를 문의하였다. 두 업체 모두에서 그 모래가 잔디밭 조성에 사용 가능하다는 판정을 받았다.

이제 남은 문제는 예산이었다. 직영하고 모래를 활용하면 소요 예산은 많이 줄어들게 된다. 마침 소규모 잔디 구장을 조성할 만큼의 후원금이 생겨서 우리는 소요 경비를 확보할 수 있게 되었다.

이러한 우리들의 설명은 들은 총장은 잔디 구장 조성사업을 승인하였다. 사실 승인은 지난번 방문 이후 몇 달이 지나서 났었는데 사업이 시작되지 못하고 있었다. 그래서 이를 독려하기 위해 우리가 직접 방문하였다.

그동안 수차례 통화하여 지시한 덕택인지 학교 정원은 깨끗이 정비되어 있었다. 진 대표는 대학의 담당자에게 잔디 구장 조성 작업의 세세한 부분까지 하나하나 다 가르쳐 주었다. 또한, 현지 시장에 가서 잔디 구장 물 공급을 위한 자동 살수 장치를 사 왔다. 진 대표는 이를 설치하는 시범을 보여주었다. 이제 남은 것은 대학 측이 사업을 본격적으로 실행하는 일만 남았다.

이번에 와서 보니 숙원 사업 중의 하나가 이루어져 있었다. 학생들과 교직원들이 대부분 비슈케크에서 통학과 통근을 하였다. 그동안 차량을 임대하여 사용해 왔었는데 이번에 고심 끝에 학생들의 편의와 학교 PR을 위하여 전용 차량을 구입하였다. 이 나라에서는 전반적으로 임금 수준이 낮아서 차량 유지비용은 크게 문제가 되지 않았다.

계인대학 본관 앞에 서 있는 침엽수들이 키가 높아 4층 건물을 거의 다 가렸다. 정원에는 여러 그루의 사과나무와 장미 나무가 심어져 있었는데 관리가 제대로 되지 않아서 덤불 숲이 되어 있었다. 그러나 5월에 대학을 방문하였을 때 잔디 구장 조성사업에 의해 정원의 나무들은 모두 제거되어 있었다.

우리는 현지 시장에 가서 전기모터식 펌프를 사 왔다. 잔디 구장 조성지에서 진영덕 대표는 시연을 통해 펌프를 수도관과 자동 살수 장치에 연결하는 방법을 자세히 가르쳐 주었다.

진영덕 대표는 자동급수장치를 잔디 구장 조성지에 임시로 설치하였다. 펌프의 시동 버튼을 누르자 자동급수 장치는 회전하면서 반경 10m 이내에 지역에 물을 뿌려주었다.

우리는 을씨년스럽게 보이는 학교 정원이 잔디 구장으로 천지개벽하게 될 부푼 꿈을 가지고 남은 시간을 보내기로 하였다. 비가 2주간 연속으로 와서 온통 바뀐 세상을 직접 찾아가 보기로 하였다. 우리는 교직원 몇 사람과 함께 비슈케크시 외곽으로 나갔다.

우리는 말로만 들었던 것이 사실임을 목도하였다. 그곳에 기적이 일어나 있었다. 황량했던 벌판과 누런 불모지의 야산들이 푸른 초원으로 변모하여 5월의 햇살 아래에 자신들의 본래 모습은 이러했노라고 우리를 향해 뽐내고 있었다.

푸른 초원에서 말들이 풀을 뜯어 먹고 있는 모습이 오늘따라 더욱 평온한 느낌을 주었다. 저 멀리 서 있는 만년 설산은 이번에는 우리를 제대로 환대해 주었다. 처음 왔을 때처럼 한주 내내 그 웅장한 자태를 구름 속으로 가리는 그러한 일은 없었다. 이제는 이방인이 아니라 키르기스인을 이해하는 사람으로 인정해 준 것일까.

푸른 초원으로 탈바꿈한 세상을 묵묵히 바라보며 우뚝 서 있는 설산을 경이롭게 쳐다보노라면 시간에 대해, 특히 압축된 시간의 무게에 대해 특별한 느낌을 가지지 않을 수 없다. 무수한 세월 동안 내린 눈이 쌓이고 얼고 하기를 반복한 지가 어언 만 년, 저 만년 설산이 지켜 봐왔던 이 땅의 평화가 일시적인 것이 아니라 아주 오래된 것임을 저 산과 이 땅이 온몸으로 증명하고 있었다.

만 년 된 평화라.

이 땅에서 평화가 만 년 지속하였다면 이 땅은 낙원이 아닌가?

CC Monitor 설치하다
(계인대학, 키르기스스탄/2016년)

───

　우리는 여름 봉사일정을 다시 세워야 했다. 우리가 심혈을 기울인 소규모 잔디 구장 조성사업이 중단되었다고 대학 측이 알려 주었기 때문이었다. 중단된 이유를 물어보니 진영덕 대표가 예상한 금액으로는 도저히 공사를 제대로 할 수 없기 때문이라는 답이 왔다.

　시공 경비를 줄이기 위하여 자체 시공을 하기로 하였는데 학교의 사정상 자체 시공하기가 어렵다는 것이다. 또한, 학교 캠퍼스 한쪽에 쌓여 있는 모래를 잔디밭 조성에 사용하기로 하였는데 현지에서는 그 모래가 부적합하다는 판정을 받았다는 것이다. 참으로 역설적인 것이 공사비 절약을 위한 아이디어가 도리어 발목을 잡았다. 우리는 대학 측이 예상하는 공사금액으로 공사를 하니 그 예산으로 더 우선순위의 일을 하는 것이 타당하다고 판단하였다.

　우리는 잔디 구장 사업이 중단된 것을 매우 안타깝게 생각하였다. 그렇다고 우리의 후원을 멈출 수는 없었다. 사역의 종류는 대부분 세 가지 요인에 의하여 결정된다. 현지 학교가 필요로 하는 것과 우리의 능력과 재정이다. 이 세 가지 요인에 따라 결정된 후속 사역은 캠퍼스 CC camera 설치 사업이었다.

2016년 여름 계인대학 봉사단을 조직하였다. 글쓴이와 함께 이상옥 대표와 전진우 교수(인제대)가 자원하여 합류함으로써 세 사람으로 구성된 단출한 봉사단이 꾸려졌다. 봉사일정은 8월 11일(목)부터 18일(금)까지 7박 8일이었다.

이상옥 팀장은 전기 및 전자 관련 엔지니어다. 그는 못 고치는 기계가 없다. 아니 못 하는 일이 없다. 이러한 재능보다 그를 돋보이게 하는 것은 어떤 도움 요청도 거절하지 않는 그의 성품이다. 도움의 요청이 오면 밤낮 전국으로 누비면서 봉사한다는 것을 알게 된 이후 글쓴이는 궁금한 게 있었다. 저렇게 봉사를 하면 자신의 밥벌이는 어떻게 하는가 하는 궁금증 말이다.

사실 그러한 성품을 미리 알았다면 계인대학 봉사요청을 심사숙고한 다음에 했을 것이다. 그러나 당시 그것을 몰랐기에 나는 제안하였고 그는 평소 해 왔던 것처럼 그렇게 자원하였다. 그는 베트남 사역을 하기로 예정되어 있었는데 그 사역이 취소되었기에 키르기스스탄에 갈 수 있어서 잘 되었다는 말도 하였다. 그런데 이 말은 한참 지난 후 둘러댄 말임을 우연히 알게 되었다. 사실인즉슨 당시 그가 다니고 있던 학교의 졸업여행으로 베트남에 가려고 여행 경비를 완납한 상태였다. 그런데 글쓴이가 도움을 요청하자 여행을 취소하면 이미 납부된 여행 경비가 반납되지 않는다는 것을 알면서도 우리 봉사에 자원하였다. 글쓴이를 배려하는 차원에서 그렇게 말한 것이었다.

우리 봉사팀은 비슈케크에 안착하였다. 계인대학 측에서 예약해두었던 '로뎀하우스'에 우리 숙소를 정했다. 로뎀하우스는 그동안 우리가 묵었던 숙소에 비하여 한결 품위가 있어 보였다. 우선 실내의 가구나 장식품들이 모두 정갈하게 정리된 것이 인상적이었다. 아담한 잔디 정원과 그 옆 담벼락 전체를 덮고 있는 담쟁이가 운치를 더하였다. 이러한 주위 환경과 분위기로 볼 때 로뎀하우스는 들뜬 여행객보다는 차분한 시간과 여유가 필요한 사업가나 사역자들의 숙소로 더 적합할 것 같았다.

이번 사역의 범위는 넓지 않았다. 학교 정문과 학교 건물 내 외부 요소요소에 폐쇄 회로 카메라를 설치하고 당직실과 중앙 감사실에 모니터와 통제 장치를 설치하면 되었다.

사역에서 이상옥 팀장은 사수였고 전 교수와 글쓴이는 부사수가 아니라 조수였다. 우리는 이 팀장이 시키는 일을 하였다. 그중 힘들었다고 할 수 있는 일은 학교 건물이 옛날 건물이어서 랜선을 설치하는 통로가 제대로 만들어져 있지 않기에 모니터 선을 천장이나 벽의 높은 곳에 설치하는 것이었다.

이 팀장은 워낙 일손이 있어서 그런지 힘든 일도 쉽게 하였다. 아무튼,

힘든 일은 이 팀장이 도맡아서 하고 우리에게는 난이도가 쉬운 일들을 시켰다.

이상옥 팀장은 한국에서 사서 가지고 온 CC camera를 모니터에 연결하여 작동을 제대로 하는지 시험을 하였고 전진우 팀원은 이 팀장을 도와주었다. 한 번 만에 순조롭게 영상이 나오는 것을 보고 다들 이 팀장의 실력을 높이 샀다.

우리는 학교 내·외벽에 카메라 설치를 다 한 다음 마지막으로 정문에 설치하였다. 당직실에 모니터가 설치된 것을 제일 좋아했던 사람은 아마도 학교 관리인인 에르니스가 아닌가 싶다. 그는 원래 이 마을 출신으로 아마추어 권투 선수였다. 그가 학교에 직원으로 일한 이후부터는 근처의 부랑자들이 캠퍼스에 얼씬거리지 않았다고 한다. 그가 제일 좋아한 이유는 외부 차량이 오면 자신이 일일이 나가서 문을 열어 주었는데 이제부터는 화면을 확인하고 그 자리에서 출입문을 통제할 수 있게 되었기 때문이었다.

이상옥 팀장은 계인대학 교문 기둥에 올라가서 CC camera 설치를 하였다. 평소 교문의 철문이 차가 다가가면 자동으로 열려 멋져 보였는데 이제는 카메라까지 설치되어 더욱 최신 설비를 갖춘 시설물처럼 보였다. 전진우 교수 (우)와 글쓴이는 이를 도왔다.

잔디 구장 조성사업은 중단되었지만, 정원에 수도 시설을 설치한 발전은 있었다. 물이 귀한 이 나라에 수도꼭지만 틀면 물이 콸콸 쏟아져 나와 너무 기분이 좋았다. 이 비옥한 땅을 어떻게 잘 조성할지는 우리 모두의 숙제가 되었다.

사역을 끝내고 우리는 최근에 개장한 휴양지에서 하루를 보내며 사역을 정리하는 시간을 가졌다. 숲속에 있는 휴양지는 여러 채의 유르트가 세워져 있었다. 가까이 가서 보면 천막으로 된 유르트가 아니라 외양만 유르트처럼 보이도록 건축된 방갈로였으며 실내는 현대식으로 잘 꾸며져 있었다.

유르트 실내의 창을 통해 산 위에 떠오른 달을 누워서 쳐다볼 수 있어서 참 좋았다. 얼마 만에 이러한 행복을 누릴 수 있게 되었는지. 정말 잠자기가 아까운 시간이었다.

시차 탓에 다들 일찍 일어났다. 사실 여기는 한국보다 두 시간 늦으니 평소처럼 일어나도 이곳은 한참 새벽이다. 이런저런 생각으로 아침을 기다리다가 유르트를 나섰다. 아침 햇살이 먼 산 산봉우리에 먼저 도착하여 아침이 이미 시작되었음을 알려주었다.

지금은 주위가 어두우나 곧 밝아질 것이다. 세 사람이 한 사역은 사실 미미한 것이다. 그러나 어두움을 밝히는 일이 우리에게 주어진다면 그 일을 행함에 머뭇거리지 않을 것이다. 우리는 사명을 받은 자이기에 그러하다.

14년 만에 다시 찾아가다
(뚜게가라오, 필리핀/2017년)

―

"교수님, 필리핀 뚜게가라오에 의료봉사 갈 수 있습니까?"

복음병원 안과 과장 이상준 교수의 음성이 휴대전화기 너머서 들려왔다. 다소 부담스러운 부탁이기에 긴장하며 말하고 있음을 직감할 수 있었다. 짧은 순간에 여러 가지 생각을 하였다.

"그곳은 의료봉사팀이 자주 가는 곳이 아닌가요?"

뚜게가라오는 많은 의료봉사팀이 가는 곳으로 알고 있어서 다소 의아한 생각이 들어서 되묻지 않을 수 없었다.

"최근에는 다른 봉사팀이 오지 않았다고 합니다. 그리고 김 교장 선생님께서 안과 수술팀만 오지 말고 내과팀도 와서 내과 환자를 진료해 주기를 원하셨습니다."

그제야 이 교수가 전화한 뜻을 잘 알 수 있었다. 진료가 언제인지를 묻지 않을 수가 없었다. 설날 연휴 기간이 봉사 기간으로 잡혀 있었다. 설날 연휴 기간에는 휴가를 할 계획이 이미 서 있었기에 다소 난감한 생각이 들었다. 보통 이런 종류의 요청은 무게감이 다르다. 더구나 이 교수가 어렵게 그것도 자신이 하는 사역에 동역하자는 요청이 아닌가?

즉석에서 결정하기 어려웠으므로 그 문제들 두고 생각해 보자고 대답하고 전화를 끊었다. 흔히 생각해 보자는 대답은 두 가지 의미가 있을 수 있다. 하나는 단박에 거절하기 힘들어서 점잖게 거절하는 방식이다. 다른 하나는 확신이 서지 않는 경우이다. 나의 경우는 후자인 셈이었다.

전화를 끊으면서 이것이 나에게 주어진 'mission'인가 하는 물음을 자신에게 해 보았다. 'mission'은 수년간 의료봉사를 하면서 가지게 된 깨달음 중의 하나를 지칭하는 말이다. 매년 사역을 해 오면서 초심과는 달리 관성적으로 일을 하는 자신의 모습을 보고 사역에 임하는 마음을 재정립해야겠다는 생각을 가졌다.

초심의 그 열정과 순수함은 사역을 반복하다 보면 식고 다소 무디어지게 마련이다. 아마추어에서 베테랑으로 넘어가서도 초심을 유지하면 좋겠지만 어디 그것이 쉬운 일인가. 아마추어에게 초심이 있었다면 베테랑에게는 무엇이 있겠는가.

초심의 열정이 아니라 관성의 힘으로 일을 해도 봉사의 목적과 취지를 잘 살리고 드러낸다면 그것 또한 긍정적인 것이라는 생각을 가지게 되었다. 그래, 이제는 초심의 그 뜨거움과 순수함으로 하는 것이 아니다. 훈련받은 대로 하는 것이다. 마치 전출명령이 떨어지면 바로 그날 더플백에 짐을 싸서 떠나는 직업 군인처럼 mission이 주어지면 바로 "예, 가겠습니다." 하자는 다짐을 하게 되었다.

"생각해 보자"는 것은 이것이 나에게 주어진 'mission'인가를 확인하는 작업이었다. 그 확인은 그렇게 오래 걸리지 않았다. 우선 두 가지 생각이 들었다. 하나는 내과 진료가 필요하다고 하니 나라도 가야 하는 것이 아닌가 하는 생각이었다. 다른 하나는 봉사단 단장으로서 첫 사역을 하였던 뚜께가라오에 다시 가서 그동안 발전한 모습을 직접 확인해 보고 싶다는 생각이 불현듯 들었던 것이다. 생각이 여기에 미치자 이제는 가고 싶다는 마음이 생겼다. 나는 이 교수에게 전화를 걸어 사역에 동참하겠다고 하였다.

막상 동참할 것을 알려주고 나니 현실적인 문제가 다가왔다. 의료 사역은 나 혼자 할 수 있는 사역이 아니다. 누군가 함께 해야 하는 팀 사역이다. 최소한 경험 많은 간호사나 약사가 한 사람 동역해야 할 수 있다. 동역자를 구해야 하는 상황이 전개된 것이다. 설날 연휴 동안 사역을 갈 수 있는 사람을 쉽게 구할 수 있겠는가.

그동안 두 차례 의료봉사를 함께했던 김미림 간호사가 생각이 났다. 나는 김 간호사에게 전화를 걸어 부탁하기로 하였다. 김 간호사는 나의 부탁을 수락하는데 나처럼 며칠이 걸리지 않았다. 3초나 되었을까. 나의 요청의 말이 끝나자마자 같이 가겠다고 대답했다. 얼마나 감사한 일인지!

고향을 찾아온 느낌?

이상준 교수가 단장으로 이끄는 봉사단은 1월 25일(수)부터 1월 31일 (화)까지 6박 7일 일정으로 필리핀을 향해 출발하였다. 부산 김해에서 마닐라까지 비행 시간은 약 네 시간, 그리고 거기서 다시 뚜게가라오까지는 한 시간 걸렸다. 마닐라 공항 터미널은 상당히 멋진 모습으로 변해 있었지만 뚜게가라오 공항은 처음 찾았던 십삼 년 전이나 크게 변화가 없었다. 비행기에서 내렸을 때 상쾌한 공기와 따뜻한 햇볕이 나를 반겼다.

"아, 이 느낌!" 무엇인가 익숙한 것이 느껴졌다.

김 교장 선생과 함께 일하는 강 선생이 공항까지 직접 마중 나와 반가운 해후를 하였다. 김 교장 선생은 더욱 카리스마가 있어 보였고 강 선생에게서는 이제 초짜 선생의 모습을 찾아볼 수 없었다.

학교에 도착했을 때 엄청난 변화가 있었음을 직접 눈으로 보았다. 그곳에 5층 규모의 'Mission Center'가 웅장한 모습으로 서 있었다. 한 사람이 한 가지 일에 집중하여 오랫동안 일을 하면 이처럼 엄청난 일을 할 수 있구나 하는 생각이 들었다. 이러한 나의 찬사에 대해 교장 선생님은 전혀 다른 해석을 들려주셨다. 자신은 이런 거창한 일을 계획한 적이 한 번도 없다고. 이 역사는 하늘이 도와주어서 이루어진 것이라고.

선천성 수두증

진료 시작 첫날 비교적 젊어 보이는 여성이 아이를 안고 와서 치료해 달라고 한다. 환자는 생후 8개월 된 여아로 마리아(가명)라는 예쁜 이름을 가졌다. 병은 이미 그곳 의료진에 의하여 진단되어 있었다.

'congenital hydrocephalus'

이 병은 뇌척수액의 순환 경로의 장애로 인하여 출생 직후부터 순환되지 못한 뇌척수액이 한 곳에 비정상적으로 축적되어 뇌실질을 압박하는 병이다. 막힌 부분을 수술로 뚫어 주면 제일 좋은 방법이나 실제로는 그것이 쉽지 않기에 차선으로 다른 경로를 만들어 주면 된다. 뇌척수액이 잘 흘러갈 수 있도록 다른 경로를 만들어 주는 수술을 'shunt operation' 이라고 한다. 뇌의 발육이 더 늦어지지 않도록 가능한 한 이른 시일 내에 이 시술을 해 주어야 수술 후 경과가 좋다.

필리핀 의사는 마리아가 이 시술을 받아야 한다고 하였는데 마리아의 부모들은 이 수술비용이 없어서 수술을 못 하고 있었다. 마리아의 모친은 오직 한 가지 희망을 품고 왔을 것이다. 혹시나 아이의 병을 낫게 해 줄 수 있을까 하고.

일반적으로 무료진료(free clinic) 시 의사들이 할 수 있는 치료는 지극히 제한적이다. 물론 예외적으로 백내장 수술을 전문적으로 하는 우리 수술팀의 경우 무료진료이지만 매우 고도의 전문적인 치료를 제공해 줄 수 있다. 그러나 마리아의 경우 내과 의사가 해 줄 수 있는 것은 거의 없다. 마리아의 엄마가 알고 싶은 것에 대한 의학적 정보제공 정도이다.

물론 글쓴이는 어떤 해결책을 심중에 가지고 있었다. 우선 귀국해서 수술 성공 가능성을 살펴볼 참이다. 그리고 그 가능성이 크면 수술 경비 등을 마련하여 수술을 주선할 의지가 있었다. 그렇다고 이러한 나의 의지를 섣불리 말해 줄 수 없었다. 일이 잘 안 되면 헛된(?) 희망만 불어넣은 결과를 초래할 것이기 때문이었다.

백내장 수술 팀

고신의대 안과학교실 이상준 교수는 2009년에 백내장 수술을 전문적으로 하는 해외의료봉사팀을 조직하였다. 그때부터 현재까지 12년 동안 10차례 의료봉사를 필리핀 뚜게가라오에서 해 오고 있다.

벽오지 원주민을 위한 개안수술 시작을 하게 된 계기가 참 재미있다. 병원에서 안과 수술용 미세현미경을 신형으로 교체해 주었는데 구형 현미경 처리 문제가 대두되었다. 구형이었지만 그동안 잘 사용하였기에 처분하는 것이 너무 아까워서 안과 창고에 보관해 두었다.

그 이후 까맣게 잊고 있었는데 삼사 년이 지난 어느 날 동료 내과 교수가 필리핀 뚜게가라오로 컨테이너 화물을 이번 주에 보내는데, 혹시 같이 보낼 것이 있나요 하고 물어보는 순간 창고에 보관 중이던 수술 현미경이 불현듯 생각나서 바로 그것을 꺼내 먼지를 떨어내고 컨테이너 화물 편으로 보냈다. 그것이 계기가 되어 수술팀을 꾸려 현지에 가서 백내장 수술을 하게 되었다는 것이다.

그 처음이 지금까지 지속하게 된 것에 대해 이 교수는 이렇게 말했다. "처음에 구체적인 목적이 없이 시작한 봉사였지만, 봉사하면 할수록 저와 저의 팀원의 몸과 마음이 일상에서 회복되고 치유되는 것을 발견하였습니다. 수고로움이 가져다주는 봉사의 즐거움이라고 누군가 말했던 것처럼 말입니다."

그렇다. 봉사는 정말 희한한 일이다. 분명 앞이 잘 보이지 않는 백내장 환자들에게 개안수술을 해 주었는데 정작 치료를 받은 것은 수술한 의사를 비롯한 그 팀원이라는 이 팀장의 고백은 놀라운 것이다. 그것도 몸과 마음이 함께 회복되고 치유되었다는 것이다.

이 팀장의 진술을 통하여 우리는 중요한 진리를 깨닫게 된다. 남을 위하여 자신의 시간과 물질과 재능을 사용하면 그로 인해 큰 기쁨을 소유하게 된다는 것이다. 결국, 그 즐거움이 바로 다음 봉사의 원동력이었다.

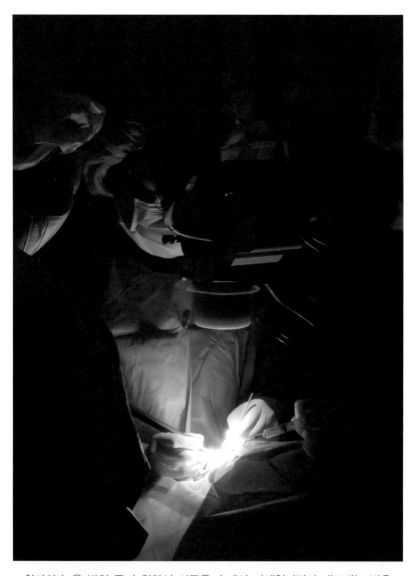

환자의 눈을 밝혀 주기 위하여 어두움 속에서 미세현미경이 내보내는 밝은 빛에 의지하여 수술하고 있는 세 사람의 모습은 자못 성스럽게까지 보인다. 중앙에서 수술하고 있는 이가 이상준 교수이다. 우측에서 이명신 안과 전공의가 보조하고 있다. 좌측은 조은비 간호사이다.

흔들거리는 믿음

수일 전에 닥쳤던 태풍으로 인하여 피해가 컸다고 한다. 바람에 의하여 열대 수목이 완전히 흙탕물을 뒤집어써서 숲이 노랗게 변했다. 가옥들도 많이 파괴되었고 'Mission Center' 역시 유리창 여러 개가 파손되는 등 피해가 적지 않았다.

뚜게가라오 사역이 끝나면 의료팀은 라굼으로 이동하여 진료한다. 라굼은 뚜게가라오 북동쪽에 있는 오지이다. 오지를 체험하기 위하여 라굼에 갈 때는 배를 탄 다음 말을 타고 가는 것이 모든 의료봉사팀에게 공통으로 요구되는 현지의 철칙(?)이다.

우리 팀도 예외가 될 수 없었다. 그 경로를 따라가는 것은 특히 처음 방문하는 사람들에게는 매우 힘들고 때로는 두렵기도 하지만 좋은 면도 있다. 대자연 속에서 배를 타고 원시림을 통과하는 체험이 주는 특별한 기쁨이 그것이다. 또한, 제대로 된 길이 없으므로 말을 타고 가야 한다. 비록 마부가 이끌어 주지만 말을 타고 숲을 지나고 개천을 넘는 경험은 말을 처음 타보는 사람에게는 정말 평생 잊을 수 없는 추억이 된다.

그러나 나는 옅은 불안감을 느끼고 있었다. 강을 거슬러 오가면서 있었던 비극적인 일에 대하여 들은 적이 있었기 때문이다. 또한, 태풍이 지나간 지 상당히 되었지만 그래도 강물은 많이 불어나 있을 텐데 하는 걱정 때문이었다.

막상 강에 가까워지자 우려가 현실로 다가왔다. 예상보다 강물은 많이 불어나 있었다. 유속도 제법 만만치 않다는 느낌이 들었다. 그러나 그러한 느낌을 다른 단원에게 말할 수 없었다. 오히려 나는 불안해하는 단원들을 안심시켜야 하는 위치에 있지 않은가.

뱃길이 안전하도록 기도는 하였지만 불안한 마음이 완전히 사라지지 않았다. 이러한 나 자신을 보면서 내게 과연 '믿음'이 있는가 하는 의문이 생겼다. 나이가 들면 여러 가지 약해지는 것이 있는데 그것은 바로 용기였다. 세상을 많이 알면 지혜가 더 생길지는 모르나 용기는 더 적어진다. 믿음의 담력이 약해진 것이다.

태풍이 동반한 폭우로 인하여 강물이 많이 불어났다. 기슭에 있는, 평소에는 물처럼 드러나 있던 바위가 보이지 않을 정도로 강 수위가 높았다. 강물의 유속은 상류로 갈수록 강폭이 좁아지면서 더욱 빨라졌다. 무지개가 강을 건너고 있는 우리를 앞서거니 뒤서거니 하였다.

우리 일행이 뚜게가라오에서 출발하자마자 하늘에 무지개가 섰다. 그리고 라굼으로 가는 도중에 또 무지개가 보였다. 강 상류에 다가갈 때 세 번째로 무지개가 이번에는 정면에 서 있었다. 세 번째 무지개를 보고서야 나는 비로소 깨달았다.

무지개는 무엇이었던가. 다시는 사람들을 물로 심판하지 않겠다는 약속의 징표가 아니었던가. 믿음이 없는 나 자신이 얼마나 부끄러웠는지 모른다. 귀국하여 이 심정을 시로 표현해 보았다.

〈피냐까냐완 강의 무지개〉

태풍 할퀴고 간지 여러 날
넘실거리는 강물
강폭까지 가득하다

나뭇잎 같은 저 작은 배
날 안전히
상류까지 데려가 줄 수 있을까

이 보다 더 한 물길
수백 번도 더 거슬러 가보았다 하였기에
나 역시 할 수 있겠노라
다짐하고 또 고백하였지만
뱃머리에 부딪히는 물결처럼
부서지고 마는

내 마음이여,

길 나설 때 섰던 무지개
줄곧 쫓아 왔을까
이젠
가야 할 길 앞
굳건한 약속으로 서 있네

바보같이,
이제야
눈에 보인다

짙푸른 물결 위로
이미 나 있던
에이레네의 물길이.

강을 무사히 건너왔기에 이제는 말을 타고 가는 일만 남았다. 강어귀에 도착하니 현지 원주민이 우리를 마중 나와 있었다. 그런데 문제가 생겼다. 마부들이 제때에 오지 않은 것이다.

길은 외길이었기에 우리는 원주민의 길 안내에 따라 마을을 향하여 걸어가기로 하였다. 가능한 이른 시간에 마부들을 도중에 만나길 기대하면서.

뚜게가라오에서의 출발이 늦어졌기에 날이 이내 어두워졌다. 오지에는 밤도 일찍 온다. 단원들은 준비해 온 손전등을 하나둘 꺼내 앞을 비추기 시작하였다. 그 와중에 다행인 것은 깊은 밀림이 아닌 낮은 야산 자락을 따라 길이 나 있었다. 이 단장은 처음 와 보는 단원들이 걱정하지 않도록 그들을 격려하였다. 걷는 것이 좀 피곤하다고 느껴질 즈음에 우리를 태우러 온 마부들을 만났다.

우리는 말을 타고 마부가 이끄는 데로 갔다. 최근 비가 많이 와서 제법 수위가 있는 시내를 통과해야 했다. 어떤 곳은 수심이 깊어 마부의 허리춤까지 잠기기도 하였다. 말을 타고 거의 강을 건너야 하는 상황에 봉착했다. 다행히 건너야 할 시내의 폭이 20m를 넘지 않았다. 사실 다른 선택의 여지가 없었다. 마부가 앞에서 고삐를 잡고 이미 물속으로 들어가서 말을 끌고 있었기에 우리는 그저 안장을 꼭 붙잡고 말이 가는 대로 가는 수밖에 없었다.

모두 야간 도강을 포함한 마상 행군을 잘 마쳤다. 야생 동물의 습격 또한 충분히 예상될 수 있는 상황이었으나 그러한 끔찍한 일은 없었다. 도강할 때 바지가 젖은 것이 유일한 문제였다.

무지개가 확정해 준 에이레네의 평안이 있었기에 우리는 그 깊이를 알수 없는 시내 물웅덩이가 두렵지 않았다. 아무런 사고 없이 이 사방이 깜깜한 어두움을 뚫고 무사히 도착할 것이라는 믿음이 우리 모두에 있었다.

어두움 속에서 봉사단원은 말을 타고 제법 깊은 시내도 건넜다. 마부가 앞서 물속에 들어가서 고삐를 잡아 끌어주었기에 우리는 주위의 깜깜함과 깊이를 알 수 없는 물길이 주는 두려움을 이겨낼 수 있었다. 배낭을 짊어진 글쓴이의 뒤를 따라오는 단원이 친절하게도 손전등으로 앞을 비추어 주어서 너무 고맙다. 노란색 모자와 푸른색 상의를 입은 마부의 모습이 말의 오른쪽에 조금 보인다. 앞서가고 있는 단원들이 비추는 손전등 불빛 서너 개가 저 멀리서 흔들거린다.

마지막 훈련이기를 바라며

사역의 기능 중에 중요한 것이 하나 있는데 그것은 훈련이다. 신체 훈련일 수 있고 정신 훈련일 수 있다. 사역을 다 마쳤는데 미진한 부분이 있었는지 봉사단에게 아니 필자에게 마지막 훈련이 주어졌다.

기상 악화로 인하여 뚜게가라오에서 마닐라로 가는 비행기 편이 취소

된 것이다. 선택의 방법은 몇 개 없었다. 다음날 가는 방법인데 이것은 불확실성의 위험이 너무 컸다. 내일 일기 예보 역시 비가 많이 오는 것으로 되어 있었기에 내일 상황도 오늘과 별반 다를 수 없겠다는 생각이 들었기 때문이다.

결국, 당일 차량으로 가는 방법이 강구되었다. 차량으로 이동하면 장장 11시간 걸린다. 장거리 여행이었기에 우리나라 우등버스에 해당하는 그러한 버스를 전세 내려고 했는데 그것마저 여의치 않았다. 남은 것은 정기 운행 버스를 타고 가거나 심야에만 운행하는 침대 버스를 이용하는 것이었다. 많은 의논 끝에 심야 침대 버스를 타고 가기로 하였다.

침대 버스는 예상보다도 양호하였다. 좋았다기보다는 최악이 아니었다는 뜻이다. 우선 그 좁은 버스 공간에 삼 열을 만들어서 아래위로 다섯 좌석씩 총 열다섯 좌석이 배치되어 있었다. 좋은 좌석은 벌써 다 팔렸고 하단에 좌석 네 개가 남아 있었는데 봉사단 집행부는 연장자에 대한 배려로 나에게 그중 하나를 주었다. 아무래도 상단보다는 하단이 다소 편하다는 것은 상식이다.

나에게 배당된 좌석은 우측 열의 맨 뒤 좌석이었는데 이것이 문제였다. 좌측 열과 중앙 열과는 달리 우측 열에는 간이 화장실 칸이 있었기 때문에 좌석이 들어갈 길이가 다른 열에 비교하여 그만큼 짧아질 수밖에 없다. 그런데도 다른 열과 마찬가지로 다섯 좌석이 설치되어 있었다. 그로 인해 좌석 간의 공간은 다른 열에 비교해 더욱 좁아질 수밖에 없었으며 맨 마지막 좌석은 아예 등받이를 뒤로 눕힐 수 있는 공간마저 없었다. 그로 인해 나는 내내 앉아 올 수밖에 없었다.

상단의 바닥에 해당하는 천장은 낮아서 허리를 조금 세우면 머리가 닿았다. 평평한 바닥에 웅크려 새우잠을 자려 했으나 그 바닥 또한 길이가 몹시 짧아서 그렇게도 할 수 없었다. 하루의 반이 되는 시간 동안 나는 앉아서 올 수밖에 없었다. 도중에 잠을 얼마나 자주 깨었는지 모른다. 그러나 그 와중에도 시간은 느리게나마 지나가고 있었다. 그 사실이 얼마나 감사한지.

장시간의 야간 버스 탑승은 몸에 상당히 치명적이었던 것 같다. 집에 와서도 사흘 동안은 그로 인한 피로감이 좀처럼 사라지지 않았기 때문이다. 그래도 그 마지막 훈련을 비록 좋은 성적은 아니지만 잘 통과하였다고 자평한다. 그러므로 다음 mission을 수행할 능력은 아직 남아 있다고 자랑해도 되지 않겠는가.

after service

간혹 사역이 마치면 마무리해야 하는 일이 있는 경우가 있다. 글쓴이에게는 마리아에 대한 치료가 바로 그러했다. 마리아의 두부 CT를 본 신경외과 교수는 고개를 저었다.

"교수님, 환자의 수두증이 너무 심합니다. 두개강내압이 높은 상태가 상당히 지속한 것으로 부여 수술의 성공 여부를 장담하기 어렵습니다.

또한, 수술이 성공한다고 해도 수술해서 만들어 놓은 shunt가 잘 관리되어야 합니다. 이러한 고비를 넘기더라도 아기가 자라면 shunt 길이가 짧아진 셈이 되어서 재수술을 해야 합니다."

대부분의 외과 의사는 수술 성공 가능성이 51%만 되어도 수술하면 살릴 수 있다고 수술을 적극적으로 권한다. 의사가 여러 가지 상황을 들어 길게 설명하면 수술 성공의 가능성이 작다는 말이다. 달리 표현하면 집도의가 수술하고 싶지 않다는 말로 해석해야 하는 경우가 많다.

수술은 환자를 살리기 위해서 하는 일이다. 우리가 아무리 이타심을 발휘하여 수술 경비는 물론이고 아기와 엄마의 항공 교통비와 국내 체재비까지 후원해 주어도 수술이 성공적이지 못하면, 혹은 환자의 부모가 원하는 어떤 수준만큼 되지 못하면 차라리 안 하는 것만 못하다. 더구나 이러한 수술의 성공 여부는 현지 교장 선생의 사역과도 밀접한 연관이 있다.

교장 선생이 불쌍히 여기는 마음으로 주선하여 한국에 가서 수술하였는데 수술 결과가 좋지 않았다고 하면 아무리 옆에서 그러한 결과를 잘 설명해 주어도 그 상황은 그동안 교장 선생이 지역사회에 쌓아 놓았던 모든 업적을 한순간 무너뜨릴 수 있다. 이것이 가장 큰 딜레마다.

결국, 글쓴이는 마리아에게 더 이상의 도움을 줄 수 없었다. 수술 위험이 너무 컸기 때문이었다. 마리아와 그 어머니를 위해 기도해 주는 것 외에 글쓴이가 할 수 있는 일은 더 없었다.

2월에 찾아간 악짜브르스까야 마을의 어느 장애인의 집 앞길에는 눈이 조금 쌓여 있었다. 봉사단은 이 집에서 진료 및 전기 시설 등 봉사를 하였다. 출입 문 담벼락에 그려져 있는 물고기 문양을 보는 순간, 기독교도 핍박이 심했던 로마의 네로 황제 시대가 연상되었다.

장애인 사역에 눈 뜨다
(악짜브르스까야, 키르기스스탄/2019년)

———

그동안 지속하여 왔던 계인대학 후원 사역이 2년간 중단되었다. 2017년 1월에 필리핀 뚜게가라오 사역을 다녀왔다는 핑계로 그해 여름 봉사를 다음 해로 미루었다. 그런데 그 미룬 것이 결국 잘못되었다. 2018년 여름 사역을 위해 휴가 날짜를 미리 잡아 두었는데 해야 할 중요한 업무가 갑자기 생겨서 부득불 그 휴가를 사용해야 했기 때문에 결국 사역을 할 수 없게 되었다.

2018년 12월 초순쯤 키르기스스탄에서 장애아를 돕고 있는 한인 교포로부터 의료봉사를 해 주면 좋겠다는 요청을 받았다. 진영덕 대표와 글쓴이는 그 요청을 받아들여 봉사하러 가기로 하였다. 이어서 봉사단 사역 범위와 일정을 의논하기 시작하였다.

통상적으로는 여름 봉사를 하였는데 2019년 여름에는 그것이 쉽지 않을 것 같았다. 핵심 단원의 개인적인 사정 때문이었다. 아무리 봉사 계획이 훌륭하다고 해도 그것을 실천할 인적 구성이 뒷받침되지 않으면 아무 소용이 없다. 그래서 2019년 봉사는 주축이 되는 단원의 참여가 가능한 겨울 방학 기간에 하는 것으로 결정하였다. 그때가 2019년 1월 둘째 주였다.

사역 예정 날짜가 얼마 남아 있지 않았기에 모든 준비과정을 신속하게 처리하여야 했다. 의료봉사는 장애인 위주로 소규모 진료를 하는 것으로 하였다. 진료 대상자들을 장애인과 가족 그리고 그 가족들의 지인으로 한정하였다. 장애인이 아닌 경우 진료과목을 내과로 한정하였다. 장애인에 대한 진료는 의료팀이 직접 가정방문하는 것으로 하였다.

또한, 어느 장애아가 거주하는 집의 대문과 전등을 교체해달라는 요청도 있었기에 공사팀도 조직하였다. 공사팀은 필요한 공구 등을 준비하였고 운반과 운송이 힘든 공구들은 현지에서 조달하기로 하였다.

진영덕 대표가 봉사단 단장으로 계속 수고해 주기로 하였다. 의료팀은 글쓴이와 윤은수 간호사, 그리고 전창환 씨로 구성되었다. 공사팀은 단장과 이상옥 단원으로 구성되었다. 미국에서 사는 전창환 씨가 오래간만에 참여하여 다들 매우 반가워하였다. 비록 봉사단은 다섯 명으로 구성된 단출한 팀이었지만 모두가 베테랑이었기에 특공대라고 불러주어도 전혀 손색이 없었다.

짧은 준비 기간 안에 필요한 약품 등을 갖출 수 있었던 것은 진료 대상을 아주 좁은 범위로 한정하였기 때문이다. 즉 과거에 해왔던 진료방식을 벗어나 장애인 가정을 방문하여 진료한다는 방향성이 결정되었기 때문이었다. 또한, 내과 환자 200명을 진료하기로 하였기에 필요한 약품의 종류와 수량이 많지 않아서 이를 준비하는 데 많은 시간이 소요되지 않았다. 특히 의료봉사하고 남은 약들이 종류별로 상당히 있어서 추가로 준비해야할 약들의 종류와 수량이 많지 않았기 때문에 더욱 그러하였다.

봉사일정은 2월 21일(목)부터 28일(목)까지 7박 8일이었다. 사역지는 악짜브르스까야 마을로 비슈케크에서 북쪽으로 약 40km 거리에 있으며 그곳에서 카자흐스탄과의 국경까지는 불과 3km도 되지 않았다.

마침 봉사단이 사역하기로 되어 있는 장애아의 집과 공동시설이 붙어있어서 그 공동시설을 치료소로 사용하기로 하였다.

장애 소년과 신뢰효과

진료 시작하는 첫날 환자의 어머니가 미는 휠체어를 타고 16살 소년이 왔다. 환자는 뇌성마비로 인해 보행 장애와 언어 장애가 현저하였다. 소년은 몇 음절의 소리와 몸동작으로 무엇인가를 표현하였으나 나는 알아들을 수 없었고 그 몸짓의 의미도 알 수 없었다.

다행히 환자는 식사도 잘하고 대소변도 그 나름대로 가릴 줄 안다고 하였다. 그의 어머니는 아들의 아픈 과거사를 별로 말하지 않았다. 그녀는 모든 현실을 정확하게 파악하고 있었다. 그녀는 먼 나라에서 온 의사가 자기 아들을 치료해 줄 능력이 있을 것을 기대하고 나온 것은 아니었다. 한국서 명의로 알려진(?) 대학교수가 이곳까지 찾아왔다고 하니 혹아이에게 도움이 될 그 무엇이 있을까 해서 찾아온 것이다.

당뇨병 전문의가 뇌성 마비 환자에게 도움이 될 것은 별로 없었다. 준비해 간 몇 가지 가정상비약을 나누어 주는 것밖에는. 의사의 입장에서 보면 별 도움이 안 될 것같이 보이지만 환자나 보호자의 입장에서 보면 아주 다르다.

환자에게 처방한 영양제 한 알도 큰 도움이 된다. 아니 그보다도 누군가 찾아와서 장애아에게 관심을 보여주는 것만이라도 큰 도움이다. 청진기로 장애아의 뛰는 심장 소리를 들어주고 맥박을 확인하기 위해 아이의 손목을 잡아주는 것도 큰 도움이 된다. 팔과 다리의 움직임과 신경의 반응을 점검하는 것은 환자에 대한 의학적 정보를 얻는 것으로 그치지 않는다. 환자나 보호자는 그러한 의사의 진찰 행위로 인하여 자신들이 'care'를 받고 있다는 느낌을 받고 안도한다.

이러한 주장은 단순히 환자나 보호자를 위한 격려 차원의 말이 아니다. 오랜 의료 경험에서 확인된 치료 효과이다. 우리가 잘 아는 바와 같이 병원에 가면 진료 받는데 3분도 채 걸리지 않는다. 의사가 3분도 안 되는 시간 안에 환자가 호소하는 증상을 듣고 그에 대한 적절한 대처방안을 찾아내기는 절대 쉽지 않다.
그런데도 환자는 의사의 얼굴 한 번 쳐다보고 말 한두 마디 주고받은 것으로 인해 안도한다. 더구나 의사로부터 "괜찮습니다.", "이상 없습니다.", "잘 관리하고 있습니다."라는 말까지 듣게 되면 그 말 한마디로 인해 병이 다 나은 것 같아지고 행복감마저 느낀다. 적절한 투약과 수술이 병을 치료하지만, 궁극적으로는 이러한 무한한 신뢰가 병을 낫게 한다. 이런 치료 효과를 무엇이라고 부르면 좋을까. 글쓴이는 이를 '신뢰 효과(trust effect)'라고 불러주고 싶다.

베테랑 동역자들

진료 접수는 그동안 늘 그랬던 것처럼 전창환 대원의 몫이다. 전 대원은 자신의 생애 첫 의료봉사를 2001년 라오스에서 하였다. 그것이 계기가 되어 그다음 해인 2002년 몽골 울란바토르, 2003년 필리핀 뚜게가라오, 2004년 중국 리짱의 봉사를 글쓴이와 함께하였다.

그는 뜻한 바가 있어 2005년에 미국에 이민 갔다. 미국 댈러스(Dallas)에서 정착하여 한인신문 관련 일을 하면서 그곳에서 틈틈이 봉사해 왔는데 이번 봉사를 위해 귀국하였다.

그의 첫 해외 봉사지인 라오스에서 있었던 일은 지금도 전설처럼 남아있다. 당시 그는 진료팀에 속하여 환자들을 접수하는 임무를 맡았다. 접수에서 제일 중요한 것이 문진하는 일이다. 문진 중의 핵심은 환자가 호소하는 주소(chief complain)를 잘 구분하여 의무기록지에 기록하는 것이다.

그가 라오스에 간 것도 처음이고 라오스 말을 들은 것도 그때가 처음이었다. 진료 셋째 날부터 현지인들의 말을 거의 알아들을 수 있게 되었고 의료봉사를 마칠 즈음에는 의료봉사에 필요한 기본적인 대화는 통역자 없이도 할 수 있을 정도가 되었다. 놀랍게도 그는 현지에서 단기간에 라오스 말을 알아듣는 능력을 받았다. 이 일이 계기가 되어 그는 의료인이 아니었지만, 해외 의료봉사에 적극적으로 참여하게 되었다.

윤은수 간호사는 우리 의료봉사단이 창단된 2003년부터 지금까지 한 번도 여름 의료봉사를 빠진 적이 없었다. 글쓴이는 2015년 이후로 계인 대학 후원하는 일로 인하여 봉사단 사역에 빠졌기에 개근상이 있다면 창단구성원 중에서는 윤 간호사가 유일한 수상자가 될 것이다.

윤 간호사는 침례병원 응급실 수간호사를 끝으로 봉직 생활을 마치고 초등학교 양호교사로 일하였다. 또한, 3년간 특수학교 양호교사로 재직 하면서 장애아동에 대한 임상 경험을 습득하였다. 이 모든 것들이 이번 키르기스스탄 장애인 봉사단의 사역을 위한 준비였음을 믿어 의심치 않는다. 그동안 있었던 의료봉사 중에서 글쓴이가 긴급히 내려야 할 결정에 윤 간호사의 경험과 조언이 얼마나 많은 도움이 되었는지 모른다.

봉사 마지막 날 마을 부촌장이 진료소를 찾아 왔다. 진료받은 마을 여러 사람이 의료진이 친절하고 진료를 정성껏 해 주었다고 자신에게 찾아와서 말했다고 한다. 이에 마을을 대표하여 우리 봉사단에게 감사를 표시하기 위하여 직접 찾아왔다. 우리 또한 이로 인해 크게 고무되었다. 윤은수, 전창환 단원과 함께 부촌장의 인사차 방문을 감사하였다.)

기저귀 사역 시작하다

소년은 나이가 열다섯 살임에도 불구하고 성장 장애로 인하여 열 살 아이보다도 더 작았고 앙상하였다. 낙상을 방지하기 위하여 요람 안에 뉘어져 있었다. 뇌 발달 장애로 인하여 언어 능력이 없을 뿐 아니라 대소 변을 못 가리는 상태여서 기저귀를 채워두었다. 마른 음식을 먹지 못해 젖병으로 영양식을 먹고 있었다.

장애아의 아버지와 어머니는 아들을 할머니 손에 맡겨 놓고는 차례로 집을 나가서 돌아오지 않았다. 심한 중증 장애아를 70세가 다 된 할머니 마가메드가 홀로 키우고 있었다. 마가메드의 국적은 러시아로 러시아에 서 주는 연금으로 두 사람이 살아가고 있는데 성인용 기저귀 구매비용이 만만치 않다는 통역자의 말이 귀에 쏙 들어왔다.

준비해간 종합비타민과 항생제 연고, 파스를 할머니에게 드렸다. 이 집 에 제일 필요한 것은 병든 손자 옆에 24시간 붙어 있어야 하는 할머니가 잠시라도 쉴 수 있게 하는 보모와 마음 졸이지 않고 쓸 수 있는 기저귀 라는 생각이 들었다.

모든 의료봉사를 마치고 글쓴이는 마가메드 할머니에 대한 정기적인 기저귀 지원을 장애인 봉사를 하는 현지 교포에게 부탁하고 우선 몇 달 치를 살 수 있는 돈을 주었다. 그리고 앞으로 계속해서 기저귀 후원금을 보낼 것을 약속하였다.

이 가정방문 진료로 인하여 기저귀 후원 사역을 시작하였다. 기저귀를 사서 주는 것도 봉사가 된다는 것을 깨달았다.

장애아 집의 전기 공사

장애아는 나무로 만든 2층 침대 위에서 몸통과 사지를 웅크리고 자고 있었다. 출입문 가까운 벽 앞에 세워 둔 전기스토브에 불이 들어와 있었고 온종일 켜 놓아서 그런 듯 방은 다소 더웠다.

방에 들어서는 순간 잘 알아차릴 수 없는 냄새가 났다. 역겨운 냄새는 아니었지만 그렇다고 기분 좋은 냄새도 아니었다. 그것은 이 방에서 자고 있는 저 아이의 과거와 현재의 냄새임에는 분명하였다. 어쩌면 미래의 냄새일 수도 있겠다는 비관적인 생각이 스쳐 지나가기에 얼른 그 생각을 지워 버렸다.

사실 장애아를 보러 방에 들어온 것은 아니었다. 전동 드릴로 작업을 하다가 보니 벽에 붙여 놓은 콘센트와 멀리 떨어지게 되었다. 연결선이 필요했다. 이웃 방에서 작업하고 있던 이 팀장이 연결선이 그 방에 있다고 해서 들어왔다.

장애아는 웅크리고 자고 있다가 인기척 때문에 깬 것인지 배가 고파서 깬 것인지 구분이 되지 않았지만 나를 한번 흘쩍 쳐다보더니 놀라지도 두려워하지도 않고 단지 누구인지 모르겠다는 표정을 지으면서 잠자기를 계속하였다. 연결선은 그 방 안에 있었으나 가지고 나올 수가 없었다. 전기스토브와 연결되어 있었기 때문이었다.

공사팀은 현지에서 파악한 결과 장애인 집 전체의 전선을 새것으로 교체하고 전등도 새것으로 달아주기로 하였다. 낡은 전선들이 천장과 벽에 어지럽게 노출되어 있을 뿐 아니라 전선의 피복도 몹시 낡아 언제 어디서 합선될지도 모를 지경이었기 때문이었다.

이러한 결정으로 인해 공사팀이 해야 할 작업량이 늘어나서 의료봉사를 끝낸 의료팀도 합세하여 도와주기로 하였다. 글쓴이와 전창환 대원이 한 팀이 되어 투입되었다. 우리가 해야 할 일은 낡은 전선을 제거하고 그 위치에 새 전선을 깔아 주는 일이었다. 쫄대를 길이에 맞게 잘라서 벽에 부착하고 전동 드릴로 나사못을 그 위에 박았다. 벽에 고정된 쫄대 위에 새 전선을 올려놓은 다음 그 뚜껑을 닫는 작업을 하였다.

우리는 상당히 큰 거실을 담당하였다. 거실 한가운데에 가내공업용의 재봉틀 3대를 두고 직업훈련용으로 그 방을 사용하고 있었다. 최근에는 사용한 일이 없었는지 먼지가 제법 쌓여 있었다.

거실 벽에는 책장인지 진열대인지 구분이 되지 않는 선반에 여러 개의 구두 상자들과 아동용 도서들이 무질서하게 놓여 있었다. 한편에는 옷장이 하나 있는데 문이 열려 아이들 옷들이 거실 바닥에 떨어져 있었다.

가구들 뒤편 벽면에 노출된 전선들을 교체하기 위하여 가구들을 이리

저리로 밀고 당기는 바람에 아이들의 장난감이며, 그림책이며 옷, 신발들이 떨어져 거실 바닥에 어지럽게 널브러졌다. 사실 우리가 작업을 시작하기 전에도 그 방은 정돈이 되어 있지 않았다. 사내아이 셋을 키운다는 것이 이런 것이구나, 그중에 장애인이 있으니 전쟁터가 따로 없구나 하는 생각이 들었다.

거실 한쪽 벽에 난 창에는 커튼이 달려 있지 않았다. 창틀에 칠한 페인트들은 거의 다 벗겨져 있었다. 창문에는 손잡이가 붙어 있었으나 녹이 슬어 창문이 열릴 것 같지 않았다. 아니 창문을 열 필요가 없을지 모른다. 창문에 나 있는 틈 사이로 쉴 새 없이 바깥 공기가 들어오고 있었고 방 안에는 더 지체하고 싶지 않은 공기들이 어떻게든 탈출할 궁리만 하고 있었다.

글쓴이가 의사 가운을 벗고 일하고 있는 모습을 보고 장애아 어머니는 매우 놀랐다고 한다. 공산주의를 채택한 나라에서는 의사도 노동자 중의 한 사람에 불과하다. 의사가 전기기사들이 하는 작업을 도와주는 것은 이 나라에서는 전혀 이상한 일이 아닐 텐데 그것이 놀랍다고 하니 오히려 글쓴이가 더 놀랐다. 물론 보여주려고 일부러 한 행동은 아니지만 그러한 행위가 그들에게 인상적이었다면 그것만으로도 우리들의 봉사는 충분한 효과를 나타내었다는 생각이 들었다.

우리 조(전창환 대원과 글쓴이)는 그래도 비교적 쉬운 일을 담당하였다. 진영덕 단장은 장애아 집과 그 옆에 붙어 있는 공동시설의 천장에 있는 모든 전등을 새것으로 교체하였다. 이상옥 공사팀장은 천장에 들어가 전선을 교체하는 힘든 일들을 감당하였다. 또한, 이 팀장은 우리 조가 맡았던 거실 이외 모든 방의 전선 교체를 혼자서 다 하였다.

장애아의 집 처마 끝에는 페트병을 10개 이상 연결하여 만든 관을 달아서 홈통으로 사용하고 있었다. 이상옥 공사팀장은 괴기하게 보이는 페트병 홈통을 제거하고 PVC 파이프를 달아 멋진 홈통을 만들어 주었다. 잔설이 있는 정원은 드리워진 집 건물의 그림자로 인해 양지바른 앞마당과 극한 대조를 보여주고 있었다. 누추한 듯해도 소박한 집이 글쓴이의 어린 시절에 대한 추억을 상기시켜주었다.

빵과 꽃 혹은 꽃과 빵

장애아의 어머니는 아침마다 오븐으로 맛있는 빵을 구워내어 남편과 자녀들을 먹였다. 봉사단이 임시 진료실로 사용하고 있는 방이 그 부엌에 연결되어 있었기에 아침 진료 시작하기 전에 이방인인 우리도 그 따뜻하고 구수한 빵을 맛볼 수 있었다. 따끈한 홍차와 함께.

평일에는 식당 방으로, 일요일에는 이웃 사람들과 점심을 나누는 사랑방이 우리 봉사단에게 진료실로 제공되었다. 부엌과 식당 방 사이에는 문이 없었다. 식당 방 한쪽에 있는 창으로 햇볕이 들어와서 시멘트벽이 그대로 노출된 방을 아늑한 공간으로 만들어주었다. 장애아 어머니는 짬을 내어 커튼을 창에 달았다. 하얀색 천 밑단을 잘 접어 레이스처럼 보이도록 해서 예쁘게 꾸몄다. 젊은 날의 꿈처럼. 빨간 꽃이 핀 화분도 가지런히 창틀 위에 올려놓았다.

어디선가 본 것 같은 매우 익숙한 모습, 영화 닥터 지바고의 한 장면이 이내 연상되었다. 봉사를 마치고 귀국하여 원작에서 그 부분을 찾아 읽어 보았다.

"유리 안드레비치가 안내를 받으며 방으로 들어섰을 때, 방문의 반대편 벽에 창문이 보였다. 의사는 창밖의 광경을 보고 깜짝 놀랐다. 마당과 이웃집 건물 후면과 강가의 공터가 보였는데, 그곳에서 풀을 뜯는 염소와 양들이 마치 치렁치렁한 털외투 자락 같은 긴털로 땅바닥을 쓸고 있었다."

–보리스 빠스쩨르나끄, 닥터 지바고, 박형규 역, 열린책들, 356쪽–

실망스럽게도 소설에서는 영화에서 본 그러한 소박하고 아름다운 장면을 묘사한 부분은 없었다. 창밖 풍광 속에는 '강가의 공터'는 없었지만, 전반적인 모습은 소설가가 묘사한 것과 크게 다를 바가 없음을 깨닫고 위대한 작가의 관찰력과 그 사실적 묘사에 다시 놀란다.

아이 여럿을 키우는 것도 힘든데 그중에 장애아가 있으니 이들을 키우는 것이 또 얼마나 힘들까. 창에 쏟아지는 햇빛을 받아 더욱 자태를 자랑하고 있는 저 꽃이 없었다면 이 방은 얼마나 삭막할까? 그러나 빵이 없었다면 저 꽃이 저렇게 예쁘게 보이지는 않을 것이다.

어머니는 두 행복을 놓치기 싫었을 것이다. 그러나 아이만 행복해할 수 있다면 그 둘도 버릴 수 있는 것이 어머니이다.

2016년 5월 22일 오후, 비슈케크 교외에서 우리는 기적을 보았다. 만년 설산의 황량했던 앞마당이 2주 동안 연속하여 내린 비로 온통 들풀로 빼곡히 차오른 초원이 되어 있었다. 바람이 무심하게 실어다 놓은 씨앗들이 햇살을 듬뿍 받아 양귀비꽃들을 피워내 들풀 세상을 더욱 아름답게 수놓았다.

Intermission

——

intermission은 연극의 막간(幕間)에 쉬는 시간을 일컫는 말이다. 그런데 이 단어가 참 재미있다. 'inter'와 'mission'의 합성어이다. 이를 각각 단어의 뜻으로 풀어보면 '사명과 사명 사이'라는 의미로 읽힌다.

글쓴이는 'mission'이라는 단어를 좋아한다. 이렇게 글을 쓰고 책으로 엮어내는 것을 하나의 사명으로 생각하고 있다. 물론 앞서 언급한 바와 같이 그동안 하였던 해외의료봉사 또한 사명으로 인식하고 있다.

코로나(COVID-19) 대유행으로 해외의료봉사를 하지 못하고 쉬고 있는 지금이 바로 막간(intermission)이다. 지금의 대유행이 좀처럼 수그러질 것 같이 보이지는 않지만, 한편으로는 최저점에 도달하지 않았나 하는 생각도 있다. 이러한 글쓴이의 예상이 맞는다면 이제는 올라가는 일만 남은 셈이다.

막간은 분명 쉬는 시간이다. 그러나 뜻밖에 맞이한 막간이 길어지므로 마냥 쉴 수만은 없다. 지금 할 수 있는 일을 찾아서 해야 하는 것이 지혜로운 일이요 궁극적으로 COVID-19를 이기는 길이다. 그동안 했던 사역에 대하여 정리해 보고 그것을 바탕으로 앞으로 해야 할 일들을 계획하고 준비하는 일도 그 일 중의 하나일 수 있다.

정리를 위한 세 가지 질문

첫 번째 질문으로 글쓴이에게 의료봉사는 무엇이었나를 묻는다면 주저함이 없이 '씨를 뿌리는 것'이라고 대답할 것이다. 인술을 통하여 현지인의 마음에 씨를 심는 것이다. 현지인에게 봉사자들이 가지고 있는 따뜻한 마음을 느끼게 하는 것이다. 생면부지의 사람에게 일주일도 안 되는 시간에 마음의 온기를 전달하기는 사실 쉽지 않다. 그러나 봉사자들이 진정으로 그들을 섬겼다면 그 진심은 충분히 전달되었을 것이다.

농부는 열매를 거두기 위하여 씨를 뿌린다. 그러나 글쓴이에게는 그러한 의지도, 한 걸음 더 나아가서 그러한 욕심(?)도 없다. 미래에 봉사자가 손에 거머쥘 열매는 한 톨도 없다. 열매를 기대하고 씨를 뿌려야 하지만 열매를 자신의 손에 쥐어야 한다는 생각은 또 다른 문제이다.

첫 질문과 관련하여 해외 의료봉사를 19년 동안 꾸준히 하기는 쉽지 않을 일인데 그것이 가능했던 이유가 무엇인가를 물을 수 있을 것이다. 이에 대한 답으로 그것이 유지될 수 있었던 것은 사명감이 있었기 때문이 아닐까 생각해 본다. 해외 봉사를 사명으로 여기고 그 사명을 수행하기 위하여 노력했다고 할 수 있다.

또 다른 이유를 들라고 하면 관성의 힘도 무시 못 한다고 답할 수 있을 것 같다. 여기서 관성의 힘이란 습관이 만들어 낸 힘이라는 의미이다. 휴가철이 되면 휴가를 가듯이 그렇게 봉사하러 갔다고도 설명할 수 있다.

해외 봉사를 순전히 사명감과 관성의 힘으로 열아홉 차례를 지속해 왔다고 하면 무엇인가 가식적인 대답처럼 들릴 수도 있을 것 같아 좀 더 설명해야겠다. 해외 봉사를 하고 나면 일에 대한 보람이 생긴다. 성취감과 만족감으로 희열을 느낄 수도 있다. 남에게 도움을 줌으로써 자신이 행복해진다는 것을 온몸으로 체험하기 때문에 다음 봉사가 기다려지기까지 한다. 이를 사람들이 흔히 하는 말로 요약할 수 있을 것이다. 해외 의료봉사를 "한 번도 안 해 본 사람은 있지만 한 번만 한 사람은 없다."

둘째 질문으로는 글쓴이가 속한 봉사단이 한 곳을 정해 지속해서 봉사하였다면 어떻게 되었을까 하는 것으로 이어질 수 있다.

매년 봉사지역을 옮겨 다니지 않고 한 곳에 정착한다는 것은 씨를 뿌린다는 차원을 넘어서는 일이다. 이는 나무 묘목을 심고 거름을 주고 키운다는 의미가 더해진다고 봐야 한다.

물론 처음 몇 해는 같은 지역에 가서 기존처럼 의료봉사를 할 수 있다.

자꾸 동일 지역에 가다 보면 봉사지역 주민들의 새로운 요구도 있을 수 있고 봉사자들도 새로운 비전을 가질 수 있다.

이러한 새로운 요구가 새로운 비전과 맞물리게 되면 상설 진료소를 설치하는 문제가 자연스럽게 대두된다. 더구나 봉사단원들 중에서 장기 지원자가 나오게 되면 상설 진료소를 설치하는 것은 현실적인 문제가 된다.

상설 진료소를 설립하기로 결정을 했다고 가정하자. 아무리 소규모로 시작한다고 해도 진료소를 신축하는 것이 정답이다. 혹 독지가가 후원한다면 진료소는 세워질 수 있을 것이다.

자, 이제 3~6개월 혹은 1년 단위로 봉사할 수 있는 지원자도 생겼고 진료소 건물도 확보되었으니 상설 진료소를 가동할 수 있을 것이다. 문제는 상설 진료소를 유지하는 일이다. 봉사자들이 무보수로 헌신한다 해도 필요한 약품과 물품은 구매해야 한다. 1년에 한 번 하는 의료봉사 때와는 전혀 다르게, 치료소를 운영하는 것에는 적잖은 비용이 고정적으로 지출된다는 문제가 있다.

그동안 글쓴이가 속한 봉사단이 해왔던 의료봉사를 '유목민 식 의료봉사'라고 칭할 수 있다. 이 유목민 식 의료봉사는 두 가지 기능이 있다.

그 하나는 상설 치료소를 세우기에 적합한 환경과 장소를 찾고 개척하는 일을 하기 위함이다. 즉 봉사단의 체질과 체급에 맞는 진료소를 세울 장소를 찾아다니는 과정으로 이해해도 될 것이다. 이는 의료봉사단의 비전과도 연관이 있다. 처음부터 이런 비전을 품을 수가 있고 봉사를 하다 보면 그런 비전을 받을 수도 있다.

다른 하나는 현지에서 필요한 때에 발맞추어 필요한 진료를 해주는 소위 시의적절한 봉사를 제공할 수 있다는 것이다. 즉 봉사단이 기동성과 유연성을 갖추고 있어서 현지의 요청에 기민하게 대응할 수 있다. 이런 기능과 장점을 잘 이용하면 외지인에게 배타적인 현지 주민들의 마음을 단기간 내에 변화시킬 수도 있다.

글쓴이가 속한 봉사단이 정착하여 봉사했다면 혹 상설 진료소를 하나 정도는 세웠을 수도 있을 것이다. 상설 진료소의 운영을 위해 아마도 더는 유목민 식 의료봉사를 하지 못했을 것이다. 그러면 열매는 얻었을 것이나 현재와 같이 많은 지역에 가서 씨앗을 뿌리지는 못했을 것이다.

글쓴이가 중요하게 생각하는 것은 '가는' 것이다. 씨를 뿌리든, 묘목을 심든, 그것은 간 다음에 하는 행동이다. 중요한 것은 '가서 사명을 완수하는 것'이다. 현지에 '가서' 아름답게 쓰임을 받으면 그것으로 만족할 것이다.

마지막으로 그동안 해외의료봉사단이 잘 했던 것(功)과 잘못했던 것(過)이 어떤 것이었는가 하는 질문이 있을 수 있다.

사실 잘 했던 일들에 대해서 글쓴이가 언급하는 것은 다소 겸연쩍은 일이다. 우리를 초청했던 분들이 봉사단이 잘 했던 것들을 언급하는 것이 더 적합할 것이다. 그러나 잘못했던 부분을 드러내는 것은 향후 재발 방지와 봉사단의 발전을 위해 꼭 필요하다.

사람이 하는 일이라 무슨 잘못이 없겠는가. 하나하나 열거하면 끝이 없을 것이다. 그 많은 잘못 중에서 교훈으로 삼아야 할 몇 가지만 언급하기로 한다.

잘못한 것일 수도 있는 동시에 아쉬운 것이 있었다. 그것은 계인대학 소규모 잔디 구장 사업이었고, 그것이 실행 단계에서 중단된 것이었다. 실패 요인은 우리의 의욕이 학교의 의지보다 앞선 것이었다. 학교 측은 먼저 하고 싶은 일이 있었는데 우리는 그것보다 다른 일을 추진하고자 하였으니 일이 잘 진행될 수 없었다. 이 일을 통하여 봉사단이 아무리 좋은 뜻으로 후원하고자 하여도 그 뜻이 상대방과 일치되어야 한다는 교훈을 얻었다.

의료봉사의 질을 끌어올리려는 노력이 부족했다. 물론 봉사단이 처음 조직되었을 때보다 의료진이 많이 보강되었고 치과 영역도 많은 발전이 있었다. 그러나 그 외의 영역에서는 이렇다 할 발전이 없었다. 내과 영역에서 발전이라면 초음파 검사가 가능하게 된 것인데 그것도 극히 최근 일이다. 좀더 일찍 이에 대한 투자가 없었던 것이 매우 아쉬운 부분이었다.

마지막으로 단장으로서 책임을 다하지 못한 부분들이다. 봉사단원이 많으면 현지에서 집행부와 단원들 사이의 갈등 혹은 단원들 사이에 갈등, 더 나아가서 봉사단원과 현지인들 사이에 사소하나마 갈등이 생기기 마련이다.

단장은 그 모든 문제의 최종 책임자이다. 현지에서 그러한 문제가 발생했을 때 이를 신속하게 해결해야 했는데 그렇게 하지 못했던 경우가 많았다. 단장은 이 자리를 빌려 신속하고도 적절한 조치를 하지 못함으로 인하여 깊은 상처를 받았던 분께 진심으로 사과하며 용서를 구하는 바이다.

순전히 봉사한 시간은 얼마나 될까?

한평생 나 자신을 위하지 않고, 정말 남을 위하여 산 시간이 얼마나 될까? 계산하지 않아도 정말 얼마 되지 않을 것이다. 설혹 계산해 본다면?

우선 순수한 이타적인 일이 무엇인지 그 정의를 규정해야 할 것이다. 이타적인 일이란 자신과 이해관계 없이 때로는 자신이 그 종류를 불문하고 손해까지 보면서 타인을 돌보는 일로 규정할 수 있을 것이다.

가장 따끈한 예를 든다면 코로나 발생으로 인하여 자가 격리 중인 사람이 사는 집 출입문 밖에 생필품을 가져다 놓고 그들의 건강을 기원해 주는 일일 것이다. 또는 우리 봉사단이 해온 해외 봉사도 순수한 이타적인 일의 예가 될 수 있을 것이다.

이러한 정의 규정과 예를 든 것이 합리적인 것으로 받아들여진다면 우리는 해외 봉사란 이타적인 삶을 산 시간을 계산해 낼 수 있을 것이다. 보통 해외 봉사 기간은 평균 5박 6일이다. 이 시간 중에서 이동하는 시간(3일), 잠을 자는 시간(8시간), 세 끼 식사하는 시간(4시간), 사적으로 보내는 시간(2시간)은 이타적인 삶을 사는 시간이 아니므로 당연히 제외하여야 할 것이다. 즉 하루 중 순수하게 봉사하는 시간은 10시간이 된다. 따라서 한차례 해외 봉사 시 순수한 봉사시간은 30시간(10시간 X 3일간) 이내이다.

그동안 글쓴이가 해외 봉사를 한 것은 18차례가 되었다. 따라서 순수 봉사시간의 합계는 540시간(30시간 X 18회)이다.

만약 글쓴이 평생에 정말로 이타적인 일을 한 것이 해외 봉사밖에 없었다면 540시간만 순수하게 이타적인 삶을 살아온 셈이 된다. 평균 수명이 80세라고 한다면 80년(700,800시간) 중 540시간은 약 0.08%에 불과하다. 글쓴이의 삶에서 순수했던 시간이 이 540시간에 불과할 수 있다는 사실이 경악스럽다.

봉사활동의 정리를 통해 얻는 교훈

앞에서 지난 19년간의 해외 봉사활동을 정리해 보았다. 그 정리를 근거로 글쓴이는 다음과 같은 두 가지 교훈을 얻을 수 있었다.

그 하나는 그동안 진행해온 해외의료봉사를 정기적으로 해야 한다는 것이다.

앞서 살펴보았듯이 우리 봉사단이 열심히 한다고 하였지만, 실제 온전히 봉사한 시간은 생각보다 많지 않았다. 봉사활동이 한 번 빠지면 그만큼 봉사시간은 더 줄어들기 때문이다. 또한, 의료봉사는 계획에 따른 준비가 필요한 활동이기에 그러하다. 우리 봉사단의 경우 조직이 안정되어 있음에도 준비하는데 최소 2개월이 걸린다. 봉사활동이 정기적이지 못하면 우선 정기적으로 참석하는 단원마저도 중요한 계획이나 행사 등으로 부득이하게 참석이 어려워질 경우가 생길 수 있다. 이런 경우 봉사활동에 심각한 장애가 초래한다. 꼭 필요한 의료진을 섭외해야 하는 경우 같은 이유로 섭외가 매우 어렵기 때문이기도 하다.

우리 봉사단의 경우 후반기와 비교해볼 때 전반기에는 봉사 주기가 상당히 불규칙하였다. 그렇게 된 이유가 봉사단 단장의 개인 사정과 연관이 있었기에 이러한 요인과 독립적으로 봉사활동이 진행될 수 있도록 여건을 조성해야 할 것이다.

다른 하나는, 개인적인 것으로 해외 의료봉사가 아니더라도 분발하여 봉사활동을 좀 더 해야겠다는 것이다.

이는 앞서 계산해 보았던 540시간이라는 답을 보면 그동안 나에게 주어진 시간을 과도하게 나만을 위해 사용하였다는 생각을 지울 수 없기 때문이다. 이제는 조정이라고 할까, 어떤 적정선을 유지해야겠다는 깨달음도 생겼다. 그런데 이러한 이성적인 깨달음이 생겼다고 해도 나의 한정된 시간(봉사는 시간뿐만 아니라 건강과 물질이 함께 간다)을 남을 위해 사용한다는 것은 본성에 반하는 행동이기에 그 실행이 쉽지 않다.

한 가지 확실한 것은 나의 것을 나누면 그만큼 행복해진다는 체험이 있기에 그 '본성의 힘'을 극복할 수 있다는 것이다. 글쓴이는 이 본성보다 더 큰 힘을 '관성의 힘'이라고 부르고 싶다. 봉사를 관성의 힘으로 하면 더 큰 봉사도 가능하다고 생각한다.

새로운 mission을 위한 준비

앞서 글쓴이는 해외의료봉사를 사명으로 자각하고 수행하였다고 언급한 바가 있었다. 사명은 보통 시작과 끝이 있다. 그러하기에 주어진 사명은 항상 새로운 것이다. 사역의 형식은 과거 사역과 별 차이가 없을 수도 있으나 그 결과물은 전혀 다른 것이기에 그러하다. 지금 우리는 우리 봉사단에게 주어질 새로운 사명을 기대하며 기다리고 있다.

그 새로운 사명은 우리가 준비되어 있다면 주어질 것이다. 지금 막간에 우리가 준비해야 할 일은 무엇이 있을까?
글쓴이는 다음과 같이 세 가지로 요약해 보았다.

첫째로, 봉사단의 지도력을 새롭게 하는 일이다.

모두가 동의하고 있는 바와 같이 코로나 이후의 세상은 코로나 전의 세상과는 모든 방면에서 달라졌다. 이렇게 달라진 환경에서 사역하려면 종래의 방법에 많은 변화가 있어야 할 것이다. 변화된 환경에 잘 적응하고 또 예상되는 어려움과 도전을 돌파하려면 개인으로서는 새로운 용기와 지혜가 필요하고 봉사단 차원에서는 지도력이 갱신되어야 한다.

새로운 지도력을 위해 필요하다면 지도자가 교체되어야 할 것이다. 그러나 중요한 것은 기존 지도력이 유지되든 새로운 지도자로 교체되든 그지도력은 새로워야 한다는 것이다. 새로운 지도력의 핵심 사항은 새로운 비전과 이를 실천할 역량을 겸비하는 것이다.

지도자 혹은 지도부가 새로운 비전을 갖는다는 것은 종래와는 다른, 창의적인 목표를 새롭게 설정하는 것이라고 할 수 있다. 창의적인 목표가 무엇인가 하는 것은 봉사단의 성격과 연관되어 있고 단원들의 꿈과도 밀접한 관계가 있기에 일반화하여 설명하기는 어렵다.

그래서 실천할 역량을 겸비하는 것에 관한 것만 언급하고자 한다. 혹지도자의 역량이 좀 부족하면 역량 있는 사람들과 동역하면 된다. 그것도 역량을 갖추는 방법이다. 반면 지도자가 충분한 역량을 갖추고 있더라고 그 역량은 더욱 증대될 필요가 있다. 역량은 강화될수록 좋다.

역량 강화를 위해서 사역이 효율적으로 분담되어야 한다. 지도자가 할 수 있다고 해서 그 일을 하였을 때 어떤 결과가 생길 것인가? 분명 그 일은 성취되었을 것이다. 그러나 그 일이 더 잘할 수 있는 사람이 맡아서 했다면 더 효율적으로 혹은 더 성공적으로 일이 성취되었을 것이다. 즉 더 잘할 수 있는 사람에게 일을 맡기는 것이 역량을 증가시키는 방법이다. 달리 표현하면 다음 세대에게 더 많은 역할과 사역이 주어져야 한다.

집행부가 과거보다 더 경험이 많아졌고 더욱 노련해졌지만, 그 완숙미는 한계가 있다. 변화하는 환경에 대한 대비가 그만큼 늦어질 수 있는 것이며 그만큼 새로운 시도를 하지 못하게 될 수 있다. 반면 다음 세대는 경험이 미숙할 뿐이지 실력과 역량은 현 세대보다 대체로 우월하다고 봐 주어야 한다.

둘째로 일방적 진료에서 '맞춤 진료'로 upgrade 하는 일이다.

이제까지는 우리 실정에 맞는 진료를 하였다면 앞으로는 현지 필요를 최대로 반영하는 진료가 되도록 의료진을 구성하고 그에 따른 약품을 준비해야 할 것이다. 이는 진료의 질을 높이는 것과 연관되어 있어서 매우 중요한 방향성이다.

이러한 맞춤 진료 원칙은 오지를 찾아가서 일차 의료를 제공하는 것에 초점을 맞추는 봉사단에게도 해당이 된다. 전반적인 의료 환경이 과거와 비교하면 향상되었기에 오지에 사는 원주민도 수준 높은 의료 요구가 있다. 진료받으러 온 사람들이 초음파 기구가 있는가를 물어볼 정도가 되었다.

예를 들어 현지에서 부인과 진료가 절실하다고 한다면 의료진에 부인과 진료할 수 있는 의사가 포진되도록 해야 할 것이다. 가능하다면 수준 높은 진료가 될 수 있도록 검사 장비와 치료 장비를 갖추면 더 좋을 것이다.

만약 백내장 환자들이 많으면 백내장 수술 전문 의료봉사단과 함께 가는 것도 한 방법이다. 현지에서 요구한다고 해서 의료봉사단이 관련 의료진과 장비를 구축하기가 현실적으로 쉽지 않기 때문이다. 또한, 전문 의료사역팀은 현지의 경험이 많이 축적되어 있기에 봉사단이 백내장 수술팀을 조직해 가서 시술하는 것보다는 여러모로 편리한 점과 이점이 많다. 물론 봉사단이 사역을 확장하여 안과를 기존 진료팀의 하나로 구축하고자 한다면 그렇게 해야 할 것이다.

맞춤 진료의 또 하나 예는, 그 지역에 특정된 질환에 대한 검사(진단검사의학 혹은 영상의학) 요구가 있다면 그 수요가 많지 않다고 해도 그 요구를 수용해 볼 필요가 있다는 것이다. 이왕 검사한다면 그 검사 결과가 지역사회 의료진과 공유될 수 있도록 정도 관리가 잘 되어있어야 할 것이다. 이와 연관해서 그 특정 질환에 대한 관리법을 교육하는 프로그램을 준비해가면 더 좋을 것이다.

이러한 맞춤 진료가 가능해지려면 현지에 대한, 특히 현지 질병에 대한 사전 연구가 있어야 한다. 현지 사정에 정통한 사람의 도움이 있어야 하나, 의료인이 아닌 경우 한계가 있기 마련이다. 이의 타개책으로는 사전답사가 있다. 가능하면 사전답사는 팀을 구성하여서 하되, 구성원은 의료인뿐 아니라 현지 사정을 탐색하여 필요한 봉사 활동을 제시할 수 있는 전문가를 포함하는 것이 좋을 것이다. 사전 연구 혹은 사전답사를 하는 경우 이 분야에 경험이 많은 의사의 자문을 받거나 그를 답사 팀원으로 초청하면 큰 도움이 될 것이다.

그 외에 심각하게 고민해 보아야 할 것은 현지어로 작성된 복약설명서를 제공하는 것이다. 물론 현지의 문맹률과 관련이 있고 현지어 복약설명서가 얼마나 정확하게 기술되느냐 하는 문제도 있다. 현지에서 약을 구매하면 이런 문제를 쉽게 해결할 수 있을 것이다. 그러나 어떤 지역에서는 현지인이 그 나라에서 생산되는 약에 대한 신뢰성도 낮아서 한국 약을 선호하는 곳도 있기에 잘 판단해야 할 것이다.

셋째, 통일시대에 대비하여 의료봉사를 준비하는 일이다.

남북 자유 민주 평화 통일은 여전히 요원한 것처럼 보인다. 그러나 우리의 예상보다 더 빨리 올지도 모른다. 통일되면 북한 주요 도시의 주민들은 비교적 쉽게 혹은 빨리 의료 혜택을 받을 수 있을 것이다. 그러나 외진 곳에 사는 사람들의 상황은 이들과는 다를 수 있다.

그 그늘진 곳에 가서 봉사하는 것이 필요할 것이다. 그동안 외국에 가서 하였던 그 봉사를 이제는 북녘땅 외진 곳에서 하는 것이다. 이는 지금까지 해왔던 봉사보다 더욱 뜻깊은 일이요, 감격스러운 일이다. 어쩌면 그 날의 봉사를 위해 지금까지 우리가 훈련해 왔는지 그 누가 아는가.

낙원을 이루려는 꿈에 관하여

글쓴이는 2011년 인도네시아 멘타와이제도(Mentawai Islands)에 속한 우타라섬에서의 의료봉사를 마치고 나서 '낙원을 꿈꾸다'라는 시에서 노래한 것처럼 낙원을 꿈꾸게 되었다. 시인이 꿈꾸는 그 '낙원'은 이상향과는 전혀 다르다. 시인은 '낙원'이라는 단어를 광야(曠野)의 반대 개념어로 사용하였다.

광야를 직역하면 비어있는 뜰이 된다. 땅이 비어있는 것은 생물이 살 수 없기 때문이다. 우리의 어감과는 별개로 광야는 사막의 동의어이다. 그러나 광야는 관용적으로 사막을 지칭하는 데 사용되기보다는 우리가 사는 거친 세상, 척박한 세상을 비유하는 데 더 자주 사용된다. 예를 들면 "이 광야 같은 세상" 혹은 이 책의 제목처럼 "광야에 심다"의 용례가 바로 그러하다.

지구촌 사람들 수백만이 코로나(COVID-19) 대유행으로 고통을 당하고 있는 시점에 낙원에 관하여 글을 쓰고 있으니 한참 모자거나 너무 세상을 모르는 사람같이 여겨진다. 그러나 역설적으로 지금 상황이 낙원을 논하기 더 적합할지 모른다. 지금 세상이 나빠졌으니 낙원을 꿈꿔야 한다는 의미는 아니다.

　지금 세상이 나빠졌다는 것은 지금보다 더 좋았던 세상이 있었다는 말이다. 그렇다. 우리는 지금 현재보다 더 좋았던 세상을 누리고 맛보아 잘 알고 있다. 그러하다면 '코로나 바이러스가 없었던 그 좋았던 세상'보다 '더 좋은 세상'이 있을 수 있다고 가정할 수 있다. 이는 단순한 가정이 아니라 묵직한 무게를 가진 현실적인 문제요 인류가 지금까지 풀어내지 못한 장구한 숙제이기도 하다.

　이 문제를 가지고 제일 많이 고민한 사람 중의 한 사람이 영국의 시인 존 밀턴이 아닌가 한다. 1667년 존 밀턴은 '실낙원'을 출간하였다. 시인은 장엄한 서사시 '실낙원'에서 아담과 하와가 죄를 범한 이후 그들이 살았던 에덴동산에서 쫓겨 나온 비애를 노래했다. 시인에게는 창세기의 에덴동산이 바로 낙원이었다.

　'실낙원'에서 낙원을 묘사한 부분 중의 한 부분을 살펴보기로 하자. 이는 제4권에서 245행에서부터 259행까지에 해당하는 부분으로 원문이 서사시임을 고려하여 번역된 글 중 일부를 글쓴이가 운율을 살려 임의로 고쳤다.

숲들 사이에는 초지들이나 평평한 개활지들,
연한 풀을 뜯어먹고 있는 양 떼들이 있고,

완만한 구릉지대에는 종려나무들이 뒤덮고 있으며,
수량이 풍부한 골짜기에는
각양각색의 꽃들과 가시 없는 장미가 흐드러지게 피어 있네

골짜기 또 다른 쪽에는 그늘진 암굴들,
깊숙이 파여 있는 서늘한 동굴들이 있고
그 위에는 자주색 포도들이 달린 무성한 포도나무가
젊잖게 자신의 덩굴들을 넓게 펼치고 있구나

–실낙원, 존밀턴, 박문재 옮김, 156쪽, 크리스천다이제스트, 2019–

글쓴이는 천산(톈산)산맥의 정상에 쌓여 있는 만년설을 보고 느낀 것이
많다. 지금 보이는 저 눈은 조금 전 혹은 어제에 내린 눈이 아니다. 적어
도 만년 이상 쌓여서 얼어붙어 있는 눈이다. 만 년 전에 내린 눈을 내가
지금 보고 있다. 과거로부터 현재까지 흘러갔던 시간이 만년설로 압축되
어 내 눈앞에 나타난 이 경이로움을 어떻게 표현할 수 있을까.

따뜻한 햇살이 쏟아져 내리는 봄날에 천산산맥을 배경으로 푸른 초장
에 한가롭게 풀을 뜯어 먹고 있는 말들을 보면 이곳이 낙원이 아닐까 하

는 생각이 든 적이 있었다.

아무리 자연환경이 사람 살기에 정말 낙원처럼 좋아도 그곳에 사는 사람들이 선하지 못하다면 그곳은 낙원이 될 수 없다. 반대로 자연환경이 아무리 열악하여도 함께 사는 사람이 선한 사람들이라면 그곳은 낙원으로 불러줘도 무방할 것이다.

문제는 사람이다. 초점을 자연환경에서 사람으로 옮겨오면 낙원에 대한 안목이 더욱 깊어진다. 낙원이란 선한 사람 혹은 이타적인 삶을 사는 사람이 사는 곳임을 인식하게 된다. 우리가 가서 그 땅에 씨를 뿌리는 것은 이타적인 삶을 사는 하나의 예에 불과하다. 황량한 그 땅에 씨앗 한 톨 뿌린다고 광야가 낙원으로 바뀌지 않는다. 그러나 누군가 씨를 심고 물을 주어 키우기 시작해야 한다. 그 처음이 중요하다.

곡식 씨앗을 뿌리면 곡물이 나올 것이다. 꽃씨를 뿌리면 꽃이 필 것이다. 광야 같은 땅에 사랑의 씨를 뿌리는 것은 언젠가는 그 땅에 사랑의 꽃이 필 것이라는 믿음이 있기 때문이다. 광야 같은 세상에 사랑을 심으면 그 땅이 언젠가는 자신을 사랑하는 만큼 남도 사랑하는 사람들이 살아가는 낙원이 될 수 있을 것이라는 믿음이 우리에게 있다.

맺는 글

　글쓴이는 기적을 목도하고 경탄한 적이 있었다. 2016년 봄 평소 강수량이 적었던 키르기스스탄에 2주간 연속해서 비가 내렸다. 그해 5월에 찾아간 우리는 그 황량했던 벌판과 덤불투성이었던 구릉이 푸른 초원으로 뒤바뀐 것을 직접 보았다. 어떻게 그 짧은 시간 안에 광야가 가축들의 목초지로 바뀔 수 있었을까? 답은 들풀의 씨가 그 불모지의 바위틈에, 모래 밑에, 덤불의 엉클어 붙은 뿌리 주위에 뿌려져 있었기 때문이었다!

　지난 19년 동안 글쓴이가 속한 봉사단은 중국 리짱의 농촌에서 몽골을 지나 키르기스스탄으로 가서 씨를 뿌렸다. 또한, 필리핀, 캄보디아를 거쳐 인도네시아 멘타와이제도(Mentawai Islands)의 한 작은 섬에까지 가서 씨앗을 심었다. 싹 하나 아직 나오지 아니했더라도 때가 되면, 하늘은 은혜의 단비를 내릴 것이다. 그때 우리가 뿌린 씨앗이 두꺼운 흙을 밀어내고 마침내 싹을 낼 것이다.

　그동안 이 위대한 실험을 함께 한 우리 봉사단원 모두에게 경의를 표한다. 그들이 진정 광야에 사랑의 씨앗을 심은 사람들이다. 우리는 이 막간이 끝나면 다시 광야로 나가 씨를 뿌리는 실험을 계속할 것이다. 그 광야는 지금까지 가보았던 땅이 될지 아니면 새로운 미지의 땅이 될지 지금은 알 수 없다. 혹 개인적인 소망을 말하는 것이 허락된다면 우리의 손으로 이룬 통일된 북녘땅에서 씨앗을 심고 싶다. 이 실험에 몸소 참여하기를 원하는 분은 누구나 다 환영한다.

혹, 19년간 휴가도 반납하고 해외 봉사를 다녔던 글쓴이가 손에 쥔 것이 무엇이 있느냐고 날카로운 질문을 던질 독자가 있을 것이다. 글쓴이는 앞서 'Intermission'에서 언급한 것처럼, 현지에 진료소를 세운 업적이 없다. 또한, 봉사활동으로 남들로부터 인정을 받거나 주목받은 일조차도 없다.

그러나 해외 봉사를 갔기 때문에 보석을 주고도 살 수 없는 '순전한 540시간'을 보내게 되었다. 글쓴이의 삶에 그래도 바로 지금처럼 독자들과 나눌 수 있고, 내 삶에 두고두고 기억될 순수 시간을 가지게 되었다. 그 시간은 때가 되면 절대 시간으로 바뀔 것이라는 믿음도 있다.

(끝)

감사의 글

그동안 같이 봉사를 한 모든 단원께 감사드립니다. 글의 성격상 모든 단원의 활동상을 일일이 서술할 수 없었던 것을 양해해 주시기 바랍니다.

함께 동역하며 찍은 사진을 제공해 준 조영식, 박다니엘, 이서린, 이종효, 박병선 단원께 감사드립니다.

우리 봉사단을 초청해 주시고 숙식을 제공해 주신 현지의 여러 선생님께 깊은 감사를 드립니다.

글쓴이 소개 글을 추억이 어린 사진첩을 꺼내 보여주는 듯 써 준 친구 허재택 원장과 그동안 글쓴이가 썼던 추천사를 부끄럽게 여길 만큼, 마음에 와닿는 추천사를 써 준 양승봉, 최영식 선생께 감사드립니다.

부족한 자의 글이 정년퇴직을 기념하는 책으로 나올 수 있도록 격려해 주고 도와준 동아대병원 내분비내과 박미경 교수와 서성환 교수께 감사드립니다.

글쓴이 드림

이 책을 통해 발생되는 인세는 전액 해외의료봉사단에
기부되어 COVID-19 구호사역 등에 사용될 것임을 미리 밝혀둡니다.